FLENSBURGER

Hüter der S
Der Mensch am Abgrund

Aus dem Inhalt

Die Disharmonie der Seelenkräfte
Interview mit Cornelia Elter-Schlösser, Veronika Hillebrand, Dagmar von Radecki und Christophe Rogez von Wolfgang Weirauch
Die drei Seelenkräfte / Die Schwelle / Der individuelle Schwellenübertritt / Die Begegnung mit dem Hüter / Auch die Menschheit überschreitet unbewußt die Schwelle / Unbewußte Hüterbegegnungen / Auseinanderdriften der Seelenkräfte / Einseitige Ausbildung des Denkens / Das Insekt, das ich auslöschen kann / „Ich ertrage nicht die Schönheit" / Einseitige Ausbildung des Willens / Der Prozeß muß mit dem Bewußtsein ergriffen werden / Einseitige Ausbildung des Fühlens / Die Brücke vom gefesselten Gefühl zum anderen Wesen / Die Menschen sind ungeheuer mißtrauisch / „Wir versuchen, die auseinanderdriftenden Seelenkräfte wieder zu verbinden" / Die Interessen immer weiter und weiter machen.   Seite 6

Über die Schwelle
Das Lösen des Zusammenhangs von Denken, Fühlen und Wollen
Artikel von Klaus-Dieter Neumann
Aus des lieben Gottes Wundertüte – ein Schwellenerlebnis / Der unbewußte Schwellenübertritt der Menschheit / Die Seelenkräfte Denken, Fühlen und Wollen / Die leibliche Grundlage der Seele / Der Weg zur Hölle ist mit guten Vorsätzen gepflastert / Die Fäden lösen sich.   Seite 35

Der Hüter im „Krieg der Sterne"?
Artikel von Frank Linde   Seite 54

Am Abgrund
Interview mit Werner Barfod von Wolfgang Weirauch
In der Zeit des Schwellenübertritts / Wirkungen des Auseinanderdriftens des Gesamtseelenlebens auf den einzelnen / Alles muß selber entschieden werden / Der individuelle Schwellenübertritt auf dem okkulten Schulungsweg / Die Begegnung mit dem Hüter der Schwelle / Der Doppelgänger ist nicht mit dem Hüter zu verwechseln / Das Auseinanderdriften der Seelenkräfte verstärkt sich seit der Tschernobyl-Katastrophe und dem Zusammenbruch der sozialistischen Staaten / Drogen, die alle drei Seelenglieder manipulieren /

Die drei Dimensionen von Denken, Fühlen und Wollen / Die Fülle der Gesten verarmt / Wenn die Seelenkräfte ineinanderpurzeln / Psychische Erkrankungen / Fremdbestimmtes Fühlen – eigenständiges unkontrolliertes Fühlen / Seit 1989 erreicht das Erleben nicht mehr das Fühlen / Schicksalshärten junger Menschen, die für zwei Erdenleben ausreichen / Am Abgrund stehen / Ideal und Verwirklichung klaffen auseinander / Rudolf Steiner wird als ungeheuer kompliziert erfahren / Sie können nicht mehr staunen / Der ganze Bewegungsmensch muß neu aufgebaut werden / Eine initiativ-weckende Ausbildungssuche / Die seelische Kraft muß in die Bewegung hineinschlüpfen / Eurythmie kann die Seelenkräfte wieder zusammenführen.
Seite 62

Die Hüter der Schwelle
Artikel von Wolfgang Weirauch

In der Höhle / Kenntnisse vom Hüter erwerben / Die unbewußte Hüterbegegnung der Menschheit / Die Schwelle zur übersinnlichen Welt / Die übersinnlichen Welten / Eintritt in die elementarische Welt / Eintritt in die geistige Welt / Den Teufel im Leib / Die niedere Menschennatur als Hüter der Schwelle / Der Hüter als Wohltäter / Wenn man selber zum Irrtum wird / Die übersinnliche Schau seiner selbst / Die Begegnung mit dem Hüter / Die drei Tiere / Wer ist der kleine Hüter? / Der große Hüter der Schwelle / Das Gelöbnis beim Hüter / Radikale Ehrlichkeit über sich selber / Das Verdorren der Seelenkräfte.
Seite 91

Der Hüter der Schwelle in der „Geheimwissenschaft im Umriß"
Artikel von Frank Linde

Das erste rein geistige Erlebnis / Die Trennung von Denken, Fühlen und Wollen / Die Färbung der geistigen Welt durch den Menschen / Der Doppelgänger des Menschen, der Hüter der Schwelle / Der Kampf in der Seele des Menschen / Der Weg zum großen Hüter der Schwelle / Der Hüter im „Krieg der Sterne"? / „Selbstgebaut".
Seite 154

Zu den Steiner-Zitatangaben in diesem Heft: Die GA-Nummern beziehen sich auf die jeweilige Bibliographie-Nummer der Rudolf Steiner Gesamtausgabe im Rudolf Steiner Verlag, Dornach/Schweiz. Danach sind in der Regel das Erscheinungsjahr der benutzten Ausgabe, das Vortragsdatum und die Seitenzahl angegeben, von der Autor-, Titel- und Ortsnennung wurde abgesehen. Nach Bibliographie-Nummern geordnet ist die Rudolf Steiner Gesamtausgabe im Katalog des Rudolf Steiner Verlags aufgeführt. Der Katalog ist durch den Buchhandel erhältlich.

Liebe Leserinnen und Leser!

Weltweit steht die Menschheit in Auflösungsprozessen, denen sich niemand mehr entziehen kann. Alles, was einst Bestand hatte, zerbröckelt, zerfällt, löst sich auf. Vor allem in den größeren und kleineren sozialen Zusammenhängen sind diese Tendenzen zunehmend zu beobachten. Jeder Mensch gerät dadurch mehr oder weniger in eine Situation, die einem Stehen vor dem Abgrund nahekommt, gleich ob es sich dabei um eine individuelle oder menschheitliche Katastrophe handelt.

Der Zerfall harmonischer und sicherer Zusammenhänge führt die Menschen zunehmend in eine Schwellensituation, in Bereiche, in denen sie mit geistigen Realitäten konfrontiert werden. Begleitet werden diese Prozesse durch eine Konstitutionslockerung des Menschen, ferner durch Persönlichkeitsspaltungstendenzen im Seelenleben. Will man nicht in diesen Wogen untergehen, bedarf es für die Gegenwart und die nähere Zukunft einer ständig klareren spirituellen Begrifflichkeit und Seelenschulung.

Mit dem vorliegenden FLENSBURGER HEFT unternehmen wir das Wagnis diese Zerfallserscheinungen von Mensch und Menschheit sowie das, was man Schwellenerlebnisse oder die Begegnung mit dem Hüter der Schwelle selbst nennen kann, in Artikel- und Interviewform zu bearbeiten.

In dem einleitenden Interview mit DozentInnen des Freien Jugendseminars Stuttgart sprechen wir über das Auseinanderdriften der Seelenkräfte, speziell bei heutigen Jugendlichen. Klaus-Dieter Neumann berichtet über ein persönliches Schwellenerlebnis mit Todeserfahrung und charakterisiert das Denken, Fühlen und Wollen des Menschen sowie die Lösung des Zusammenhangs dieser Seelenkräfte. Frank Linde fragt, ob die Film-Trilogie „Star Wars" ein verzerrtes, ins Materielle projiziertes Bild einer Begegnung mit dem Hüter der Schwelle ist. Auch in dem Interview mit Werner Barfod sprechen wir über die Abgrundsituation im Seelenleben heutiger Jugendlicher sowie über weitere Schwellenerfahrungen. Ausgehend von einer Erzählung stellt Wolfgang Weirauch in einem umfassenden Artikel die Begegnung des Menschen mit dem Hüter der Schwelle dar, die Frank Linde in seinem zweiten Artikel noch ergänzt.

Wir hoffen, daß Sie durch dieses FLENSBURGER HEFT vielfältige Anregungen erhalten, Ihre Beobachtungen für die Schwellenphänomene schärfen und daß Sie eigenständig weiterforschen.

Es grüßt Sie
Ihre
FLENSBURGER HEFTE-Redaktion

Die Disharmonie der Seelenkräfte

Interview mit Cornelia Elter-Schlösser, Veronika Hillebrand, Dagmar von Radecki und Christophe Rogez

von Wolfgang Weirauch

Cornelia Elter-Schlösser, *38 Jahre, verheiratet, ein Sohn im Alter von 2 Jahren. Studium: Theaterwissenschaft und Germanistik. Besuch des Freien Jugendseminars Stuttgart. Studium: Sprachgestaltung und Schauspiel an der Schule für Sprachgestaltung und dramatische Darstellungskunst in Dornach. 1.1/2 Jahre Bühnentätigkeit in Dornach. Seit 6.1/2 Jahren am Freien Jugendseminar Stuttgart als Dozentin für Sprachgestaltung und Schauspiel.*

Veronika Hillebrand, *geb. 1944 in Stolze, aufgewachsen in München. Dort Besuch der Rudolf Steiner Schule bis zum Abitur. 1964 am Priesterseminar der Christengemeinschaft. Anschließend Studium in Tübingen: Germanistik, Anglistik, Rhetorik. Seit 1970 Dozentin an der Volkshochschule. Seit 1985 in Stuttgart zunächst als Dozentin an verschiedenen anthroposophischen Ausbildungsseminaren. Seit 1988 verantwortlich für das Freie Jugendseminar Stuttgart. Zwei Kinder im Alter von 18 und 19 Jahren.*

Dagmar von Radecki, *geb. 1952 in Berlin. Besuch der Waldorfschule und Eurythmiestudium (1970–1974) in Berlin. Dort anschließend Lehr- und Bühnentätigkeit. 1980 einjähriges Schauspiel- und Sprachgestaltungsstudium an der Novalisschule Stuttgart. Ab 1982 Unterricht in Eurythmie für Schauspielstudenten. Insgesamt über 10jähriges Mitwirken an der Novalisbühne Stuttgart. Außerdem Laienkurse, Kindergartenkurse. Seit Herbst 1989 Eurythmistin am Freien Jugendseminar Stuttgart. Gleichzeitig (1991–1993) Dozententätigkeit an der Eurythmieschule (Mittmann).*

Christophe Rogez, *geb. 1956 im Elsaß und dort aufgewachsen. Germanistikstudium in Straßburg, Besuch des anthroposophischen Seminars „Foyer Michael" in Zentralfrankreich, anschließend dreijährige Ausbildung zum Bothmer-Gymnastiklehrer in Stuttgart. Seit 1984 mit der Bothmer-Gymnastik in pädagogischen, therapeutischen Einrichtungen und in der Erwachsenenbildung arbeitend. Seit 1988 Leiter am Freien Jugendseminar Stuttgart.*

Hinter dem sogenannten Auseinanderdriften der Seelenkräfte scheint sich etwas Geheimnisvolles zu verbergen. Es besagt, daß die drei Seelenkräfte des Menschen, sein Denken, Fühlen und sein Wollen, aus einer geschlossenen Harmonie ausbrechen. In der Tat kann man heute besonders bei jungen Menschen zunehmend Entwicklungen beobachten, auf die auch schon Rudolf Steiner hinweist: daß sich das gesunde menschliche Seelenleben einseitig verselbständigt.

Wenn sich das Gedankenleben eines Menschen nicht mehr im Einklang mit den eigenen Gefühlen befindet oder eine Willenslähmung vorliegt, wenn Gewalttaten verübt werden, die weder vom Gefühl noch von den Gedanken kontrolliert werden, oder wenn rauschhafte Gefühlsgenüsse gesucht werden, ohne daß sie in ein sinnvolles Ganzes eingebettet werden, dann ist bereits eine Entwicklung eingetreten, bei der das menschliche Seelengefüge auseinanderzudriften beginnt.

Diese Tendenz hängt auch mit einer Schwellensituation zusammen. Die Menschheit als ganze und auch entsprechend immer mehr Individuen gehen unbewußt über die Schwelle, die Schwelle zur geistigen Welt. Bedingt durch Lockerungen in der menschlichen Konstitution, durch schwere Schicksalsschläge und vor allem durch die erschütternden Zeitereignisse gerät nicht nur der gesamte gesellschaftliche Boden ins Wanken, sondern auch die Seelenkonstitution der Menschen. Die alten Kräfte, auf die man sich bislang noch stützen konnte, verrinnen, und etwas Neues bricht tumultuarisch herein. Und dadurch entsteht eine gewaltige Verunsicherung der Menschen.

Das Neue sind eigentlich die Kräfte der geistigen Welt. Aber sie wollen erkannt werden, und vorher muß der Abgrund zwischen der Sinnes- und der Geisteswelt überwunden werden. Mit diesem Abgrund in der Seele hat wahrscheinlich heute jeder Mensch auf seine individuelle Weise zu ringen, und es liegt in seiner Hand, ob er das allgemeine Chaos nutzt, sich zu einer spirituellen Lebenshaltung durchzuringen oder nicht.

Über das Auseinanderdriften der Seelenkräfte ein Gespräch zu führen, ist insofern ein Wagnis, als daß die zu beschreibenden Phänomene sehr vage sind, nicht exakt zu fassen und noch relativ unerforscht. Drei Dozentinnen und ein Dozent des Freien Jugendseminars Stuttgart stellten sich aber zur Verfügung, um ihre Beobachtungen, die sie seit Jahren an ihren jugendlichen Kursteilnehmern machen, mitzuteilen.

Die drei Seelenkräfte

Wolfgang Weirauch: Die Seele des Menschen besteht aus drei Grundkräften, die in ihrer Art voneinander verschieden sind. Können Sie sie in ihrer Einzigartigkeit und Verschiedenheit charakterisieren?

Christophe Rogez: Man könnte dies an einem kleinen Beispiel verdeutlichen: Ein Sportlehrer steht während des Unterrichts vor seinen Schülern und sagt: „Jetzt laufen wir drei Runden um den Sportplatz." Die erste Gruppe fragt: „Warum? Wozu soll das gut sein?" Die zweite Gruppe äußert sich: „Das ist ja furchtbar, kommt überhaupt nicht in Frage!" Die dritte Gruppe fragt: „Wie schnell!?" Das sind drei Tendenzen, an denen man ablesen kann, was sich im Menschen abspielt: eine mehr denkerische Äußerung, ferner eine gefühlsgetragene, drittens eine willensdurchsetzte.

Cornelia Elter-Schlösser: Das Denken ist die Kraft des Menschen, die Zusammenhänge schafft, eigentlich die Überschau hat und diejenigen Teile, die sonst getrennt sind, in Zusammenhang bringt. Das Fühlen bewegt sich zwischen den größtmöglichen Gegensätzen – Sympathie und Antipathie – hin und her, während das Wollen als Grundtendenz von innen nach außen gerichtet ist und auf ein Ziel losstrebt.

Veronika Hillebrand: Das Denken ist nach rückwärts gerichtet. Erkenntnis ist etwas, was sich im Grunde auf das Gewordene bezieht, während das Wollen in die Zukunft gerichtet ist. Eine Tat ist immer etwas, was seine Folgen erst noch zeigen wird. Dazwischen liegt das Gefühl, das den Charakter des Gegenwärtigen hat, das zeigt, wie sich der Mensch im Moment befindet.

Dagmar von Radecki: Der Mensch ist im Denken am wachsten, im Fühlen träumend und im Willen noch schlafend.

W.W.: Nun sind die beschriebenen Eigenschaften seelische Kräfte. Welche Dreiheit liegt diesen drei Seelenkräften im menschlichen physischen Leib zugrunde?

C. Elter-Schlösser: Nerven-Sinnessystem, Atmungs- bzw. rhythmisches System, Stoffwechsel-Gliedmaßensystem. Der Kopf, das Runde, ist das Zusammenhangbildende, das Rhythmische ist zu beiden Seiten hin offen, zum Beispiel im Rippenbogen, während sich die Gliedmaßen strahlig in die Welt hinein begeben.

C. Rogez: Beim Denken hat man es eigentlich mit einer Zweiheit zu tun, man steht immer einem anderen gegenüber. Vergleichbar ist dies mit dem Spiegel: Zum einen braucht es den Spiegel selbst, zum anderen den sich in ihm spiegelnden Gegenstand. Im Willensbereich dagegen ist die Bewegung auffällig. Der Denk- und der Willenspol des Menschen stehen sich wiederum polar gegenüber.

V. Hillebrand: Dazwischen liegt das rhythmische System, zu dem beispielsweise die Atmung gehört. Das Rhythmische verläuft halbbewußt. Für gewöhnlich bemerke ich die Atmung nicht, trotzdem kann ich bewußt in sie eingreifen. Ich kann die Luft anhalten, aber nicht unbegrenzt. Ich kann also in diesen Bereich mit dem Bewußtsein partiell eindringen.

W.W.: Nun ist es normal, daß immer alle Seelenkräfte zusammenwirken. Kaum wird man einen Gedanken fassen können, der nicht irgendwelche Gefühle auslöst, kaum wird man Taten verrichten, die nicht vorher oder währenddessen von Gedanken und Gefühlen begleitet werden. Können Sie ein Beispiel geben, wie bei einem gesunden Menschen, vielleicht in früheren Zeiten, das Seelenleben des Menschen harmonisch zusammenklang?

V. Hillebrand: Ich mache seit vielen Jahren in einem kleinen Tiroler Bergdorf Ferien, das bis vor kurzem relativ abgeschlossen lag. Dort herrschen noch in gewisser Weise Nachklänge mittelalterlicher Verhältnisse. Man kann da beobachten, wie ein Bauer in dem, was er tut, was er fühlt und denkt, sich in einem sinnvollen Zusammenhang mit der Umwelt befindet. Er schaut zum Beispiel nach dem Wetter, und daraus ergeben sich bestimmte Gefühle und Tätigkeiten, welche wiederum mit bestimmten Gedanken verknüpft sind. Ein solcher Bauer lebt noch ganz in Gewohnheiten, die er von seinem Vater erlernt hat. Die Frage, ob und wie man bestimmte Tätigkeiten zu verrichten hat, taucht deshalb kaum auf. Die Zusammenhänge sind seit alters her erprobt, in ihnen kann man sich bewegen und sein Leben meistern.

Die Berufsfrage, wie sie sich uns heute stellt, gab es damals noch kaum. Denn sie ergab sich meist aus den Verhältnissen, in die man hineingeboren wurde. Sie regelten auch den Zusammenhang zwischen den verschiedenen Seelenkräften: Das Handeln war sinnvoll und zweckmäßig eingebunden in die Notwendigkeiten des Lebens. Hatte man irgendwelche Probleme oder Zweifel, so gab es immer Institutionen, zum Beispiel die Kirchen, die einem Rat geben konnten. Alles wurde in ein Ganzes hineingestellt. Auch das Fühlen war, zum Beispiel durch die Traditionen, in denen man die Feste feierte, ganz festgelegt. Aber auch in meinem Tiroler Dorf wird es nicht mehr lange dauern, bis diese kanonische Ordnung des Lebens verschwinden wird. Man kann natürlich an manchen Orten der Welt noch diese alte Art des gesunden Zusammenhangs erleben. Immer aber wird man finden, daß er den Menschen nicht bewußt wird.

Die Schwelle

W.W.: Der heutige Mensch hat im Normalfall keine bewußten Organe für die geistige Welt ausgebildet. Von dieser Welt trennt ihn eine Schwelle, die Schwelle zur geistigen Welt, die ihn davor bewahrt, mit bewußten Seelenkräften das Gefüge der geistig-seelischen Welt wahrzunehmen. Wie kann man diese Schwelle charakterisieren?

C. Elter-Schlösser: Ich möchte vorerst ein profanes Beispiel geben: die Türschwelle. Eine Türschwelle ist ein Ort, an dem sich zwei Räume treffen. Von dieser Schwelle kann man nicht genau sagen, welchem der beiden Räume sie zuzuordnen ist. Einerseits ist sie ein Nichts, andererseits trägt sie Merkmale beider Räume an sich. Sie ist etwas Drittes, das sich durch das Aneinanderprallen oder Aneinandergrenzen zweier unterschiedlicher Räume findet. Sie vereint beide Räume miteinander.

V. Hillebrand: Rudolf Steiner schildert diese Schwelle in seinem Übungsbuch „Wie erlangt man Erkenntnisse der höheren Welten" (GA 10). Sie bezeichnet eine ganz bestimmte innere Situation, in die der Mensch kommt, der eine geistige Schulung durchmacht, an der er anstößt. Die Schwelle ist der innere Ort, an dem er vor die Frage gestellt wird: Will ich die Verantwortung für mich selbst ganz bewußt übernehmen? Ein großer Teil der Verantwortung wird den Menschen ja auch noch heute von geistigen Wesen abgenommen, ähnlich wie es früher in den alltäglichen Zusammenhängen des Lebens der Fall gewesen ist. Ich gelange an die Schwelle, wenn ich unausweichlich vor der Frage stehe: Kann ich und will ich die Gestaltung meines gesamten Lebens selber in die Hand nehmen? An dieser Stelle entsteht beim Menschen Angst, Schrecken und auch ein Zurückprallen.

C. Elter-Schlösser: Nimmt man das Bild einer Lemniskate, so ist die Schwelle der Mittelpunkt der sich schneidenden Linie. Die Schwelle hat genau wie dieser zentrische Punkt Mittelpunktscharakter, denn sie befindet sich in der Mitte zweier Räume und zieht sich auch auf einen Punkt zurück. Ähnlich ist es beim Kreuz: Die Schwelle ist der Mittelpunkt des Kreuzes.

Der individuelle Schwellenübertritt

W.W.: Auf welche Weise unterscheidet sich der bewußte Schwellenübertritt von dem unbewußten?

V. Hillebrand: Das bewußte Überschreiten der Schwelle ist Teil eines individuellen geistigen Übungsweges. Das hat es zu allen Zeiten, in allen Kulturen gegeben. Menschen, die sich esoterisch schulen, kommen nach entsprechender Vorbereitung irgendwann an diese Schwelle heran. In früheren Zeiten war der übende Mensch dabei nicht auf sich alleine gestellt. Er hatte einen Führer, der ihm Aufgaben stellte und der darüber wachte, daß sie in richtiger und gesunder Weise wirken konnten.

Heute ist das weitgehend anders. Auf dem anthroposophischen Schulungsweg, den man auch den rosenkreuzerischen nennt, sind die Übungsschritte in die Verantwortung des einzelnen gestellt worden. Deshalb gibt es auch viel mehr Möglichkeiten zu Fehlern und Verirrungen.

W.W.: Wenn der Mensch die Schwelle auf individuellem Wege zu überschreiten sucht, welche Übungen muß er durchführen?

C. Elter-Schlösser: Dazu müßte man auf die meditativen Übungen Rudolf Steiners eingehen, beginnend mit den Nebenübungen. Zusätzlich wichtig ist die Schulung der Selbsterkenntnis, ferner die Schulung aller zwölf Sinne durch Wahrnehmungsübungen.

V. Hillebrand: Die Grundtendenz dieser Übungen ist es, die Seelenkräfte Denken, Fühlen und Wollen unter die Herrschaft des Ich zu bringen. Es genügt dann nicht mehr, daß ich irgendwie drauflosdenke, daß es in mir in assoziativen Ketten denkt, sondern ich muß lernen, selbst zu bestimmen, was ich denken will. So etwas nennt Rudolf Steiner Gedankenkontrolle. Das eigene Ich wird in den Seelenkräften führend. – Im Bereich des Fühlens gilt es, Gleichmut zu üben, was aber nicht bedeutet, daß man gleichgültig werden und nichts empfinden soll. Natürlich muß man seine Empfindungen durchleben, aber man soll sich nicht einfach in Schmerz, Wut, Freude und Trauer verlieren. Es gilt, diese Gefühle mit Gleichmut oder besser mit Starkmut zu tragen. – Im Bereich des Willens, der Tätigkeit, bedeutet dies, Initiative zu entwickeln. Das Ich kann sich frei Ziele setzen und diese Ziele erreichen, dadurch wird vom Ich aus Neues in die Welt gebracht. – Das sind eigentlich die drei ersten Stufen des rosenkreuzerischen Weges: Gedankenkontrolle, Gleichmut, Initiative des Handelns. Es gibt aber noch weitere Stufen.

W.W.: Nun lockern sich die Seelenkräfte allmählich auf dem individuellen Schulungsweg, und zwar so weit, daß der Mensch – wenn er sehr weite Fortschritte auf seinem okkulten Schulungsweg gemacht hat – seine Seelenkräfte als eigenständige Wesenheiten außer seiner selbst schauen kann. Auf welche Weise lockern sich anfänglich diese Seelenkräfte des Menschen, wenn er sich zu schulen beginnt?

D.v. Radecki: Wenn ich zu üben beginne, so kann es – zumindest im Gefühlsbereich – zunächst einmal so erscheinen, als würde ich ganz cool werden. Es kann einem an Kräften mangeln, die sehr reichhaltig sein könnten. Aber wenn man weiter arbeitet, so können diese Kräfte zu etwas Wesenhaftem führen und dem Menschen bei einer übersinnlichen Schau so erscheinen, wie Rudolf Steiner es in seinen Mysteriendramen darstellt. Dort spricht Maria zu ihren drei Seelenkräften auch als Schwestern. Die Seelenkräfte werden zu Qualitäten, die mit mir verbunden sind, aber trotzdem Wesenhaftes haben. Aber der Durchgang durch die Schwelle ist heutzutage für den okkulten Schüler ein gefährlicher.

Die Begegnung mit dem Hüter

W.W.: Irgendwann begegnet der okkulte Schüler auch dem Hüter der Schwelle. Wie ist diese Begegnung zu verstehen?

C. Elter-Schlösser: In „Wie erlangt man Erkenntnisse der höheren Welten?" stellt Rudolf Steiner in Erzählform dar, was dieser Hüter zu dem Menschen spricht, wenn er ihm an der Schwelle begegnet. Es ist ein geistiges Wesen, das ich selbst geschaffen habe, das alles beinhaltet, was aus meiner Vergangenheit kommt, es ist das Resultat meiner Taten, vor allem dasjenige von mir, was unvollkommen ist. Ich selbst habe die Aufgabe, meine Defizite auszugleichen und mich zu vervollkommnen. Dieses sagt mir der Hüter, der gleichzeitig auch ein eigenständiges geistiges Wesen ist, in mahnenden Worten: „Schau mich an, an mir siehst Du das, was von Dir unvollkommen ist."

Dieses Resultat der eigenen Taten ist sehr häßlich und furchtbar anzuschauen, und deswegen deckt der Hüter normalerweise einen Schleier über diesen Bereich des Menschen. Um das Erlebnis aushalten zu können, muß man schon sehr kräftig geworden sein. Dann sagt der Hüter weiter: „Du kannst diese Schwelle nur überschreiten, wenn Du bereit bist, die volle Verantwortung für Dein eigenes Leben zu übernehmen. Bis jetzt haben höhere Wesenheiten für Dich die Verantwortung getragen, aber von nun an werden sie Dir nicht mehr zur Verfügung stehen, jetzt mußt Du alles selber machen. Wenn Du irgendeine Schwäche in Dir hast, wenn Du es Dir nicht zutraust, dann gehe nicht an mir vorbei."

Es ist auch so, daß alles um einen dunkel wird, dasjenige, was dem Menschen diese höheren Welten bisher erhellt hat, verschwindet, und daß die einzige Lichtquelle von dem Hüter ausgeht. Der Hüter sagt auch noch: „Wenn Du jetzt über die Schwelle gehst, so werde ich immer bei Dir sein,

Du mußt mich immer anschauen, bis Du zur Vervollkommnung gereift bist und ich mich wieder mit Dir vereinen kann."

C. Rogez: Ich möchte noch einmal auf den Übungsweg zurückkommen. Es gilt zum Beispiel, den seelischen Eindrücken des Tageslaufes wie ein Fremder gegenüberzustehen. Wenn man seinen Blick auf den abgelaufenen Tag richtet, so kann man diesen Blick auch erkraften, indem man ihn auf seine gesamte Biographie ausdehnt. Dies ist im Kleinen ein Vorspiel dessen, was später die Begegnung mit dem Hüter sein kann.

V. Hillebrand: In Mozarts „Zauberflöte" zum Beispiel ist dargestellt, daß Tamino und Papageno umfangreiche Proben durchmachen müssen. Man braucht diese, um moralisch die Kraft zu bilden, damit man der Begegnung mit dem Hüter standhalten kann. Der Mensch muß – bildlich gesprochen – durch Feuer und Wasser hindurch, bevor er reif ist, das auszuhalten, was sich ihm dann als Anblick seiner selbst darbietet. Würde man den Schleier zur übersinnlichen Welt bzw. zu sich selbst gewaltsam wegreißen, man würde den sich bietenden Anblick nicht ertragen. Deswegen muß man sich schrittweise eine innere Kraft erwerben, bevor man über die Schwelle gehen darf.

Auch die Menschheit überschreitet unbewußt die Schwelle

W.W.: Nun kommen wir zum unbewußten Überschreiten der Schwelle. Rudolf Steiner spricht an vielen Stellen darüber, daß die gesamte Menschheit in diesem Jahrhundert beginnend über die Schwelle schreitet. Was ist damit gemeint?

C. Rogez: Auch allgemein können wir feststellen, daß die Menschen von den Göttern allmählich in die Eigenverantwortung entlassen werden. Wenn man sich die Biographie moderner Menschen anschaut, so kann man immer häufiger bemerken, wie bereits in früher Kindheit Situationen der Eigenverantwortlichkeit entstehen. Es ist heute keineswegs selten, daß Kinder in einem sehr frühen Alter Verantwortung übernehmen müssen, in welchem es normalerweise nicht gefragt ist. Das ist zum Beispiel dann der Fall, wenn sich die Eltern scheiden lassen und das Kind zwischen beiden steht. Es steht dann vor der Situation, sich für einen von beiden entscheiden zu müssen. Das ist eine konkrete, aber negativ sich auswirkende Schwellensituation. Alle diese Verlusterscheinungen in der Biographie eines jungen Menschen sind Erlebnisse, die normalerweise erst während des Schulungsweges auftreten, also dort, wo ein bewußt erarbeitetes Schwellenerlebnis auftritt. Der Verlust des Familienzusammenhangs ist für ein Kind wirklich eine Schwellensituation.

C. Elter-Schlösser: Gesamtmenschheitlich sieht man es, wenn man sich die Naturwissenschaft, vor allem die Atomphysik, anschaut. Auch dort kommt man an Grenzen, an Schwellen. Der Physiker Heisenberg sagt, das Atom sei ein Ding außerhalb von Raum und Zeit. Das ist ein Grenzbereich, bei dem man sich fragen muß, wo das Physische aufhört und das Geistige beginnt. – Im Gefühlsbereich kommt man durch die Psychotherapie fortwährend an Grenzen des Unterbewußtseins. – Im Willensbereich erfahren wir zum Beispiel durch den Leistungssport ganz stark diese Grenzüberschreitungen. Auch die Grenze des Erdenbereichs wird durch die Raumfahrt gesprengt. Das sind Schwellenerlebnisse, die die jeweiligen Menschen haben, und ich denke, daß man diese als gesamtmenschheitliche Phänomene für das unbewußte Überschreiten der Schwelle durch die Menschheit erkennen kann.

V. Hillebrand: Ich denke dabei an Goethes „Faust", einen Menschen, der halbbewußt über die Schwelle geht. Das Drama beginnt an der Stelle, wo Faust an der Grenze seiner Erkenntnis angelangt ist, nun weiter will, aber nicht weiter kommt. Er macht verschiedene Versuche, mit Gewalt weiterzukommen. Zunächst probiert er es mit magischen Praktiken. Dann denkt er an Selbstmord. Er will sich dadurch die Pforte zur übersinnlichen Welt aufreißen. Gute Mächte bringen ihn davon ab. Alsbald erscheint der Pudel und als des Pudels Kern der Teufel. Dieser führt Faust nun „unrechtmäßig" über die Schwelle. Die drei folgenden Szenen machen deutlich, was dadurch mit Faust geschieht.

In der ersten Szene kommt der Schüler zu Mephistopheles, der sich in Fausts Talar gehüllt hat. Faust fragt nach Erkenntnis, wird aber durch Mephistopheles vollkommen verwirrt, so daß er schließlich sagt: „Mir wird von alldem so dumm, als ging mir ein Mühlrad im Kopf herum." Da wird also Verwirrung ins Denken gebracht. – Das nächste ist die Szene in Auerbachs Keller, wo – pardon – gesoffen und gefressen wird. Es geht also in den Stoffwechselbereich hinein. Man steigt damit buchstäblich in den Keller des eigenen Wesens, in die Willenssphäre. Diese Szene endet mit dem Spuk des Mephistopheles, bei dem schließlich alle gelähmt dastehen. – Die dritte Szene ist die Hexenküche: die Verjüngung Fausts durch Selbstgenuß. Sie endet damit, daß Faust mit dem Hexentrank berauscht wird.

Alle drei Tendenzen sind Symptome des unbewußten, unvorbereiteten Schwellenübertritts. Die Seelenkräfte fallen auseinander: Verwirrung im Denken, Lähmung im Willensbereich und der Rausch in der Erlebnis- und Gefühlssphäre. Man findet dafür auf Schritt und Tritt Beispiele in unserer Zivilisation.

W.W.: Rudolf Steiner spricht auch von der Trennung des Gesamtseelenwesens der Menschheit. Das ist natürlich sehr schwer vorzustellen, und will man es definieren, so wird es oft sehr schwammig. Aber anhand des Gefühlsbereiches, der mit dem Rechtsleben korrespondiert, kann man es sehr schön erkennen, auch wenn wir heute noch keinen dreigegliederten sozialen Organismus in unserem Lande haben. Man stelle sich die dreistufige Volksgesetzgebung vor, die bundesweit auch noch nicht möglich ist, so würde sich ein gesamtes Volk, zum Beispiel über ein halbes Jahr hin, mit einem oder mehreren Gesetzesentwürfen beschäftigen, bis letztlich durch einen Volksentscheid Recht gesetzt würde. Darin sehe ich eine Möglichkeit, wie ein großer Teil des Volkes als Gesamtheit miteinander in Beziehung tritt. Könnte man das auch für den Denk- und Willensbereich der Menschheit sehen?

C. Elter-Schlösser: Eigentlich sehe ich das nur in der Pervertierung, zum Beispiel an der Universität. Schauen wir uns einmal die Betriebswirtschaftler an, die eigentlich für das Wirtschaftsleben ausgebildet sein sollten. Sie werden mit abstrakten Denkstrukturen vollgepfropft. Wenn sie dann aber in den Willen gehen sollen, in die praktische Arbeit, für die sie an sich ausgebildet sein sollten, so sind sie vorerst völlige Theoretiker. Hier sieht man, wie sich der Denkbereich eines Teiles der Menschheit von den anderen Bereichen trennt.

Unbewußte Hüterbegegnungen

W.W.: Rudolf Steiner spricht auch davon, daß die gesamte Menschheit unbewußt am Hüter vorbeigeht, daß der Mensch innerhalb der nächsten 2.000 Jahre während einer Inkarnation die Hüterbegegnung haben werde, wenn auch nicht so intensiv wie auf dem individuellen Schulungsweg. Können Sie Symptome darstellen, die darauf bereits heute hindeuten?

V. Hillebrand: Die Schwelle ist der Ort, an dem man sich bewußt werden muß, ob man die volle Verantwortung für das eigene Leben übernehmen will. So lange auch nur ein winziger Baustein fehlt, diese Kraft aufzubringen, wird man an der Schwelle gebannt stehenbleiben müssen oder stolpern. Diese beiden Gesten – das gebannte Schauen auf etwas Erschreckendes bzw. das unvorbereitete Hineintorkeln – kann man in der heutigen Zeit ziemlich deutlich beobachten.

C. Elter-Schlösser: Dazu gehören alle spirituellen Bilder, die in die Materie hineingezogen worden sind, zum Beispiel in Filmen von George Lucas, in seiner „Star Wars"-Trilogie (siehe dazu den Artikel von Frank Linde in diesem Heft). Als diese Filme auf den Markt kamen, war ich in den Vereinigten Staaten und habe siebenjährige Kinder im Kino gesehen. Man kann sich nun fragen: Wie wirken diese Verzerrungen geistiger Wahrheiten auf Kinder, die spirituell noch ganz offen sind und die diese Bilder dann vielleicht ein ganzes Leben in ihrer Seele tragen? Die Werbung arbeitet nicht umsonst so stark mit dem Medium Bild, weil sich das Bild am tiefsten einprägt und bis in die Willensstrukturen von Menschen hineinwirkt. Wer Drogen nimmt, der stolpert ebenfalls unvorbereitet über die Schwelle. Hinzu kommen alle weiteren Grenzerfahrungen, die die Menschen suchen, zum Beispiel beim Free-Climbing.

W.W.: Ich denke auch, daß dies unbewußte Begegnungen mit dem Hüter bzw. mit der Schwelle sind, wenn auch oft in krankhafter Weise. Es sind verzerrte Formen des Urbildes. Schauen wir uns den Urvorgang an. Bei der individuellen Hüterbegegnung wird man mit der Todeserfahrung und schonungslos mit den Abgründen der eigenen Wesenheit konfrontiert. Abgeschwächt und verzerrt findet das gesamtgesellschaftlich statt. Erleben Sie bei Jugendlichen eine stärkere Tendenz, sich selbsterkennend gegenüberzutreten, Grenzerfahrungen zu machen, ein bewußtes Ausreizen verschiedener Grenzen?

D.v. Radecki: Ich erlebe das meist im negativen Bereich als Willenslähmung. Die Selbsterkenntnis ist zwar irgendwo vorhanden, führt aber oftmals dazu, daß die jungen Menschen sich nicht mehr trauen, irgend etwas zu tun, weil sie sich permanent und sofort den Spiegel vorsetzen. Das äußert sich dann durch Willenslähmung, durch Gefühlsarmut, indem man sich nicht mehr traut, überhaupt etwas zu fühlen, und im Denken erscheint alles grau. Das hängt natürlich mit dem Auseinanderfallen der Seelenkräfte zusammen, aber die Selbsterkenntnis wird im negativen Sinne zu einem Rückstau. Letztlich ist es also ein Zurückschrecken vor der wirklichen Selbsterkenntnis, was dazu führt, daß man sich nicht initiativ in die Welt stellen kann.

C. Rogez: In den verschiedensten Bereichen kann man auch das Lockerungsphänomen beobachten, angefangen bei der menschlichen Konstitution. Der junge Mensch ist heutzutage nicht mehr so selbstverständlich in seinen physischen Leib verpackt wie früher, hat von daher von vornherein eine größere Labilität, aber auch Sensibilität. Im weiteren gibt es Lockerungen in bezug auf das eigene Schicksal, indem man keineswegs mehr selbstverständlich in seiner eigenen Biographie drinnensteht. Es kommt sogar vor, daß junge Menschen das Gefühl haben, daß es gar nicht ihr Leben ist, welches sie leben. Oder sie fühlen sich innerhalb der eigenen Familie völlig fremd. Im Grunde sind das heutzutage schon alltägliche Erfahrungen.

Hinzu kommt auch das, was Dagmar von Radecki bereits angedeutet hat, daß man ein ganz starkes Bewußtsein der eigenen Schwächen hat. Man steht sich gegenüber, konfrontiert sich mit den eigenen Schwächen und hat auf der anderen Seite höchste Ideale. In diesem Zwiespalt stehen die jungen Leute, können ihn aber oft kaum aushalten und können auch daran zerbrechen. Zumindest führt dieser Zwiespalt häufig zur Resignation oder Depression. Das Ideal auf der einen Seite, und was man demgegenüber als Wirklichkeit an sich selber erlebt, reißt einen förmlich auseinander. Und die jungen Menschen suchen natürlich nach einer Brücke, um dieses Auseinanderklaffen überwinden zu können.

D.v.Radecki: Man erlebt bei jungen Menschen oft das Gefühl einer hohen Spiritualität, die aber nicht ergriffen werden kann. Das ist wie eine Spaltung im Menschenwesen.

C. Elter-Schlösser: Auf der anderen Seite erlebe ich bei vielen Jugendlichen das Phänomen, daß sie starke Stützen brauchen. Spontaneität ist zum Beispiel überhaupt nicht mehr gefragt, weil man in der Spontaneität seine Stützpfeiler liegenlassen muß, um in die Zukunft vorzupreschen. Auch an Gedanken und Vorstellungen kann man sich wunderbar festhalten, und es herrscht eine ungeheure Angst, loszulassen. In ein Nichts zu gehen, einfach um etwas auszuprobieren, das findet kaum noch statt, man weiß immer schon vorher, was kommt. Natürlich kann man sich fragen, was diese Menschen bannt, was sie ängstigt und ob das vielleicht eine unbewußte Hüterbegegnung ist, mit der sie sich nicht konfrontieren wollen.

W.W.: Wie kann man die gesamtgesellschaftliche Hüterbegegnung ins Bewußtsein bekommen? Wie kann man sich für entsprechende subtile Wahrnehmungen und Phänomene schulen?

C. Elter-Schlösser: Dazu möchte ich etwas aus meinem Fach sagen. Eine Schulungsmethode, die jetzt nicht in den Bereich des Meditativen geht, ist meines Erachtens das Theater. Im Theater hat man es, insofern wir auf den Inhalt schauen, immer mit einer Aufarbeitung der geistigen und deswegen auch gesellschaftlichen Zuständlichkeit der Menschheit zu tun. Nehmen Sie ein Stück von Shakespeare, zum Beispiel „Hamlet", da können Sie an der Titelfigur deutlich das Auseinanderdriften der Seelenkräfte studieren. Hamlet, ein Mann, der ununterbrochen denkt, sein Gefühl aber negiert und absolut handlungsunfähig ist: Sie haben da ein Bild des heutigen Menschen. Der Zuschauer kann jetzt die eigene Problematik leichter an der Theaterfigur erkennen, als er es bei sich selbst könnte, weil sie ihm die notwendige Distanz ermöglicht, die man für jedes Erkennen braucht. Weil der Hüter das in sich trägt, was den unvollkommenen Teil von uns ausmacht, und wir in jedem

Theaterstück gerade mit diesem Teil konfrontiert werden, kann ein wirkliches Theatererlebnis den Mut zur Begegnung mit dem Hüter anregen. Dieser Aspekt des Theaters wäre eine Sache, die große Möglichkeiten für die Bewußtseinsentwicklung unserer Zeit in sich trüge.

Auseinanderdriften der Seelenkräfte

W.W.: Zwar haben wir schon verschiedenste Symptome besprochen, trotzdem möchte ich Sie aber noch einmal bitten, einen Menschen zu charakterisieren, bei dem die Seelenkräfte nicht mehr in harmonischer Weise zusammenwirken.

V. Hillebrand: Durch das Auseinanderdriften der Seelenkräfte entwickeln die Menschen heute vielfach autistische Züge, eine Abkapselung von der Umgebung. Da gibt es zum Beispiel im universitären Bereich den Begriff der wertfreien Wissenschaft, einer Wissenschaft, die mit ihren eigenen Tatkonsequenzen nichts zu schaffen haben will. Ein Mensch, der entsprechend denkt, isoliert sich vom Weltgeschehen, er sucht nicht mehr die Verbindung mit der Wirklichkeit. – Im Fühlen bzw. Erleben ist es mehr so, daß man auf ein hypertrophiertes Selbsterleben und Selbstgenießen zurückgeworfen ist. Man erlebt seine eigenen Zustände sehr viel stärker und differenzierter als früher, man ist sensibler, aber diese Gefühle sind sehr stark auf das eigene Selbst gerichtet und finden kaum noch den Zugang zum anderen Wesen. Man ist wie befangen in einer Art Selbstumkreisung und auch da wie eingekapselt. – Im Willen sehen wir es zum Beispiel in vielen sportlichen Freizeitbetätigungen, die in möglichst sinnlosen Willensakten bestehen, zum Beispiel stundenlanges Joggen. Das sind sich verselbständigende Tätigkeiten, und der Spaß daran liegt zum guten Teil in ihrer Nutzlosigkeit.

C. Rogez: Georg Kühlewind spricht in seinem Buch „Vom Normalen zum Gesunden" von freiwerdenden Kräften, zum Beispiel daß beim Kind mit der Schulreife ein gewisses Potential von Kräften aus dem Aufbau des physischen Leibes frei wird und nun zum Lernen verwendet werden kann. Entsprechend ist es während der Pubertät, denn in dieser Entwicklungsphase stehen dem Menschen Empfindungs- und Urteilskräfte zur Verfügung, die er vorher nicht gehabt hat. Kühlewind weist nun darauf hin, daß nicht nur in der Wachstumsphase neue Kräfte frei werden, sondern daß es das ganze Leben lang dauert. Daß dem Menschen immer wieder freie Kräfte zur Verfügung stehen, das ist es, was ihn zum Menschen macht. Und es hängt vom Menschen ab, was er daraus macht. In sehr alten Zeiten war es so, zum

Beispiel im alten Ägypten, daß ein absoluter Herrscher die ganze Gesellschaft von oben nach unten leitete, und zwar von einem religiösen, spirituellen Ausgangspunkt bis in die alltäglichen Verrichtungen hinein. So etwas fällt heute natürlich vollkommen weg, denn derzeit ist jeder im Grunde sein eigener Pharao; zumindest ist er dazu bestimmt. Wenn diese Erkenntniskräfte, diese freiwerdenden Kräfte nicht ergriffen werden, was geschieht dann mit ihnen?

„Für uns ist es von großer Wichtigkeit zu wissen, daß der Prozeß des Freiwerdens von Kräften beim Menschen – beim normalen Menschen – lebenslang stattfindet" (Kühlewind, S.72). „... Die freiwerdenden Kräfte des Menschen sind die entgegennehmenden Erkenntniskräfte: sie vereinigen sich, sie werden identisch mit dem, was aus der Welt dem Menschen entgegengestrahlt wird" (ebd., S.73). „Die Stärke oder Intensität des Seins im Ich-Erleben zeigt sich darin, daß das Ich sich hingeben kann, je mehr, desto selbstvergessener; d.h. je stärker, je intensiver das Ich existiert, desto ungeteilter ist seine Aufmerksamkeit." (ebd., S.77)

Hier werden die freiwerdenden Kräfte, diese Erkenntniskräfte so geschildert, daß es eigentlich Hingabekräfte sind, für die Welt bestimmte Kräfte. Der Mensch inkarniert sich schließlich nicht nur in seiner Leiblichkeit, sondern er ist auch dazu bestimmt, sich in der Welt zu inkarnieren. Wenn dieser Prozeß nicht vollzogen wird, dann schlagen diese Kräfte um und rumoren im Innerseelischen. Damit kommen wir zu sehr vielen Phänomenen, die heute bereits Gesellschaftsphänomene sind, zum Beispiel Krankheitsbilder wie die vielfältigen Eßstörungen. Die sind stark im Zunehmen, und man hat eigentlich ganz deutlich das Gefühl, daß hier Kräfte vorhanden sind, die in einer Art Innenraum gefangen bleiben und nicht den Weg zur Welt finden.

Einseitige Ausbildung des Denkens

W.W.: Wie würden Sie einen Menschen charakterisieren, der seine Denkkräfte einseitig ausgebildet hat?

C. Rogez: Im Grunde kennt man diese Tendenz auch bei sich selber. Man stelle sich zum Beispiel vor, man höre einen Vortrag. Dann meldet sich doch sehr häufig in einem die Stimme: Ja, aber! Es ist also bereits ein Argument in einem, es beginnt bereits das Selbstgespräch, ehe der andere überhaupt ausgesprochen hat. Das ist eine rasante Tatsache, die sich immer wieder auf der inneren Bühne abspielt. Dazu gehört auch das sehr schnelle Fortargumentieren, wenn von außen ein Beitrag kommt.

V. Hillebrand: Das kann sich zu einer Art von Kritiksucht steigern, wobei man sich dann nur noch dadurch als eigenständig erlebt, daß man nein sagt, sich absetzt, kritisiert. Es gibt ein Lebensalter – in der Pubertät –, in dem das berechtigt ist, weil der Mensch in dieser Phase um sein Selbstgefühl ringt, aber es wird heute zu einer gesamtgesellschaftlichen Erscheinung von der Wiege bis zur Bahre. Man enthebt sich dadurch auf elegante Weise der Notwendigkeit, in die Verhältnisse initiativ handelnd einzugreifen. Das ist die Konsequenz dieser überkritischen Haltung.

Das Insekt, das ich auslöschen kann

W.W.: Ich denke aber, daß man noch sehr viel weiter gehen müßte. Meines Erachtens werden sich bei der Lockerung der Seelenkräfte noch viel stärkere Einseitigkeiten entwickeln, als wir uns das heute vorstellen können. Ich möchte dazu zwei Zitate geben, in denen sich Menschen äußern, die eiskalte Gedanken ohne jedes Gefühl, ohne jede Moral äußern:

Im Zuge der Terroristenfahndung während der 70er Jahre wurde das Mobile Einsatzkommando (MEK), eine Eliteorganisation von Spezialbeamten, die sogenannten James Bonds, gegründet. „Die Spezialbeamten des Bundes müßten einem schwerbewaffneten feuerbereiten Gegner mit der Einstellung gegenübertreten, im Notfall zu töten – ohne Überlegung und mit dem ersten Schuß." *(Bild am Sonntag)* Einen ersten Einsatz hatte das MEK bereits am 18.04.1974 in Hamburg, als der Bankräuber Gonzales von einem Angehörigen des MEK aus 50 cm Entfernung durch mehrere Schüsse niedergestreckt wurde. Der *Stern* befragte anläßlich dieses Vorfalles den Polizeiberater und Diplompsychologen Kentler:

Stern: Der Polizist in Hamburg hat weitergeschossen, nachdem der Täter kampfunfähig war. Was ist da los?

Kentler: Wenn der Mensch erst einmal in den Mechanismus des vegetativen Nervensystems, das vom Bewußtsein unabhängig ist, hineingerutscht ist, kommt er nicht mehr heraus. Erst allmählich wird das Großhirn wach und braucht eine ganze Zeit, bis es der unbewußt ablaufenden Mechanismen wieder Herr geworden ist. Damit hängt auch zusammen, daß sich in einer solchen Situation die sozialen Maßstäbe verkleinern. Schon der Begriff Gangster zeigt, daß es sich um einen Menschen handelt, der einen geringen Wert hat. Vom Gangster ist es nicht mehr weit bis zum Insekt, das ich auslöschen kann. Diese Vorstellung wird noch durch die schwarze Maske des Täters unterstützt. Er hat sich damit selbst außerhalb der Gesellschaft gestellt."

Eine ähnliche inhumane, von Gefühlen wie Mitleid, Verantwortungsbewußtsein und Menschlichkeit abgelöste Denkart finden wir bei Samuel T. Cohen, dem Erfinder der Neutronenbombe. Es ist ein Interview aus dem *Spiegel* (38/1981):

„Frage: Entwickeln Sie gerne Waffen?

Cohen: Ehrlich gesagt, ja. Es ist eine Herausforderung. Eine sehr faszinierende Beschäftigung.

Frage: Was ist Ihnen das Liebste auf der Welt?

Cohen: Das Wesen, das mich hoffentlich sehr bald begrüßen kommt, mein Hund. Aber verraten Sie das bloß nicht meiner Frau und meinen Kindern.

Frage: Wie denkt Ihre Frau über die Bombe?

Cohen: Meine Frau beschäftigt sich absolut nicht mit der Bombe. Sie spielt Tennis und beschäftigt sich mit dem Haushalt und überhaupt nicht mit dieser Art scheußlicher Dinge. In einer herkömmlichen Kriegssituation, zum Beispiel dem Kampf um eine Stadt, bestrahlen wir die Armee des Feindes. Aber der Luftdruck, der bei dieser Explosion hoch oben in der Luft entsteht, erreicht die Erdoberfläche nicht, weil er eingeschränkt wird. Dadurch wird die verwüstende Wirkung von Hitze und Luftdruck weit von der Erdoberfläche ferngehalten. Darum wird die Neutronenbombe als eine Bombe beschrieben, die Menschen tötet, aber Eigentum verschont. Wenn ich gefragt werde, ob es nicht unmoralisch sei, Menschen zu töten, aber Eigentum zu verschonen, dann sage ich immer: Die Menschen sind feindliche Soldaten, und Zivileigentum zu verschonen, ist sehr richtig. Wollen Sie eine Cola?

Die Bürger können zwei Dinge tun: Die Stadt verlassen, bevor die Schlacht beginnt, was meistens passiert, wenn es genügend Zeit gibt, oder Schutz unter der Erde suchen. In Schutzkellern. Die sind sehr einfach und auch billig. Über der Erde wütet die Schlacht, und sie sitzen sicher unter der Erde. Wenn die Nato beschließen würde, Neutronenwaffen in Europa zu stationieren, dann ist es für die Zivilbevölkerung einfach und billig, Schutzkeller zu bauen. Die Kosten liegen bei 100 Dollar pro Person. Das ist alles. Es ist so billig möglich, weil nur gegen Strahlung geschützt wird. Schutz gegen Luftdruck ist nicht nötig. Dafür würde man große Mengen Stahl und Beton brauchen. [...]

Cohen: Ich halte alle Menschen für Monstren. Wer nicht tatsächlich tötet, hegt solche Gedanken.

Tochter: Woher weißt Du das?

Cohen: Das weiß ich. Ich lese. Und die Menschen sprechen.

Tochter: Also, Du hältst alle Menschen für Monstren? Dann bist du auch eins!

Cohen: Natürlich.
Frage: Ihr Sohn ist bei der Marine. Wie finden Sie es, wenn er Opfer Ihrer Bomben würde?
Cohen: Oh, nein, nein, nein, die Bombe wird auf dem Land eingesetzt. Wenn mein Sohn jemals in eine Kriegszone kommt, gehört die Neutronenbombe nicht zu den Gefahren, die ihn bedrohen.
Frage: Haben Sie in den letzten zwanzig Jahren nie gedacht, o Gott, was hab' ich da erfunden?
Cohen: Nein, niemals. Es ist mit Abstand die genaueste Selektivwaffe, die jemals erfunden worden ist. Das klingt angeberisch, aber es ist zufällig wahr. So etwas hat es noch niemals gegeben. [...]
Frage: Sehen Sie sich selbst als Wissenschaftler?
Cohen: Nicht mehr. Nicht ganz. Sie haben natürlich von der Psychoanalyse gehört und vom Unbewußten. Nun, die erste spontane Assoziation, die bei mir hochkam, war, daß ich mich selbst als Humanisten betrachte. Ist das nicht merkwürdig?
Frage: Ja, ziemlich.
Cohen: Aber ich war wohl ehrlich, als ich das aus meinem Unbewußten hervorholte.
Frage: Wie kann man eigentlich kreativ sein, wenn man an zerstörerischen Sachen arbeitet?
Cohen: Verzeihung, mein Herr. Die Neutronenbombe ist keine zerstörerische Waffe ...
Frage: Aber sie tötet Menschen.
Cohen: Feindliche Militärs, das gehört nun leider mal zum Krieg. So war es immer."

V. Hillebrand: Das sind natürlich deutliche Beispiele. Man sieht es aber auch an unscheinbareren Symptomen: zum Beispiel wenn im Fernsehen Politiker interviewt werden. Man ist da Zuschauer einer Gesprächssituation, in der Fragen gestellt und Antworten gegeben werden. Man erlebt aber häufig, daß die Gesprächspartner sich überhaupt nicht anschauen, sondern ins Publikum bzw. in die Kamera blicken. Auch werden nicht die gestellten Fragen beantwortet, sondern Statements abgegeben, so daß man bemerkt, wie hier der Kontakt von Mensch zu Mensch unterbrochen ist. Das, was eigentlich notwendig ist, damit sich aus Frage und Antwort eine Erkenntnis ergibt, findet bei dieser Art von Scheinkommunikation nicht statt, man geht nicht aufeinander ein. Das nenne ich eine Tendenz zum Autistischen.

D.v. Radecki: Meist spricht auch nur noch das Parteimitglied, nicht aber dieser Politiker als Mensch. Auch da löst sich etwas voneinander ab.

C. Elter-Schlösser: Ich merke es auch an mir selbst, wenn ich zu meinen Studenten rede. Man steht immer in der Gefahr, in dem, was man sprachlich rüberträgt, nur Begrifflichkeit zu vermitteln, nicht aber Gefühle und Willensimpulse. Der ganze Mensch ist also kaum noch in unserer Sprache enthalten. Man versucht, nüchtern und sachlich zu sprechen, und alles, was mit Emotionen und Willensimpulsen gesättigt ist, wird heutzutage kaum noch ernstgenommen. Es ist ungeheuer schwer, die Menschen davon zu überzeugen, diese anderen Seelenkräfte wiederum in die Sprache hineinzulegen. Die Begrifflichkeit ist unheimlich schnell, sie rasselt nur so ab. Für Gefühle und Willensimpulse dagegen muß man sich Zeit lassen, da wird man mit sich konfrontiert, dann geht es halt langsamer, und das ist den meisten unbequem.

„Ich ertrage nicht die Schönheit"

W.W.: Wie ist es bei Ihnen hier am Jugendseminar? Erleben Sie zunehmend Jugendliche bzw. jüngere Erwachsene, die das, was sie selber sagen, völlig kalt läßt, und die alles wissen, aber nicht ins Handeln kommen?

C. Rogez: Neulich sagte jemand zu mir: „Ich ertrage nicht die Schönheit!" Wenn jemand so etwas ausspricht, was sagt das eigentlich aus? Heißt das, daß er die Schönheit nicht empfindet und nicht aufnimmt? Ich denke dabei an die Na-und-Haltung vor einer schönen Naturlandschaft oder auch vor einem Gedanken. Wir erleben durchaus auch die Diskrepanz junger Menschen, die sich nach außen hin distanziert und allwissend zeigen, während es in ihrem Innern ganz anders aussieht. Ich habe eigentlich nicht das Gefühl, daß die Gedanken und Gefühle nicht mehr erlebt werden. Im Gegenteil, sie werden meines Erachtens zu stark erlebt, man hält ihre Nähe nicht aus und schützt sich dann durch irgendwelche feste Mauern, die man aufbaut. Ich denke, daß diese Übersensibilität vorhanden ist, weniger ein sklerotisierendes Element. Ich bemerke sehr stark die Diskrepanz zwischen dem äußeren Bild und der inneren Seelenstimmung. Auf jeden Fall paßt es nicht zusammen.

V. Hillebrand: In der Schule erleben Jugendliche immer häufiger Gedanken als etwas Uninteressantes und völlig Graues. Wenn Jugendliche ans Jugendseminar kommen, wir Rudolf Steiners „Theosophie" (GA 9) arbeiten und zu den Passagen über den Geist kommen, dann entsteht oftmals bei den Jugendlichen ein großes Staunen, daß Erkenntnis etwas mit Geist zu tun haben soll. Sie verstehen kaum, daß diese, ihrer Ansicht nach grauen Gedankenschemen, diese Leerformeln geistiger Natur sein sollen. Das hängt natürlich auch damit zusammen, daß man in der Schule einerseits Fragen beantworten muß, die man nicht stellt, daß aber andererseits die Fragen, die man wirklich hat, keine Antwort finden. Infolgedessen wird das Denken uninteressant, geradezu suspekt. Man lehnt es ab, weil man dadurch keine Ernährung mehr bekommt. Das ist die Lage, in der sehr viele junge Menschen heute stehen.

C. Elter-Schlösser: Oftmals benutzt man Vorstellungen auch als Selbstschutz, von denen man dann nicht mehr abweichen will. Das sind Klischees wie: „Man muß tolerant sein, man muß frei sein", die aber mit der eigentlichen Denktätigkeit nichts zu tun haben.

V. Hillebrand: Das Wort „Vorstellung" ist ja ein interessantes Wort. Durch Vorstellungen stellt man etwas zwischen sich und die Welt. Das ist ein Schutzschirm, hinter dem man sich verbergen kann.

Einseitige Ausbildung des Willens

W.W.: Welche Symptome zeigt ein Mensch, der seine Willenskräfte einseitig und verstärkt ausgebildet hat bzw. betätigt, der die Geste seines einseitigen Willens in die Welt stellt?

V. Hillebrand: Wenn wir mal von unserem Jugendseminar ausgehen, so kommen zu uns Menschen, die sich entwickeln, die in sich selber etwas verändern wollen und die ganze Woche über angestrengt an sich arbeiten. Aber dann kommt irgendwann der Samstagabend, an dem man sich in der Disco volldröhnen lassen muß. Dieses Durchtoben ganzer Nächte zeigt ein sich mechanisch verselbständigendes Willenswesen. Man bewegt sich in einem Rhythmus stundenlang und kommt dabei zu einem gesteigerten Selbsterleben.

C. Rogez: Das äußere Bild der von uns jetzt angesprochenen Phänomene ist eigentlich auf der einen Seite die Universität mit ihrer kalten Architektur, andererseits der in der Nachbarschaft gelegene Sportplatz. Die nüchternen Räume der Universität entsprechen dem kalten nüchternen Denken, so daß daraus ein ganz starkes Bedürfnis entspringt, sich zu spüren, sich selber als vollsaftigen Blutsmenschen zu erleben, bis man nicht mehr kann. Dann geht man auf die Sportplätze, fällt dabei in das andere Extrem und lebt fortwährend in diesem Zwiespalt. Der Sportplatz ist im Grunde ein Bild für die heutige Bewegungssehnsucht. Es gibt viele Menschen, die derzeit von Bewegungsarten angezogen werden, die sehr schnell zu einem Gefühl führen, zum Beispiel östliche Kampfsportarten. Bei denen erlebt man sich ganz stark in seinem Willenselement. Das kann sich sehr steigern und auch zu Süchten führen, so daß man sich selber gar nichts mehr wert ist, wenn man nicht täglich 20 km stur durch die Stadt joggt.

Das sind Tendenzen, die heute raffiniert unterstützt werden. Das hängt auch damit zusammen, daß man sich nicht in der Gegenwärtigkeit erleben kann, daß man mit den freiwerdenden Kräften, von denen Kühlewind spricht, nicht sinnvoll umgehen kann. Ich habe gar nichts gegen Sport, ganz im Gegenteil, aber wenn der Sport einseitig wird, wenn der übrige Mensch ausgeschaltet wird und das Selbsterlebnis, die Persönlichkeitsbildung nur auf diesem Felde zu einer Nahrung kommen, dann wird es einseitig und auch krankhaft.

Interessant wäre es zu untersuchen, wie diese einseitige Willensbetätigung wiederum auf die Gedanken zurückwirkt. Wenn man wie im Leistungssport viele Stunden täglich trainiert, so ist das eine eindeutige Willensschulung, und insofern wäre es sehr interessant, wie diese Schulung auf das Gesamtseelengefüge des Menschen wirkt. Wir erleben das auch bei uns am Jugendseminar, wenn die Jugendlichen in der Kindheit viele Jahre Ballett geübt haben. Das drückt sich in der Art aus, wie man für Geistiges empfänglich ist.

W.W.: Nämlich?

C. Rogez: Durch jahrelanges Ballettanzen entsteht eine Verhärtung bis ins Physische hinein, so daß die Seele zu sehr in den Körper eingepreßt wird. Die Erkenntniskräfte stehen dann nicht mehr so ohne weiteres zur Verfügung, und es mangelt an der Beweglichkeit, sich auf einen Gedankengang einzulassen. Es melden sich genauso wie in der Bewegung auch im Denken ruckartige Stellungen, fertige Posen. Man ist dann oft nicht geneigt, im Denken in eine Prozessuales hineinzugehen, es mal darauf ankommen zu lassen, einen Gedanken zu entwickeln, sondern es sind immer gleich Ergebnisse da.

W.W.: Ich halte das für sehr wichtig, daß Sie das erwähnen. Denn normalerweise müßte man wahrscheinlich widersprechen, wenn man zu schlagwortartig behaupten würde, daß einseitig betriebener Sport das Denken behindere bzw. daß man beim Sport keine Gefühle oder keine Gedanken hätte. Selbstverständlich hat man die, aber es kommt eben auf die subtileren Denkkräfte an, vor allem auf die Behinderung des Prozessualen. Hinzu kommt auch noch, ob man es durch bestimmte Praktiken verhindert, zum Gefäß für Imaginationen werden zu können.

V. Hillebrand: Ich denke auch, daß es nicht um reine Willenstätigkeit ohne Gedanken und Gefühle geht, denn die gibt es, wie Sie soeben sagten, nicht. Mit dem Auseinanderdriften der Seelenkräfte ist gemeint, daß diese drei aus ihrem sinnvollen Zusammenhang herausgerissen werden.

Der Prozeß muß mit dem Bewußtsein ergriffen werden

W.W.: Hinzunehmen muß man natürlich auch noch das gesamte Gewaltpotential. Wir brauchen nur nach Ruanda zu schauen, wo die Menschen ohne jeden Sinn niedergemetzelt werden, oder in unseren eigenen Staat, wo Ausländer oder Behinderte von Neofaschisten malträtiert werden. Da wird ein Wille in die Welt gesetzt, der fast ziellos in die Welt schlägt, allerhöchstens gesteuert von weitgehend sinnleeren Gedanken.

C. Elter-Schlösser: Wenn ein Mensch lange Kampfsport trainiert hat und dann zu uns kommt, so könnte man meinen, daß er entsprechend seiner Bewegungsfähigkeiten auch in der Sprache eine gewisse Expressivität hat. Das aber ist gerade nicht der Fall. Ich habe beobachtet, daß viele dieser jungen Menschen wenig Gestaltungswillen und kaum feine, wirklich differenzierte Seelennuancen haben. Ich denke, daß sie es sehr schwer haben, diese Schichten ihrer Seele noch zu erreichen. Sie können sich nur schwer mit inneren Bildern verbinden. Im Extremfall ist es so, als hätten sie eine Maske vor dem Gesicht, so daß sie keinerlei Regung mehr zeigen. Es endet oft auch im Widerwillen gegen das Arbeiten an der Sprache und in der Antipathie, sich auf das Theaterspiel einzulassen.

D.v. Radecki: In meinem Fach, der Eurythmie, erlebe ich es gleichermaßen. Es ist ungeheuer schwer, mit solchen Menschen in einen Prozeß hineinzukommen. Trotzdem glaube ich, daß bei sehr vielen Jugendlichen – mehr noch als vor zehn, fünfzehn Jahren – ein Gespür für das Zukünftige im Erleben des Prozesses liegt. Auch spüren sie, daß man den Egoismus der einzelnen Seelenkräfte dadurch überwinden kann, daß man in einen Prozeß hineinsteigt, aber dazu braucht man ungeheuer viel Zeit, denn heute muß alles mit dem Bewußtsein ergriffen werden. Es reicht bei der eurythmischen Übung nicht mehr, irgend etwas vorzumachen, denn jede kleinste Übung muß mit dem Gemüt voll erfaßt werden. Hier erlebe ich bei den Jugendlichen im Grunde nirgendwo eine Sperre, sondern nur Schwierigkeiten und Ohnmachtserlebnisse.

C. Elter-Schlösser: Sobald man Jugendlichen wieder Zusammenhänge vermitteln kann, sobald sie das Getrennte überwinden und sich selbst als Teil eines Ganzen spüren, können sie es auch gemüthaft ergreifen und lieben. Alles, was sie so erkennen, wirkt auf den mittleren Menschen, so daß sie sich für die Sache begeistern können. Wenn die Begeisterung vorhanden ist, können sie ihre Aufmerksamkeit so richten, daß sie die Sache ergreifen. Schaut bzw. erkennt man den Zusammenhang, kommt man über das Fühlen zur Tat. Die Frage nach dem Warum wird deswegen immer wichtiger.

Einseitige Ausbildung des Fühlens

W.W.: Wie würden Sie einen Menschen beschreiben, bei dem die Mitte, die Gefühlskräfte vereinseitigt sind, bei dem sie nicht mehr in gesunder Weise mit dem Gedanken- und Willensleben verbunden sind?

V. Hillebrand: Alle Rausch- und Suchtphänomene hängen stark damit zusammen. Dabei denke ich keineswegs nur an die Drogensucht, sondern auch zum Beispiel an Phänomene wie die Magersucht oder die Bulimie. Letztendlich ist jede Sucht die Suche nach gesteigerten Erlebnissen, aber dabei treten Verselbständigungen auf, die ein lebenbedrohendes, zerstörerisches Potential freisetzen.

Wenn man die extremen Suchtfälle einmal ausklammert und sich den Menschen etwas subtiler anschaut, so bemerkt man eigentlich heute vielfach eine gesteigerte Selbstsucht. Man ist mit seinen Gefühlen in sich eingesperrt und auf sich selbst bezogen: Wie fühle ich mich heute? Was hat der oder jener zu mir gesagt, und was hat er damit gemeint? – Das wird zum dominierenden Bewußtseinsinhalt.

W.W.: Wahrscheinlich liegt auch eine größere Empfindlichkeit vor!

Die Brücke vom gefesselten Gefühl zum anderen Wesen

V. Hillebrand: Ja, eine größere Sensibilität, und dies ist etwas Positives. Aber diese Empfindsamkeit richtet sich eben zunächst meist auf einen selber. Diese Kraft müßte erlöst werden, so daß sie sich auch zur Welt hinwenden kann. Darum ist es so wichtig, Wahrnehmungsübungen zu machen, denn diese bilden eine Brücke von der selbstbefangenen Gefühlsfesselung zum Mitgefühl für das andere Wesen, für die Pflanze, das Tier und den Menschen.

Wir haben zum Beispiel am Jugendseminar jede Woche einen Abend, an dem im Laufe des Jahres jeder Teilnehmer Raum hat, sein ganzes Leben zu erzählen. Diese Abende sind die eigentlichen Feste unseres Seminarlebens. Die anderen Teilnehmer gestalten den Raum für denjenigen, der erzählt, wie sie es seiner Persönlichkeit angemessen empfinden. Manchmal findet man sich dann in einem Stall wieder, auf einem Schiff oder im Urwald. Dann erzählt der betreffende Mensch aus seinem Leben bis zu dem Punkt, an dem er hier im Jugendseminar als wahrnehmbare Person vor den anderen steht. So etwas hat eine unglaubliche Wirkung auf die Fähigkeit der anderen, mitzuempfinden und durch dieses erlebende Mitempfinden den anderen tiefer zu verstehen, ja vielleicht ganz neu schätzen und lieben zu lernen.

W.W.: Ein gutes Beispiel für das Auseinanderdriften der Seelenkräfte ist auch die Eifersucht: Ich kenne Menschen, die ohne jeden konkreten Hintergrund Eifersuchtsgefühle bekommen, die dann ihrerseits die unsinnigsten Gedanken und Taten nach sich ziehen. Wuchernde Gefühle bestimmen also die anderen Seelenkräfte, nicht aber weisen Gedanken und Taten diese einseitigen Gefühle in ihre Schranken.

C. Rogez: Ein ähnliches Phänomen ist auch die Nervosität, denn auch dort haben wir ein gesteigertes Sich-Selber-Wahrnehmen im Fühlen. Man kennt das zum Beispiel vom Lampenfieber. Ich selbst habe Lampenfieber nur vor der entsprechenden Situation, wenn ich aber ein Referat halte, also in die Situation hineinschlüpfe, ist das Lampenfieber völlig weg. Vorher, solange ich mich spiegle, mich selber von außen sehe und erlebe, beschäftigt sich mein Gefühl mit mir selber. Nervöse Veranlagungen, die als Zeitphänomen immer mehr um sich greifen, könnte man in ähnlicher Weise betrachten.

D.v. Radecki: Das hängt auch damit zusammen, daß Gefühle nicht objektiv sein können und daß man sich vor lauter Angst, objektiv sein zu müssen, nichts mehr zutraut. Daraus folgt, daß diese Menschen ihre Gefühle wie in einen Kasten in sich selber verschließen. Diese Gefühle muß man durch Sinneswahrnehmungen oder eurythmische Übungen wieder hervorlocken.

V. Hillebrand: Sie sprachen vorhin von der Eifersucht. Damit verbunden erscheinen einerseits ganz extreme Gefühle der Ohnmacht und eigenen Minderwertigkeit. Aber gleichzeitig treten auch Größenphantasien auf: Wenn ich etwas mache, dann muß es ganz toll sein! Diese Gegensätze treten oft zusammen auf. Im Grunde sind beides Hemmungen, in die Tat zu kommen. Denn einerseits: Wenn ich doch gar nichts wert bin, so kann ich natürlich auch nichts machen. Andererseits: Wenn ich etwas mache, soll es etwas ganz Tolles, etwas Vollkommenes sein. Das geht selbstverständlich jetzt noch nicht. Also brauche ich wieder nichts zu tun. Man sieht hier förmlich, wie Luzifer und Ahriman um die Seele des Menschen kämpfen. Beide wollen die Entwicklung des Menschen hindern. Das ist ein Phänomen, das mir immer häufiger auffällt.

Die Menschen sind ungeheuer mißtrauisch

W.W.: Könnten Sie weitere Symptome für das Auseinanderdriften der Seelenkräfte nennen, zum Beispiel mangelndes Gewissen, schlechte Erinnerung, keine Durchhaltekraft, größere Empfindlichkeit, gestörte Bewegung oder die Unfähigkeit, Geistiges aufzunehmen?

C. Elter-Schlösser: Die Unfähigkeit, Geistiges aufzunehmen, die wir kurz schon angesprochen haben, ist mit einem rapiden Vertrauensverlust der jungen Menschen verbunden. Die Menschen sind mißtrauisch. Daher rührt sicherlich auch die Tendenz, die verschiedensten Kampfsportarten zu erlernen. Man will sich verteidigen, man will Grenzen setzen, cool nach außen auftreten und gleichzeitig einen Schutz aufbauen. Man vertraut den Menschen nicht mehr, aber man verliert auch das Vertrauen, daß es eine geistige Welt gibt, man erlebt eigentlich nur noch den nackten Körper.

Die Beispiele, die Sie eben gebracht haben, kennzeichnen eigentlich die Menschen, die unter einem ganz starken Gemütsverlust leiden: Man ist unheimlich schnell im Denken, aber die mittlere Sphäre ist verkümmert. In diesem Zusammenhang ist es interessant, daß Rudolf Steiner auch auf das Gemüt als ein Erkenntnisorgan hinweist. Aber diese Kräfte sind heute weitgehend verlorengegangen. Das äußert sich dann bei den jungen Menschen darin, daß man nicht mehr spielen kann, daß die Spontaneität verschwindet, daß der Humor fehlt. Denn das Gemüt könnte eigentlich das Organ sein, was eine Art Polster bildet, den Schutz bietet, den man heute vielfach braucht.

Ich arbeite mit dem ersten Trimester manchmal Kindergedichte, um sie wieder in diese kindliche unbeschwerte Sphäre hineinzuführen, die heute meist völlig weg ist, weil man ja so viel weiß. Dabei sind oft große Kämpfe auszufechten, weil man in diese Welt nicht mehr eintauchen will. Aber es entstehen auch starke Freiheitsmomente, wenn es gelingt, sich der Sache hinzugeben, wenn man zum Beispiel wieder wirklich lachen kann wie ein Kind ohne Ironie oder Zynismus.

„Wir versuchen, die auseinanderdriftenden Seelenkräfte wieder zu verbinden"

W.W.: Vielleicht kann man noch einmal abschließend und zusammenfassend darstellen, in welcher Weise Sie hier am Jugendseminar vorgehen, um das Auseinanderdriften der Seelenkräfte wieder zu einer ganzheitlichen Harmonie zu führen?

C. Rogez: Auf jeden Fall muß man eine deutliche Grenze zwischen den Menschen ziehen, die Therapie nötig haben, und denjenigen, mit denen Jugendseminar möglich ist. Das muß man ganz nüchtern anschauen können. Im Grunde sehen wir gar nicht so sehr auf die Schwierigkeiten, die die einzelnen Studenten haben, auch wenn wir sie wahrnehmen, sondern wir machen den Versuch – von der Willensseite gesehen –, wieder in einen Rhythmus hineinzukommen, so daß man vom ersten Tag an in eine Tätigkeit hineinkommt. Dieser Prozeß spezialisiert sich dann bis hin zu Wahrnehmungsübungen und differenzierten Denkübungen. Wir konfrontieren den Menschen nicht mit seinen Schwächen, sondern sprechen das, was als freie und schöpferische Kräfte zur Verfügung steht, an. Wir sprechen die Gesundheitskräfte an und vermeiden, das, was ohnehin krank ist, zu stark ins Bewußtseins zu heben.

Wenn man so vorgeht, erlebt man seine Wunder! Im Grunde ist nämlich gerade bei den jungen Menschen sehr viel möglich, denn plötzlich werden Bereiche erlöst, ohne daß man sie behandeln muß. Natürlich gibt es Ausnahmen, bei denen wir Ärzte mit zu Rate ziehen. Aber der Grundduktus ist so, daß die Therapie eigentlich im Unterricht liegt, in der grundsätzlichen Blickrichtung, die auf die Welt zugeht.

Auf der anderen Seite steht die Willensbetätigung in der rhythmischen Struktur des Alltagslebens. Man kommt morgens gemeinsam zusammen, das Frühstück steht auf dem Tisch, man geht zu den Kursen, ißt und schläft regelmäßig. Das sind natürlich ganz elementare Dinge, aber sie bringen Formkräfte herein. Das ist ein therapeutisches Element, bei dem sich vieles, was vereinseitigt ist, wieder einpendelt.

V. Hillebrand: Wir haben eine Art Dreigliederung in unserem Tag und in der Woche, es gibt die Morgenkurse, die mehr den denkenden und erkennenden Menschen ansprechen, es schließen sich dann die künstlerischen und übenden Kurse an, auf die wir hier fast das Hauptgewicht legen, zum Beispiel Gymnastik, Eurythmie und Sprache, Schauspiel, Musik, Plastizieren und Malen. Hierbei erlebt sich der Mensch, aber gestaltet dieses Erlebnis in etwas Wahrnehmbares um. Das Dritte ist das soziale Leben hier im Haus, die gemeinsame Verantwortung für einen physischen Raum und den umliegenden Garten. Wir versuchen, die Arbeit so zu gestalten, daß wir zwar etwas tun, aber in einem Sinnzusammenhang. Wir erüben das Denken, es muß aber Konsequenzen für mein Leben haben. Dazwischen liegt das fühlende, das vermittelnde Element. Das haben wir in die Gestaltung des Tages umgegossen. Es ist der Versuch, die auseinanderdriftenden Seelenkräfte wieder in ein sinnvolles Zusammenspiel zu bringen. Natürlich wollen wir nicht in die Kindheit oder ins Mittelalter zurückfallen, sondern das Zusammenführen der Seelenkräfte muß vom Ich bewußt geführt werden.

W.W.: Sie erleben Ihre Jugendlichen seit Jahren kommen und gehen. Könnten Sie Beispiele nennen, wie die Jugendlichen mit Hinblick auf das Auseinanderdriften der Seelenkräfte und die Harmonisierung derselben zu

Beginn des Studienjahres waren und was sich dann am Ende hier entwickelt hat?

C. Rogez: Wichtig ist dabei das Üben. Dort, wo der Mensch in seiner eigenen Tätigkeit zu sich findet, öffnen sich die Türen. Die Situation, daß man seinen Schwierigkeiten ausgeliefert ist, ändert sich in dem Moment radikal, in welchem man auf der anderen Waagschale etwas entgegensetzt. Und das besteht im wesentlichen in der eigenen Aktivität. Das ist eines unserer zentralen Ziele. Es geht uns dabei vorwiegend nicht um Inhalte, sondern um Prozesse. Wenn das gelingt, und wir haben die Hoffnung, das in einem Jahr zu erreichen, dann hat der Mensch eine Grundlage, an der er selbständig weiterarbeiten kann. Deswegen erleben wir es auch als beglückendes Geschenk, wenn ein Mensch nach einem Jahr aus eigener Initiativkraft die Dinge ergreift. Natürlich hat das bei uns auch verschiedene Stufen, beginnend mit der Nachahmungsstufe im ersten Trimester. Im zweiten Trimester kommt meist eine größere Krise, während die Durchbrüche im dritten Trimester zu erwarten sind. Die Menschen werden dann unabhängig und tragen den Gemeinschaftsorganismus selbsttätig mit. Wir freuen uns einfach, wenn ein Mensch nach einem Jahr weggeht und die Zügel selber in der Hand hat.

C. Elter-Schlösser: Wichtig finde ich auch, daß die Menschen sich hier bemühen, zur Selbsterkenntnis zu kommen, daß sie mit sich ringen, ihre Möglichkeiten erkennen, aber auch ihre Grenzen. Am Ende des Jahres stehen sie dann da und sind in der Lage, einen Teil Selbstverantwortung für die eigene Biographie zu übernehmen. Wenn es positiv läuft, können unsere Studenten dann ihre Fehler selber anschauen, ohne daß sie von ihnen gelähmt werden, und sie können tätig an ihren eigenen Schwächen weiterarbeiten. Man hat dann die Möglichkeit, mit Mut in das eigene Schicksal einzusteigen. Diese Schritte, gerade dann, wenn der junge Mensch innerlich gerungen hat, kann man schon im dritten oder vierten Trimester erkennen.

Die Interessen immer weiter und weiter machen

V. Hillebrand: Ein weiteres ist das Interesse-Element. Zum Beispiel haben wir eine Studienfahrt zum Isenheimer Altar in Colmar unternommen und uns auch entsprechend durch Referate vorbereitet. Als wir wieder zum Bus zurückkehrten, bemerkte ich, daß dort ein Student aus dem ersten Trimester saß, der gar nicht erst ausgestiegen war. Als ich ihn nach dem Grund fragte, sagte er: „Ich interessiere mich nicht für kirchliche Kunst." Nach drei Trimestern hat er sich an diesen Vorfall erinnert und staunte, daß er einst so vernagelt gewesen war.

Die Interesselosigkeit ist eine allgemeine Erscheinung. Deswegen versuchen wir, den Studenten zu vermitteln, wie reich und voll tiefer Fragen die Welt in Wirklichkeit ist. Einmal im Jahr fahren wir für eine Woche in die Vogesen. Dort wandern wir und versuchen, langsam aus der Tätigkeit heraus für das aufzuwachen, was um uns herum ist. Wenn man bemerkt, daß man ständig einen wunderbaren, ungeheuren Reichtum um sich hat, wenn man nur die Augen dafür öffnet, dann fließt einem Nahrung zu.

C. Rogez: Natürlich ist es dann begeisternd, wenn man das bei Rudolf Steiner wiederfindet, was man so im Alltag hier erlebt. Er spricht oftmals davon, daß sich die höheren Hierarchien vom Menschen zurückziehen, daß sie ihn immer weniger führen werden und der Mensch sein Schicksal selber in die Hand nehmen muß. Vielleicht könnte man abschließend eine Stelle von Rudolf Steiner zitieren, die das Ganze zusammenfaßt:

„Dieses Entgegengehen der Zukunftsbestimmung können wir uns aber nicht anders aneignen, als wenn wir unsere Interessen immer weiter und weiter machen; das heißt aber mit anderen Worten: Wenn wir immer mehr von uns loskommen lernen. Ja, meine lieben Freunde, geht man ganz ehrlich mit sich zu Rate, so wird man zuletzt doch finden, daß eigentlich das Alleruninteressanteste von der ganzen Welt dasjenige ist, was man selber über sich im Kreise des engsten Ich denken und empfinden kann. Über dieses engste Ich empfinden und denken allerdings viele Menschen in der Gegenwart sehr viel. Daher ist ihr Leben so langweilig, daher sind sie so unbefriedigt vom Leben. Wir werden niemals interessant, wenn wir uns in diesem Punkt nur immer so herumdrehen. Dagegen wenn wir nach außen schauen und immer auf das blicken, wie die Außenwelt zu uns hinstrahlt, wenn wir die Interessen immer mehr erweitern, dann wird unser Ich interessant dadurch, daß es uns einen Standpunkt abgibt für die Beobachtung der Außenwelt, dann wird unser Ich erst dadurch bedeutend, daß gerade in diesem Punkte des Ich nur wir ja die Welt sehen können, kein anderer. Ein anderer sieht sie wieder von einem anderen Standpunkte aus.

Aber wenn wir in uns selber bleiben und uns immer um uns selber drehen, so betrachten wir eigentlich nur dasjenige, was wir mit allen anderen Menschen gemeinschaftlich haben; dann verliert zuletzt jeder andere Mensch und dann verliert die ganze Welt für uns eigentlich das Interesse. Erweiterung des Interesses, das ist ja auch vor allen Dingen dasjenige, was angestrebt wird durch die Geisteswissenschaft. Um aber diese Erweiterung des Interesses zu erfahren, ist es notwendig, daß wir unsere Seele so erziehen, daß sie in die

Lage kommt, empfänglich zu sein für dasjenige, was von außen an sie herantritt, daß sie wirklich Neues aufnehmen kann." (GA 190/1980/30.03.1919/ S.104 f.)

FLENSBURGER HEFTE Nr. 43
Gebet heute

168 Seiten, kt., DM 24,80   ISBN 3-926841-57-5

Ist Beten überhaupt noch zeitgemäß? Macht es überhaupt einen Sinn zu beten – für mich, für andere und die Welt? Wie kann man als moderner Mensch Zugang zum Gebet finden? Was und wie soll man überhaupt beten?

Interviews mit **Johannes Wilhelm Gädeke,** Pfarrer der Christengemeinschaft, Stuttgart, **Pietro Archiati,** ehemaliger Ordenspriester, jetzt Kursleiter und Vortragender, Unterlengenhardt, **Josef Adamec,** Pfarrer der Christengemeinschaft, Prag, **Klaus Becker,** Pfarrer der Christengemeinschaft, Flensburg, **Anselm Grün OSB,** Cellerar im Kloster Münsterschwarzach, **Hans Christian Knuth,** Bischof der Nordelbischen Ev.-Luth. Kirche, Schleswig. Artikel von **Yvonne Benkelmann,** Waldorflehrerin, Flensburg.

Aus dem Inhalt

Die Neubelebung des Gebetes / Die Bedeutung des Betens erfährt man im Vollzug / Man lernt Beten bei denen, die es tun / Der Umgang mit dem Geistwesen der Welt / Die Entstehung der Religion, der Ursprung des Gebetes / Ein anthroposophisches Credo / Auch die Andacht hat ihre Gefahren / Der Unterschied von Meditation und Gebet / Jeder Mensch hat Glaubenskräfte / Egoismus im Gebet / Das Vaterunser / Die Dimension des Verzeihens / Sinnverlust / Die Gemeinschaft des Neuen Bundes und die Gewalt der Nazis / Religiöse Kraft im Widerstand / Die soziale Kraft des Gebetes / Vom Beten der Kinder / Beten für Verstorbene / Taufe – nur ein einmaliger Akt? / Engel / Sonntagshandlung – Fortsetzung der Taufe / Der Erzieher muß selbst mit seinem Bewußtsein dabei sein / Antigebete / Schmerz und Trauer / Wie man Verstorbenen etwas vorliest / Wir werden zunehmend Mitarbeiter der geistigen Welt / Die Benediktinerregel / Die Abtei Münsterschwarzach / Der Entschluß zum Mönchstum / Der Tagesablauf im Kloster / Gotteserfahrung im Gebet / Gebet führt zur Selbsterkenntnis / Ein neuer Zugang zum Gebet.

Bezug über den Buchhandel oder direkt beim Verlag (zzgl. Porto und Verpackung):
Flensburger Hefte Verlag • Holm 64 • D-24937 Flensburg • Fax: 0461/2 69 12

Über die Schwelle
Das Lösen des Zusammenhangs von Denken, Fühlen und Wollen

Klaus-Dieter Neumann

„Man soll nicht auf das Erkenntnisdrama zugunsten einer Erkenntnisgrammatik verzichten wollen; auch die Furcht davor darf davon nicht abhalten, daß man in den Abgrund des Individuellen fällt, denn man steigt aus diesem Abgrund im Verein mit vielen Geistern auf und erlebt sich mit ihnen in Verwandtschaft. Dadurch wird man aus der geistigen Welt geboren, aber man hat den Tod aufgenommen, wird selbst Vernichter des Gewordenen, lebt dieses spiritualisiert dar und ist bei seiner Vernichtung anwesend."

Rudolf Steiner (undatierte Notiz)

Aus des lieben Gottes Wundertüte

Von einer Todeserfahrung ganz besonderer Art, einem geradezu unglaublichen Schwellenerlebnis soll in den folgenden Zeilen zunächst die Rede sein. Ich berichte von einem Ereignis, das mir im Mai 1976 in San Francisco widerfuhr und das mich zwar unerwartet, aber nicht gänzlich unvorbereitet traf. Denn diesem Ereignis waren bereits Wochen vorausgegangen, in denen ich allein durch die USA getrampt bin und immer wieder auf die unterschiedlichste Art und Weise mit dem Tod konfrontiert worden war.

Ich habe an Gewehrläufen geschnuppert, in einem Hotel in Chicago einen bereits blutenden Würger, der mich vergewaltigen wollte, abgewehrt, habe Wanderungen durch die Slums unternommen, in der Bronx ausgebrannte Straßenzüge gesehen, in denen sich der Müll wie Schneewehen an den Hauswänden türmte. In den New Yorker U-Bahn-Schächten mußte ich mit ansehen, wie vier weiße Polizisten einem schwarzen Alten die Hand an einer Wand zertrümmerten, weil er sie verspottet hatte. Von wildgewordenen Muskelpaketen, die auf dem Weg nach Las Vegas waren, wurde mir angedroht, mich aus dem fahrenden Auto zu werfen. Wieder andere ließen mich in den zweifelhaften Genuß kommen, zu erleben, wie es ist, wenn Volltrunkene mit ihrem Wagen die Vorgärten in einem abgeschiedenen Ort in Kansas umpflügen und dazu wild um sich schießen. Ich habe den dunkelsten

Wald meines Lebens kennengelernt, in dem ein Lastwagenfahrer mich zu sexuellen Handlungen nötigen wollte, und ich habe Menschen getroffen, die noch im Ehebett mit ihrem Trommelrevolver spielten. „You were picked up on the highway of death" – die Beispiele ließen sich noch eine ganze Weile vermehren, von den unzähligen Geschichten, die ich hörte, und von den potentiellen Gefahren ganz zu schweigen.

Es war eine wochenlange Gratwanderung zwischen den Niederungen des Wahns und des Bösen und den Höhen helfender und schützender Liebe, die mich ständig umgab und trug. Eine Reise durch das andere Amerika, das sich mir in seinen Menschen in einer extremen Polarität von zerstörerischem Haß und gewissenloser Bosheit auf der einen Seite und selbstloser Hilfsbereitschaft und geistig-liebevoller Zuwendung auf der anderen Seite offenbarte. Beide Extreme in dieser Häufigkeit zu erleben, hätte ich vorher nicht für möglich gehalten. Es war eine Reise, ohne anzukommen, eine geistig-magische Schulung, die ständig neue Prüfungen bereithielt, um Ängste zu überwinden und Stärke bei größtmöglicher geistig-seelischer Offenheit zu entwickeln – eine Reise mit dem Wind, der immer wieder Erfahrungen einer geistigen bzw. magischen Welt herantrug, die dem normalen Bewußtsein nicht zugänglich und ohne Vorbereitung auch nicht immer zuträglich sind. Allerdings habe ich mich in meinem Leben auch nie wieder so unsichtbar beschützt und begleitet gefühlt wie damals.

Auf meine damalige Lebensgeschichte, auf die genaueren Umstände und Einzelheiten der Erlebnisse und Situationen, die ich zum Teil auch aufgesucht habe, um herauszufinden, ob die ganzen Horrorgeschichten meiner amerikanischen Freunde stimmen, kann ich hier nicht näher eingehen.

Wir schreiben also den Mai 1976. Als ich in San Francisco ankam, reichte mein Geld gerade noch, um drei Nächte in einem billigen Hotel im voraus zu bezahlen und ein Johnny Winter-Konzert im Filmore West zu besuchen. Am dritten Tag langsam wachsenden Hungers stand ich am Switchboard des Hotels, wo manchmal Schlafplätze angeboten wurden, und studierte die Zettel in der Hoffnung, irgend etwas zu finden, wo ich die nächste Zeit schlafen könnte. In dem Moment klingelte das Telefon, und ich erfuhr von dem Angebot, in einem Plastikrestaurant namens Wrigley´s für 2 $ die Stunde Hamburger zu braten. Ich bin gleich hingegangen – eine halbe Stunde zu Fuß –, sie stellten mich ein, und ich habe auch sofort angefangen – zu essen. Das Glück währte allerdings nur zwei Stunden, bis der Besitzer kam und mich vor die Wahl stellte, mir den Bart abzunehmen – eine Auflage der Gesundheitsbehörde – oder mit einigen Hamburgern das Weite zu suchen. Ich zog Letzteres vor und begab mich lieber in die Ungewißheit.

Obwohl es mir auch schwerfiel, mich von den vielen Hamburgern und den netten Mitarbeitern zu trennen, ging ich doch recht beschwingt. Schon nach wenigen Metern traf ich Terry, die in einem Bogen von der anderen Straßenseite zu mir aufschloß und zu unserem Vergnügen im gleichen Rhythmus ging. Sie kam von ihrer Arbeitsstelle in einem Krankenhaus und lud mich ein, in ihrer Wohngemeinschaft in der Oak Street für einige Tage zu wohnen. Sie war lieb und spirituell, und neben anderen Vorzügen besaß sie ein zitronengelbes Rennrad. Ich lieh es mir einmal aus, um Downtown zum General Post Office zu fahren, wo ich eine Geldüberweisung eines Freundes erwartete. Wie sich später herausstellte, war diese Erwartung wochenlang vergebens.

Wie auch immer – eines Tages schwang ich mich also am späten Vormittag außerordentlich gut gelaunt auf das Rennrad. Es war strahlender Sonnenschein, der Wind wirbelte Papier über die Straße, und irgendwoher drang ein dumpfer südamerikanischer Rhythmus – all right! Die Bäume im Park an der oberen Oak Street legten sich in ein leichtes Wiegen, tanzten im Wind, nahmen mich auf in ihr Rauschen der Blätter. Ich war voller Musik und Energien und freute mich über alles: selbst über das Zitronengelb des Rades, das Weiß meiner Hose und das leuchtende Rot meines samtenen Pullis.

Langsam nahm ich Fahrt auf, sah vor mir die schnurgerade, vierspurige Oak Street, eine abschüssige Einbahnstraße, die nach der Talsohle Ecke Oak/Divisadero wieder ansteigt. Neben den Fahrspuren standen links und rechts Reihen parkender Autos. Ich trat in die Pedale, was die Beine hergaben. Der Wind nahm zu, strich mir durchs Gesicht und zerzauste mir das Haar. Meine Freude war unbändig, und ich schloß bald zum vierspurig dahinrollenden Verkehr auf. Es war ein phantastisches Gefühl, mit einem Fahrrad so schnell den Berg hinunterzufliegen.

Es waren noch zwei Kreuzungen bis zur Ecke Oak/Divisadero, wo vorhin eine Wand aus rollendem Blech zu sehen war – zwei Fahrspuren in jede Richtung und jeweils eine Abbiegespur. Und nun geschah etwas sehr Merkwürdiges: Als ich mich der ersten, nicht so verkehrsreichen und schmalen Kreuzung näherte und langsam abbremsen wollte, bemerkte ich mit einem mittelprächtigen Schock, daß das Fahrrad keine Bremsen hatte! Das war wirklich ein Hammer, ein Schlag ins Kontor meines Seelengefüges! Und während das Rad, obwohl ich nun natürlich nicht mehr in die Pedale trat, auf der abschüssigen Fahrbahn nichts an Geschwindigkeit verlor und weiter auf die erste Kreuzung zuraste, suchte ich fieberhaft nach den Bremsen – die Oak Street, den Verkehr, der neben mir herbrauste, und die parkenden Autos zur Rechten immer im Blick. Ich war total erschrocken und verwirrt.

Eine Rücktrittbremse hat ein Rennrad nicht, das ist klar, aber warum, um Himmels Willen, hatte es keine Handbremsen am Lenker? Hätte Terry mir davon nicht erzählen, hätte sie mich nicht warnen müssen? Die Gedanken schossen mir in Sekundenbruchteilen durch den Kopf: Gibt es überhaupt Fahrräder ohne Bremsen? Meines Wissens nur bei Bahnradrennen. Sitze ich etwa auf einem solchen Gerät? Welch ein Wahnsinn: ein Fahrrad ohne Bremsen für den Stadtverkehr!? Das ist nicht möglich, das gibt es nicht!

Der Wind schwoll an. Ich wurde in einen Strudel von Gedanken hineingerissen. Da sah ich, daß die Ampel an der ersten, kleineren Kreuzung gerade rechtzeitig auf Grün gesprungen war – wenige Sekunden später war ich auch schon über die Kreuzung geschossen. Ein Aufschub! Unten, Ecke Oak/Divisadero, stand die Ampel jetzt ebenfalls auf Grün. Der Pulli flatterte im Wind. Meine Gedanken überschlugen sich: Ich versuchte, abzuschätzen, ob es klappen könnte, daß ich dort unten genau eine Grünphase erwische. Das wäre die Rettung, danach könnte das Rad bergauf ausrollen. Meine Panik wuchs: Nein, es wird ganz genau Rot sein! Was geht hier vor? Soll ich absteigen? Bei rasender Fahrt und nebenher fließendem Verkehr? Das wäre das sichere Ende! In die parkenden Autos krachen? Wer sollte das überleben? Es gab kein Zurück, keinen Ausweg, nur den Weg mittendurch.

Oder wird doch Grün sein? Verdammt, nein! Alles Mögliche schoß mir in einem Wirbel durch den Kopf: Soll es an dieser Ecke geschehen? Was würde sich ändern? Die Ampel sprang auf Rot! Nur noch wenige Sekunden. Es gab keine Möglichkeit zu entkommen. Ich wehte mir hinterher. Aber plötzlich wurde ich ruhig und ließ innerlich los. Ich wollte nur noch akzeptieren – was auch immer geschehen sollte. Meine Gedanken wurden immer komplexer, totaler. Noch war die Kreuzung leer. Da bewegten sich die ersten Wagen links und rechts hinter den Häuserecken hervor. Und schon floß der Querverkehr – je zwei Spuren in jede Richtung –, beide Abbiegespuren füllten sich Stoßstange an Stoßstange! Eine absolut undurchdringliche Wand aus Blech! Du hast keine Chance, du mußt hier sterben.

Ich war noch nie so einverstanden. Eine nie gekannte Ruhe und Seligkeit durchströmten mich, ich war wie ausgeflossen, der Wind blies durch mich hindurch. Töne und Farben wurden immer intensiver. Ich hatte mich zurückgelehnt, berührte den Lenker nur noch ganz leicht: Dann nimm mich zurück! Es war die vollendetste Hingabe, die ich je herzustellen in der Lage war, und zugleich der höchste Genuß. Ich ging auf in der Welt und sie in mir. Es gab keinen Rest mehr, keinen Wunsch – ich war all-ein.

Das Rad raste durch die Reihen der vor der Ampel in der Oak Street haltenden Wagen durch – ein schmales Tor – und schoß in die Kreuzung.

Ratsch! Was jetzt geschah, habe ich vorher noch nie erlebt und auch seither nie wieder erfahren: Die Welt hielt an! Sie blieb stehen! Für die Bruchteile von Sekunden war absolute Stille eingekehrt: keine Zeit, kein Laut, keine Bewegung. Nur mein Rad wackelte in einer gerüttelten Schlangenlinie und sauste mit mir irgendwie über die Kreuzung. Ansonsten war für diesen Augenblick wirklich Totenstille. Die Welt war wie ein feststehendes Bild, das aus den Augenwinkeln gerade noch zu erhaschen war.

Ich war außer mir, als das Rad den Berg hinaufrollte und langsam an Geschwindigkeit verlor. Ich konnte nicht realisieren, was geschehen war. Nach wie vor war ich vollkommen ruhig, hörte wunderbare Musik und wehte im Wind. Als das Rad kurze Zeit später, etwa zwei Blocks den Berg hinauf, zum Stillstand gekommen war, blickte ich mich erstmals um. Ich war der festen Überzeugung, gestorben zu sein und mich in einem Unfallchaos auf der Kreuzung tot liegen zu sehen. Dort aber war anscheinend nichts geschehen: Der Verkehr floß ganz normal, niemand war stehengeblieben, keiner schaute mir hinterher. Auch als ich die Kreuzung gerade passiert hatte, war keine Hupe, kein Geschrei oder sonstwas zu hören gewesen. Ich verstand nicht, befühlte meinen Körper und war trotzdem der Meinung, gestorben zu sein. Es kam nichts mehr so deutlich aus einem Gegenüber, alles war Zustimmung.

Da kam ein VW-Käfer den Berg raufgerast. In ihm saß Debby, eine Frau, die mit Terry zusammenwohnte und nun gesehen hatte, wie ich an ihrem Wagen vorbei in die Kreuzung und durch die Wand gerast bin. Sie hatte in der Oak Street als erste an der Ampel gestanden. Als sie mich erreicht hatte, machte sie eine Vollbremsung, drehte das Fenster herunter und schrie mich an: „Willst Du Dich umbringen?" – Ich lächelte sie an: „Nein, ich konnte lediglich die Bremsen nicht finden ..." Bevor ich ihr weiteres erklären konnte, war sie bereits wie von der Tarantel gestochen davongebraust.

Als ich abends nach Hause kam und die Wohnungstür öffnete, hörte ich bereits ihre aufgeregte Stimme aus der Küche. Sie erzählte gerade den anderen von ihrem Erlebnis. Als ich dazukam, wollte ich gerne zuerst von ihr erfahren, wie sie es gesehen und erlebt hat. Sie konnte es immer noch nicht fassen, sie glaubte nicht, was sie erlebt hatte. Sie hatte das Gefühl, daß für einen Augenblick die Zeit stehengeblieben war, und ich hätte ausgesehen wie ein Fakir, der die Gestalt einer farbigen Wolke angenommen hat. Niemand sonst, kein anderer Autofahrer oder Fußgänger, hätte das Geschehen bemerkt. Die Arme war immer noch vollkommen aufgeregt und verwirrt.

Auch meine Verwirrung hatte fast noch den ganzen Tag angehalten. Denn als sie davongefahren war, begann ich, mir das Fahrrad anzuschauen. Es war zum Verrücktwerden: Die Bremsen saßen genau dort, wo sie zu sein haben! Handbremsen am Lenker! Deutlich sichtbar!

Ich zog es vor, das Fahrrad den Rest der Strecke zum Postamt zu schieben. An meinem Zustand änderte sich zunächst nicht viel, außer daß ich wieder etwas unruhig geworden war, denn ich hatte immer noch das Gefühl, gestorben zu sein. Immer noch war ich durchlässig, hörte Musik und fühlte mich wie eine Feder im Wind. Die Menschen beachteten mich überhaupt nicht, und das Leben um mich herum betrachtete ich wie ein Verstorbener. Wie es auch ohne die eigene Wenigkeit weitergeht, wie die Menschen sich weiter streiten, ihre Kinder küssen, Besorgungen machen, hektisch herumlaufen, als hätten sie das Wichtigste der Welt zu erledigen! So erlebte ich die Einsamkeit.

Auf der Post angekommen, sah ich eine junge Mutter, die ihren Kinderwagen durch die Schalterhalle schob. Das Geräusch der Räder auf dem Steinfußboden, der mir durchlässig bis in alle Ewigkeiten erschien, erklang wie auf Glas, das jederzeit zerspringen könnte. Wie leben wir nur dahin, ohne den Tod im Bewußtsein zu haben, ohne uns um die wirklich wichtigen Dinge zu kümmern?

Mit einem flauen Gefühl trat ich an den Schalter für postlagernde Sendungen und legte meinen Ausweis vor. Zu meiner Überraschung ging die Lady aber nicht nachsehen, ob etwas für mich eingetroffen war, sondern sie nahm meinen Ausweis, sah hinein, schaute mich stumm an und schüttelte den Kopf. Meiner Verunsicherung wirkte das nicht gerade entgegen. Ich sagte nichts und ging durch einen Nebenausgang nach draußen, wo ich mich auf einen breiten Mauervorsprung setzte.

Erst hier, in der Sonne sitzend, wurde es mir langsam zur Sicherheit, daß es weitergeht. Von überall hörte ich Gesprächsfetzen: „Keep on goin'!" „Get on up, you know how easy it is!" Zu meiner Rechten, einige Meter entfernt, saß ein schwarzer alter Mann, der unentwegt sang und lächelte: „We love you, we love you." Links von mir, etwas in meinem Rücken, saß ein weißer Greis, von dem ein trockenes „All right!" kam. Es war eine Wohltat. In dem Moment kam von der anderen Straßenseite ein junger Mann in Turnschuhen auf mich zugelaufen, legte leicht seine Hand auf meine Schulter und fragte mich: „Don't they call you Crystal?" Dann lief er davon.

Nachmittags schlenderte ich noch stundenlang durch die Stadt. Ständig wurden vom Wind Gesprächsfetzen an mein Ohr getragen, die wie für mich ausgesendet schienen und zu meinen Gedanken paßten wie eine Antwort zu einer Frage. Hinter mir hörte ich meinen Namen rufen, aber ich drehte mich nicht um, sondern freute mich und sagte „Hallo". Ich war nicht allein.

Liebe Leserinnen und Leser, ich bin mir bewußt, daß diese Geschichte vollkommen unglaubwürdig erscheinen mag. Aber ich habe es so erlebt! Und ich würde diese Geschichte sicher nicht veröffentlichen, wenn sie nicht wahr wäre. Wie auch immer Sie sich entscheiden, ob Sie die Erzählung glauben oder nicht, sie ist auf jeden Fall nicht zur Nachahmung empfohlen! Der Ausgang wäre todsicher!

Ich habe das Erlebnis erzählt, um zu zeigen, daß es mannigfaltigste Schwellenerlebnisse gibt, die einem Menschen widerfahren können und die auch geistig-magische Dimensionen aufweisen, ohne daß man sie als regulären Schwellenübertritt in die geistige Welt bezeichnen könnte. Dieses Erlebnis will sich nicht so ohne weiteres der Begrifflichkeit einer Erkenntnisgrammatik fügen, manches scheint einfach unerklärlich. Was blieb meinem Bewußtsein bei diesem Erlebnis alles verborgen!? Wie hat es in meinem Leben auch unbewußt fortgewirkt? Welche zusätzlichen Aufgaben und welche gesteigerte Verantwortung würden aus diesem Ereignis erwachsen, wenn man den ganzen Zusammenhang immer vollbewußt überschauen könnte?

Der unbewußte Schwellenübertritt der Menschheit

Es liegt auf der Hand, daß im Leben eines jeden Menschen ständig Wesentliches geschieht – leiblich, seelisch und geistig –, ohne daß ihm dieses auch nur annähernd bewußt wird. Ob man von einer Tatsache weiß oder nicht, ist aber nicht das Kriterium, daß sie fundamentale Auswirkungen auf einen hat. Auch das wird leicht deutlich, wenn man sich nur vergegenwärtigt, wie wenig wir ein Bewußtsein über unsere aktuellen Leibesvorgänge erlangen können, wie wenig wir bemerken, welchen Umwelteinflüssen wir gerade ausgesetzt sind, was auf unsere seelisch-geistige Befindlichkeit einwirkt etc.

Das gilt natürlich auch für geistige Tatsachen, die uns gemeinhin verborgen sind. Ob ein Mensch zum Beispiel von der Tatsache der wiederholten Erdenleben, von Reinkarnation und Karma überzeugt ist oder nicht, sie wirkt sich in seinem Leben ganz entscheidend aus. Will der einzelne sich aber die Aussicht auf Freiheit, auf ein Handeln aus Verantwortung erhalten, muß er sich bemühen, die Einflüsse mehr und mehr zu durchschauen, denen er unterliegt. Ohne diese ständige Bemühung würde er sich der Möglichkeit berauben, an sich arbeiten, sich entwickeln zu können. Er hätte den Sinn seines Lebens nicht erfaßt und müßte zwangsläufig scheitern – früher oder später. Er würde nur in undurchschauten Abhängigkeiten seiner eigenen Katastrophe zutreiben. Das gilt heute mehr denn je!

Eine solche geistige Tatsache, die fundamental auf den Menschen wirkt und ihm daher bewußt werden muß, ist das unbewußte Überschreiten der Schwelle zur geistigen Welt durch die ganze Menschheit (siehe dazu auch den Artikel von Wolfgang Weirauch in diesem Heft):

„Denn dieses Überschreiten der Schwelle darf eigentlich nicht im Unbewußten bleiben. Dieses Überschreiten der Schwelle muß den Menschen bekannt werden, sonst verschlafen oder mindestens verträumen die Menschen dasjenige, was als wichtigstes Ereignis mit ihnen vorgeht." (GA 192/1964/01.05.1919/S.65)

Das Überschreiten der Schwelle, das sich in der Gegenwart vollzieht und das der Mensch vollbewußt nur auf dem individuellen Schulungsweg erreicht, wirkt sich aus, ob man nun will oder nicht:

„Aber selbst wenn kein Mensch bemerken würde, daß dieser Durchgang der gesamten Menschheit durch die Schwelle stattfindet, daß die Menschheit eigentlich schon jetzt in diesem Durchgang begriffen ist, so würde dasjenige, was dieser Durchgang für die Entwickelung der Menschheit bedeutet, doch wirklich da sein. Daß so etwas ein Ereignis in der Menschheitsentwickelung ist, hängt gar nicht ab davon, ob die Menschen das bemerken oder nicht. Den Menschen kann das Bemerken verlorengehen. Sie können durch ihre Starrköpfigkeit dem Eingange des Wissens von dieser Tatsache ein Hindernis entgegensetzen. Aber daß sich dasjenige, was diese Tatsache bedeutet, in der ganzen menschlichen Entwickelung zum Ausdrucke bringt, das wird dadurch nicht verhindert." (GA 190/1980/11.04.1919/S.147)

Ein kleiner methodischer Hinweis zum Umgang mit den Aussagen Rudolf Steiners sei hier erlaubt. Denn wie kann man – laut Steiner – sich nun ein Bewußtsein von diesem „wichtigsten Ereignis" erbilden?

„Wir können mit Bezug auf das Wichtigste, was mit der Menschheit vorgeht, nicht das Bewußtsein anders ausbilden als durch Aufsteigen von der bloßen Sinneswissenschaft zur Geisteswissenschaft." (GA 192/1964/01.05.1919/S.65)

Und an anderer Stelle heißt es:

„Jenes gewaltige Ereignis ... kann den Menschen nur bewußt werden, wenn sie sich einlassen auf diejenigen Erkenntnisse, welche durch die Geisteswissenschaft vermittelt werden." (GA 190/1980/11.04.1919/S.147)

Diese Feststellungen ergeben sich ganz selbstverständlich aus der Sache, denn ohne die Forschungen Rudolf Steiners wüßten wir nichts von diesem Ereignis und seinen Folgen. Es wäre aber ein grundlegendes Mißverständnis, wenn man daraus folgern würde, daß die Forschungsergebnisse Steiners einem nur von Nutzen sein könnten, wenn man mit ihren Inhalten vorbehaltlos übereinstimmt. Das ist aber nicht der Fall. Denn ganz im Sinne des Ausspruchs Steiners „Anregen will ich, nicht überzeugen" ist ein Sich-Einlassen auf die durch ihn vermittelten Erkenntnisse ein weites Feld. Es kommt eben tatsächlich nicht darauf an, sich eine vordergründige Erkenntnisgrammatik zu erwerben, sondern darauf, geistig-seelisch regsam und tätig zu werden, zum Beispiel indem man die geschilderten Auswirkungen dieses Schwellenübertritts in der Welt und in der eigenen Seele aufsucht und beginnt, an ihnen zu arbeiten. Damit wäre schon sehr viel erreicht!

Die Seelenkräfte Denken, Fühlen und Wollen

Welche Auswirkungen hat nun dieser unbewußte Schwellenübertritt der Menschheit? Der natürliche Zusammenhang von Denken, Fühlen und Wollen in der Seele des Menschen löst sich. Um das näher verständlich zu machen, werde ich zunächst umreißen, wodurch Denken, Fühlen und Wollen charakterisiert sind und worin dieser Zusammenhang besteht. Betrachten wir den gesunden Menschen, dann ist zu bemerken, daß seine Seelenkräfte Denken, Fühlen und Wollen ganz elementar zusammenwirken:

„Nicht in beliebiger Weise *will, fühlt* oder *denkt* der Mensch. Wenn zum Beispiel eine bestimmte Vorstellung im Bewußtsein auftaucht, so schließt sich an sie nach natürlichen Gesetzen ein gewisses Gefühl oder es folgt auf sie ein gesetzmäßig mit ihr zusammenhängender Willensentschluß. Man betritt ein Zimmer, findet es dumpfig und öffnet das Fenster. Man hört seinen Namen rufen und folgt dem Rufe. Man wird gefragt und gibt Antwort. Man sieht ein übelriechendes Ding und bekommt ein Gefühl von Unlust. Das sind einfache Zusammenhänge zwischen Denken, Fühlen und Wollen. Wenn man aber das menschliche Leben überschaut, so wird man finden, daß sich alles in diesem Leben auf solche Zusammenhänge aufbaut. Ja, man bezeichnet das Leben eines Menschen nur dann als ein 'normales', wenn man in demselben eine solche Verbindung von Denken, Fühlen und Wollen bemerkt, die in den Gesetzen der menschlichen Natur begründet liegt. Man fände es diesen Gesetzen widersprechend, wenn ein Mensch zum Beispiel beim Anblick eines übelriechenden Gegenstandes ein Lustgefühl empfände oder wenn er auf Fragen nicht antwortete." (GA 10/1975/Tb. S.131)

Beim gesunden Menschen wirken Denken, Fühlen und Wollen in einer sich durchdringenden Ganzheit zusammen, durch die er sich und die Welt erlebt und aus der heraus er als geschlossene Persönlichkeit handelt.

Zunächst kann man ganz allgemein konstatieren, daß das Leibliche der Untergrund des Seelischen ist und daß allein dadurch, daß der Mensch in einem physischen Leib in der Welt inkarniert ist, die Seele als Ganzheit bedingt und zusammengehalten wird. Der Mensch lebt in der Welt und nimmt sie wahr. An die Sinnesempfindung schließt sich ein Gefühl – zum Beispiel der Lust oder Unlust –, wodurch der Mensch seine innerseelische Welt gegenüber der Außenwelt ausbildet. Durch den Willen wirkt er in seinen Taten wieder auf die Außenwelt zurück und prägt ihr dadurch sein inneres Wesen auf. Aber der Mensch ist kein Spielball beliebiger Reize, denn:

„Das Seelische des Menschen wird nicht allein durch den Leib bestimmt. Der Mensch schweift nicht richtungs- und ziellos von einem Sinneseindruck zum andern; er handelt auch nicht unter dem Eindrucke jedes beliebigen Reizes, der von außen oder durch die Vorgänge seines Leibes auf ihn ausgeübt wird. Er *denkt* über seine Wahrnehmungen und über seine Handlungen nach. Durch das Nachdenken über die Wahrnehmungen erwirbt er sich Erkenntnisse über die Dinge; durch das Nachdenken über seine Handlungen bringt er einen vernunftgemäßen Zusammenhang in sein Leben. Und er weiß, daß er seine Aufgabe als Mensch nur dann würdig erfüllt, wenn er sich durch *richtige Gedanken* sowohl im Erkennen wie im Handeln leiten läßt. Das Seelische steht also einer zweifachen Notwendigkeit gegenüber. Von den Gesetzen des Leibes wird es durch Naturnotwendigkeit bestimmt; von den Gesetzen, die es zum richtigen Denken führen, läßt es sich bestimmen, weil es deren Notwendigkeit frei anerkennt. Den Gesetzen des Stoffwechsels ist der Mensch durch die Natur unterworfen; den Denkgesetzen unterwirft er sich selbst. – Dadurch macht sich der Mensch zum Angehörigen einer höheren Ordnung, als diejenige ist, der er durch seinen Leib angehört. Und diese Ordnung ist die *geistige.*" (GA 9/1976/Tb. S.26)

Im Denken selbst leben bereits Gesetzmäßigkeiten, die der Mensch in allen anderen Erfahrungen erst suchen muß. Wenn wir denkend vernunftgemäße Zusammenhänge schaffen, erleben wir unser Vorstellen in voller wacher Bewußtheit.

Die leibliche Grundlage der Seele

Anders verhält es sich jedoch mit unserem Fühlen und Wollen, sie werden uns nicht in gleicher Weise bewußt. Blickt man etwas genauer auf die Beziehung der drei Seelenfähigkeiten zu ihrer leiblichen Grundlage des Organismus, wird deutlich, warum. Rudolf Steiner wendet sich dagegen, das gesamte Seelenleben nur an das Nervensystem gebunden zu denken, wie es eine physiologische Auffassung tut, die dann das Fühlen nur als ein Merkmal des Vorstellens betrachtet und dem Wollen alles selbständig Wesenhafte im Seelenleben abspricht.

Daß das Denken sein körperliches Gegenstück in den Vorgängen des Nervensystems hat, darüber besteht kein Zweifel. Das Nerven-Sinnessystem ist zwar über die gesamte Organisation des Menschen ausgebreitet, wird aber im wesentlichen durch das Gehirn und die Wahrnehmungsorgane repräsentiert. Die Nervenzellen sind nicht regenerationsfähig, da die Nervensubstanz kein Leben aus sich heraus erzeugen kann, und im Nerven-Sinnessystem spielen sich vornehmlich Abbauprozesse ab. Bewußtsein kann nur entstehen, wenn Lebensvorgänge zurückgedrängt werden. Wir können also sagen, daß wir im Nerven-Sinnessystem – zentriert im Kopf – gleichsam den Todespol des Menschen vor uns haben. Abbild für diesen Todespol ist der Schädel in seiner runden, nach außen abgeschlossenen und – gemessen am übrigen Organismus – harten und starren Form. Die Schädelknochen sind – mit Ausnahme des Unterkiefers – fest verzahnt und schalenförmig.

Physisch herrscht im Nervenzentrum also weitgehend Ruhe: keine Bewegung, Ernährung, Regeneration, Fortpflanzung. Die Beweglichkeit im Kopfbereich liegt in der seelischen Fähigkeit, Vorstellungsbilder hin und her zu bewegen, sie zu verknüpfen, ihren Zusammenhang zu verändern, sie zu verwandeln. Hier ist der Mensch ungeheuer beweglich, phantasievoll und schöpferisch. Er kann längst Vergangenes zum Leben erwecken, kann in die Zukunft reisen und die herrlichsten Luftschlösser bauen.

Unsere Vorstellungen sind nun aber nicht das Produkt physisch-chemischer Prozesse im Gehirn, sie werden nicht vom Gehirn ausgeschieden wie ein Sekret von einer Drüse. Vielmehr kann die Seele das Nerven-Sinnessystem als spiegelndes Instrument benutzen, weil sie hier nicht in Lebensprozesse eingebunden, sondern herausgelöst ist. So kommt der Mensch durch die Sinnesorgane und das Gehirn zu einem gespiegelten wachen Bewußtsein der Welt und seiner selbst.

Mit dem Buch „Von Seelenrätseln" (GA 21) legte Rudolf Steiner 1917 erstmals seine morphologische Entdeckung der Dreigliederung des menschlichen Organismus der Öffentlichkeit vor. Er kam zu dem Ergebnis, daß das Seelische des Menschen den gesamten physischen Organismus durchdringt und sich dabei auf drei Organisationssysteme stützt, die als Kraftprinzipien im Gesamtgefüge des Organismus wirken: Es sind dies das Nerven-Sinnessystem, das rhythmische System und das Stoffwechsel-Gliedmaßensystem. Diese Systeme können deutlich gegliedert und unterschieden werden, sie durchziehen aber in gegenseitiger Durchdringung den gesamten Organismus.

So finden sich im Nerven-Sinnessystem natürlich auch Stoffwechselprozesse. Diese sind aber dem Kräftewirken des Stoffwechsel-Gliedmaßensystems zuzuordnen, das vornehmlich durch den Organzusammenhang repräsentiert ist, der Leber, Magen, Darm, Nieren, den Muskel und das Blut umfaßt. Alles Stoffliche des physischen Leibes ist die Offenbarung dieser Lebensvorgänge, die in der Stoffesumwandlung, der Reproduktion, dem organischen Aufbau und in der Bewegung schlechthin wirksam sind. Die Gliedmaßenknochen sind strahlenförmig und greifen gewissermaßen nach außen. Die Gesamtwirkung des Stoffwechsel-Gliedmaßensystems erlebt der Mensch als Kraftwirkung, die ihm hauptsächlich durch die Muskulatur vermittelt wird. Es wirkt dem Nerven-Sinnessystem polar entgegengesetzt und kann als der Lebenspol bezeichnet werden.

Die Stoffwechselvorgänge verlaufen unterbewußt. Im Magen zum Beispiel sind so starke zerstörerische Kräfte wirksam, die den Zerfall und die Auflösung der Nahrung herbeiführen, daß sie intensivste Schmerzen bereiten würden, wenn der Menschen sie vollbewußt erleben würde. Die Stoffwechselprozesse dringen immer nur dann ins Bewußtsein, wenn mit ihnen irgend etwas nicht stimmt, zum Beispiel wenn ein Krankheitsgeschehen vorliegt. Sie werden dann als Unwohlsein, als Übelkeit, Schmerz usw. erlebt. Nur dann schlagen sie ins Bewußtsein.

So wie das Denken und Vorstellen sich des Nerven-Sinnessystems als Instrument bedient, so muß das Wollen dem Stoffwechsel-Gliedmaßensystem zugeordnet werden. Denn die im Stoffwechsel-Gliedmaßensystem wirksamen Kräfte sind der Träger des Wollens. Und wie dieses Kräftewirken dem Menschen normalerweise weitgehend unbewußt bleibt, so erlebt der Mensch sein Wollen auch nur in einem Bewußtsein, das dem traumlosen Schlafbewußtsein vergleichbar ist:

„Das Wollen, das auf Stoffwechselvorgänge gestützt ist, wird in keinem höheren Grade bewußt erlebt als in jenem ganz dumpfen, der im Schlafe vorhanden ist." (GA 21/1976/ S.153)

Der Weg zur Hölle ist mit guten Vorsätzen gepflastert

Der Mensch ist wie schlafend gegenüber der eigentlichen Willenstätigkeit. Wenn er sich entschließt, Holz zu hacken, lebt zwar der Vorsatz als Willensziel im Bewußtsein, aber mit der bloßen Vorstellungsbildung ist die Arbeit nicht getan, das Holz wartet nach wie vor darauf, gehackt zu werden. Man muß es tun – so bedauerlich das auch oft ist, daß gute Vorsätze und Vorstellungen erst dann in die Wirklichkeit umgesetzt werden, wenn man tätig wird und sich abmüht. In dieser Tätigkeit lebt aber der eigentliche Willensvorgang, der unter der Schwelle des Wachbewußtseins bleibt. Die Vorstellung einer zu verrichtenden Tat ist – wenn wir uns dann tatsächlich ans Holzhacken machen – eher eine Art Form, in die sich der Wille erst ergießt.

Gewiß, wir könnten kein Holz hacken, wenn wir nicht wach wären, unsere Umgebung und Tätigkeit nicht wahrnehmen und uns Vorstellungen bilden würden, aber wir erleben dabei nur die Äußerungen eines Willensvorgangs, der zugrundeliegende Prozeß der gesteigerten Stoffwechseltätigkeit bleibt uns dumpf verborgen. Wir erleben zwar, daß wir schwitzen, wir empfinden die Wärme und die Muskeltätigkeit, wir leben in der Bewegung unseres Körpers, wir hören das Zersplittern des Holzes, aber die im Innern sich abspielenden Prozesse erleben wir nicht.

Ebenso können wir uns Vorstellungen einer bereits vollzogenen Tat bilden und auf das Holzhacken zurückblicken, womit wir aber wiederum nicht den aktuell tätigen Willen im Wachbewußtsein haben. Man muß also deutlich zwischen einer bloßen Willensvorstellung und der tatsächlichen Willenstätigkeit unterscheiden. Alle Willensvorstellungen, alle Vorsätze, die man faßt, müssen erst umgesetzt werden, der Wille muß sich erst in der Tat nach außen richten, bevor sie Wirklichkeit werden. Und je öfter man seine Vorsätze nicht in die Tat umsetzt, desto mehr schwächt man seinen Willen: Der Weg zur Hölle ist mit guten Vorsätzen gepflastert ...

Wie kommt jetzt aber eine Vermittlung zwischen Vorstellen und Wollen zustande? Zwischen den beiden Polen des menschlichen Organismus, dem Nerven-Sinnessystem und dem Stoffwechsel-Gliedmaßensystem, wirkt das rhythmische System. Seine repräsentativen Organe sind das Herz und die Lunge sowie der Blutkreislauf, der den ganzen Organismus durchpulsiert und Herz und Lunge in einem rhythmischen Kräftewirken zusammenschließt. Den Ausdruck des rhythmischen Systems findet man in der Mitte, im Brustbereich des Menschen, in seiner Atmungs- und Herztätigkeit. Durch das Strömen des Blutes wird aus der Mitte der gesamte Organismus rhythmisiert und impulsiert und so ein Ausgleich zwischen Nerven- und

Stoffwechseltätigkeit, Kopf- und Gliedmaßenbereich geschaffen. Die Atmung hängt mehr mit den Bewußtseinsvorgängen, die Herztätigkeit mehr mit dem Stoffwechsel zusammen. Atmungs- und Pulsrhythmus sind im Verhältnis 1 : 4 aufeinander bezogen und vermitteln so in ihrem Gesamtrhythmus zwischen den Polen des Organismus. – Die Rippen sind zwar strahlenförmig, aber doch leicht gerundet. Der Brustkorb bildet eine Höhlung, die nach oben fester, nach unten beweglicher ist.

Wie das Denken mit dem Nervenleben, das Wollen mit den Stoffwechselvorgängen zusammenhängt, so das Fühlen mit dem rhythmischen System. Das Fühlen vermittelt zwischen Denken und Wollen. Sympathie oder Antipathie, Lust oder Unlust, Freude oder Schmerz usw. sind es, die den Menschen veranlassen, seine Vorstellungen in die Tat umzusetzen. Das Fühlen schließt sich an die Gedanken an und bringt den Willen zur Tat, es ragt in Denken und Wollen hinein und umgekehrt. So entsteht ein wechselvoller Ausgleich zwischen den Seelenkräften des Menschen.

Daß sich das Fühlen auf das rhythmische System stützt, kann man sich verdeutlichen, wenn man beobachtet, wie stark Gefühle der Scham, Lust, Freude, Ekel, Wut usw. auf das rhythmische System wirken. Je nachdem welche Gefühle uns gerade bewegen, erröten oder erbleichen wir, beschleunigen oder verlangsamen sich der Herz- und Atemrhythmus. Durch die Rhythmuserlebnisse, die auch durch die Einflüsse bestimmt sind, die das Denken und Wollen auf das Fühlen nehmen, ist es dem Menschen möglich, sich selbst zu erfühlen.

Das Fühlen erlebt der Mensch in einem ähnlichen Bewußtsein wie seine Träume:

> „Wie ist das Bewußtsein im Fühlen? – Das steht nun auch in der Mitte zwischen Wachen und Schlafen. Gefühle, die in Ihrer Seele leben, kennen Sie gerade so, wie Sie Träume kennen, nur daß Sie die Träume erinnern und die Gefühle unmittelbar erleben. Aber die innere Seelenverfassung und Seelenstimmung, die Sie haben, indem Sie von Ihren Gefühlen wissen, ist keine andere als die, welche Sie gegenüber Ihren Träumen haben. [...] So sind also tatsächlich drei Bewußtseinszustände während unseres Wachens über uns ergossen: das Wachen im eigentlichen Sinne im denkenden Erkennen, das Träumen im Fühlen, das Schlafen im Wollen." (GA 293/1982/27.08.1919/Tb. S.99)

So klar Denken, Fühlen und Wollen auch zu unterscheiden sind, sie durchdringen sich: kein Gedanke ohne zumindest leise Gefühlsfärbung, kein Denkprozeß ohne die ihm zugrundeliegende Willenstätigkeit, auch wenn diese noch so schwach in die Ausbildung des Denkens geführt wird. In jeder Tätigkeit ist Wille wirksam. Auch hier finden wir die leibliche Entsprechung, und zwar in der Tatsache, daß die drei Organsysteme den ganzen Organismus und sich gegenseitig durchdringen:

„Denn diese Tätigkeitsformen liegen nicht neben-, sondern *ineinander,* durchdringen sich, gehen ineinander über. Stoffwechseltätigkeit ist im ganzen Organismus vorhanden; sie durchdringt die Organe des Rhythmus und diejenigen der Nerventätigkeit. Aber im Rhythmus ist sie *nicht* die leibliche Grundlage des Fühlens, in der Nerventätigkeit *nicht* diejenige des Vorstellens; sondern in beiden ist ihr die den Rhythmus und die Nerven durchdringende Willenswirksamkeit zuzueignen." (GA 21/1976/S.156)

Die Fäden lösen sich

Kehren wir zu den elementaren Zusammenhängen zwischen Denken, Fühlen und Wollen zurück, die sich aus einer gewissen Naturgesetzmäßigkeit ergeben. Ein Mensch antwortet, wenn er angesprochen wird, reagiert auf einen üblen Geruch, indem er das Fenster öffnet, kommt zu Willensentschlüssen durch Gedanken, die ihn begeistern usw. Weil die Menschheit aber unbewußt die Schwelle zur geistigen Welt überschreitet, geschieht nun schrittweise etwas im Seelenleben der Menschen, was sonst nur als Wirkung des Schwellenübertritts auf dem individuellen Schulungsweg auftritt: Der Zusammenhang von Denken, Fühlen und Wollen löst sich auf. Im folgenden ist zunächst die Rede von einem Menschen, der sich einer geregelten geistigen Schulung unterzieht:

„Bei der höheren Entwickelung des Menschen werden nun die Fäden, welche die drei Grundkräfte miteinander verbinden, unterbrochen. [...] Die Organe des Denkens, Fühlens und Wollens stehen sodann ganz frei für sich da. Und ihre Verbindung wird nunmehr durch keine ihnen selbst eingepflanzten Gesetze hergestellt, sondern muß durch das erwachte höhere Bewußtsein des Menschen selbst besorgt werden. – Das ist nämlich die Veränderung, welche der Geheimschüler an sich bemerkt, daß kein Zusammenhang zwischen einer Vorstellung und einem Gefühl oder einem Gefühl und einem Willensentschluß und so weiter sich einstellt, wenn er nicht selbst einen solchen schafft. Kein Antrieb führt ihn von einem Gedanken zu einer Handlung, wenn er diesen Antrieb nicht frei in sich bewirkt. Er kann nunmehr völlig gefühllos vor einer Tatsache stehen, die ihm vor seiner Schulung glühende Liebe oder ärgsten Haß eingeflößt hat; er kann untätig bleiben bei einem Gedanken, der ihn vorher zu einer Handlung wie von selbst begeistert hat. Und er kann Taten verrichten aus Willensentschlüssen heraus, für welche bei einem nicht durch die Geheimschulung hindurchgegangenen Menschen auch nicht die geringste Veranlassung vorliegt. Die große Errungenschaft, welche dem Geheimschüler zuteil wird, ist, daß er die vollkommene Herrschaft erlangt über das Zusammenwirken der drei Seelenkräfte; aber dieses Zusammenwirken wird dafür auch vollständig in seine eigene Verantwortlichkeit gestellt." (GA 10/1975/Tb. S.132 f.)

In dem Moment, in dem der Mensch bewußt die Schwelle zur geistigen Welt überschreitet, werden die drei Seelenkräfte nicht mehr durch die Leibesgrundlage gestützt und zusammengehalten. Er muß die Kraft entwickelt haben, diesen Zusammenhalt selbsttätig zu bewirken:

„Der Mensch muß dann, wie Sie ja aus den Darstellungen in 'Wie erlangt man Erkenntnisse der höheren Welten?' entnehmen können, so geschult sein, daß er die innere Kraft entwickeln kann, mit seinem Ich diese drei Elemente des Seelenlebens zusammenzuhalten: Denken, Fühlen und Wollen; sonst würde er sich zerspalten in drei Persönlichkeiten.

Ja, das ist das bedeutende innere Aktivitätserlebnis, das wir haben müssen nach dem Überschreiten der Schwelle: dieses Sich-Hineinfinden in höchster Aktivität des Ich, in höchster Betätigung des Ich, um die getrennten Seelenkräfte, Denken, Fühlen und Wollen zusammenzuhalten." (GA 192/1964/01.05.1919/S.64)

Hat der Mensch diese Kräfte nicht richtig entwickelt, weil er die Regeln der Schulung nicht beachtet hat, ist – so Rudolf Steiner – eine dreifache Verirrung in seiner Entwicklung möglich. Da Denken, Fühlen und Wollen nie in gleicher Weise bei einem Menschen entwickelt sind, eine Seelenkraft immer mehr oder weniger stark vorherrscht, können nun, da kein naturgesetzlicher Ausgleich durch die anderen Seelenkräfte erfolgt, erhebliche Vereinseitigungen auftreten.

Wenn ein Willensmensch keine ausgleichende Korrektur mehr durch Gedanken und Gefühle erfährt, entsteht eine Gewaltnatur, die fortwährend durch ihren unbeherrschbaren Willen von einer zügellosen Handlung in die nächste gepeitscht wird. – Der Gefühlsmensch neigt dann zur grenzenlosen Abhängigkeit, bis zum Verlust des eigenen Willens und eigener Gedanken, und verfällt der Gefühlsschwelgerei. Aushöhlung und Kraftlosigkeit sind die Folge. – Ein Mensch, bei dem das Denken überwiegt, wird teilnahmslos und kalt und entwickelt eine lebensfeindliche, in sich verschlossene Beschaulichkeit, die er zur Weisheitsgier steigert. Er wendet sich von der alltäglichen Wirklichkeit ab, und kein Gedanke regt ihn zu einer Handlung oder zu einem Gefühl an. (Vgl. GA 10/1975/Tb. S.134 f.)

Diese von Steiner geschilderten Auswirkungen sind ja nun keineswegs nur bei Menschen anzutreffen, die in ihrer esoterischen Entwicklung auf Abwege geraten sind. Vielmehr scheinen sich solche Symptome immer weiter auszubreiten. Gewaltmenschen zum Beispiel, die zumindest über gewisse Zeiträume durch keine Gefühlsregung, durch keinen Gedanken gebremst werden können, gibt es ja nun wahrlich genug. Vor wenigen Tagen wurde mir gerade von einem jungen Mann berichtet, der zu seinem Freizeitvergnügen immer am Ententeich den Küken bei lebendigem Leib den Kopf abbiß. Oder ich hörte von einem anderen, der sich eine Stricknadel durch das Geschlechtsteil stieß. Als ich seinerzeit in San Francisco war, las ich von einem Radfahrer, der von einem Auto angefahren worden war und dem die Kinder der Nachbarschaft, als er verletzt am Boden lag, den Rest geben wollten.

Auch die Gefühlsschwelgerei bis zur völligen Aufgabe der eigenen Selbständigkeit ist keine Rarität, man denke nur an die vielen unglücklichen Menschen, die in obskuren Sekten verschwinden. – Nur die Weisheitsgier scheint sich nicht gerade epidemisch zu verbreiten!

Aber man muß nicht unbedingt auf die Extreme schauen, die ja auch ganz andere krankhafte Ursachen haben können. Wenn man die von Steiner geschilderten Auswirkungen als Tendenz nimmt, die sich durch den unbewußten Schwellenübertritt der Menschheit allgemein Geltung verschafft, dann fällt es nicht schwer, sie auch im täglichen Leben wahrzunehmen. Es bereitet den Menschen immer mehr Mühe, einen sinnvollen seelischen Gesamtzusammenhang von Denken, Fühlen und Wollen herzustellen. Auch denen, die von dieser Tatsache wissen.

Besonders auffallend ist eine um sich greifende Willensschwäche. Ein starker Wille ist aber gerade notwendig, um die oben erwähnte Aktivität des Ich zu entfalten, damit die Seelenkräfte zusammengehalten werden können. Sonst geht der Weg weiter in die Vereinseitigung bzw. führt zu einer zunehmenden Spaltung der Persönlichkeit. Ohne eine vom Ich gelenkte Willensaktivität kommt der Mensch auch nicht zu einer Konzentration im Denken, zu einer Beherrschung im Gefühlsbereich und auch nicht zur Ausdauer im Wollen.

Fatal wird es für diejenigen Menschen, die nicht nur nichts von dem unbewußten Schwellenübertritt der Menschheit und seinen Folgen wissen, sondern die sich auch nicht im klaren darüber sind, daß sie ein Leben lang beständig an der Ausbildung und Harmonisierung ihrer Seelenkräfte arbeiten müssen. Das gilt insbesondere für die Zeiten, in denen es einem gut geht und alles im Lot scheint, denn dann verfügt man noch über die nötigen Kräfte und eine heitere Gelassenheit. Aber man täuscht sich nur allzu leicht und gern über den eigenen seelischen Zustand hinweg, und man lebt oft in dem Glauben, daß man zwar Fehler habe, es im großen und ganzen aber doch so weitergehen könne wie bisher. Man ist immer gern geneigt, die latenten seelisch-geistigen Katastrophen bei den anderen zu vermuten, und sieht sich auch oft bestätigt, wenn sie dann ausbrechen. Es wird leicht übersehen, wie sehr die eigene Seele oft von außen getragen wird: durch Berufspflichten, geregelte Zeiten, Erziehungsaufgaben, Partnerschaft, Ehe und Familie, Traditionen und Gewohnheiten usw. Wehe aber, wenn diese Stützen wegbrechen! Dann werden viele Menschen in einen Strudel gerissen, dem sie kaum noch entkommen können. Dann offenbart sich meist das ganze Elend mit einem Schlage, und es gelingt oft nicht, die notwendigen Kräfte zu mobilisieren.

Wirkliche Selbsterkenntnis ist immer eine bittere Übung. Wer das nicht empfindet, ist noch nicht in die eigenen Tiefen und Abgründe vorgedrungen, er hat noch nicht die Schwelle überschritten, an der ihm bewußt wird, welchen Korrumpierungen er ein Leben lang ausgesetzt war und wie sehr er sich gegenüber den herben Wahrheiten betäubt hat. Wir müssen uns immer wieder aufwecken und dürfen dieser Tatsache nicht ausweichen.

„Und so hat die Menschheit heute die Wahl: dort hinzugehen, wo sie auf der einen Seite die Mechanisierung des Geistes, die Vegetarisierung der Seelen, die Animalisierung der Leiber findet, oder sie kann auf der anderen Seite versuchen, den Weg zu finden zur Auferweckung des Geistes ..." (GA 193/1977/12.09.1919/S.120 f.)

Jesaiah Ben Aharon
DAS SPIRITUELLE EREIGNIS DES 20. JAHRHUNDERTS – EINE IMAGINATION
Die okkulte Bedeutung der zwölf Jahre von 1933 bis 1945

Aus dem Englischen von Th. Stöckli
1994, 104 Seiten, kart.
DM/Fr. 24,–   ISBN 3-7235-0724-7

Nick C. Thomas
ENTSCHEIDUNGSKAMPF IM ÄTHERISCHEN
Moralische und ätherische Technik
Apokalyptische Symptome

Herausgegeben von Felix Schultz, Freie Akademie Sammatz
1994, 64 Seiten, kart.
DM/Fr. 17,–   ISBN 3-7235-0729-8

VERLAG AM GOETHEANUM

Der Hüter im „Krieg der Sterne"?

Frank Linde

Warum ein Aufsatz über den Hüter der Schwelle? Handelt es sich dabei doch – folgt man den Schriften Rudolf Steiners – um ein geistiges Wesen, das wir mit unserem gewöhnlichen Bewußtsein gar nicht wahrnehmen. Und wie sollte für unser Leben etwas eine Bedeutung haben, von dem wir nicht einmal wissen, daß es existiert? Die Antwort ergibt sich aus der These, daß im heutigen kulturellen und sozialen Leben Phänomene und Erlebnisse auftreten, die einen Bezug zu eben jener Gestalt des Hüters der Schwelle haben – wenn auch für die Menschen, die sie erfahren, wahrscheinlich ganz unbewußt.

In einem früheren Aufsatz habe ich anhand bestimmter Aussagen Rudolf Steiners gezeigt, daß seit Beginn des 20. Jahrhunderts aufgrund bestimmter Veränderungen der geistig-seelisch-leiblichen Konstitution des Menschen Fähigkeiten veranlagt werden, die zu einem Wahrnehmen geistiger Vorgänge und Erscheinungen führen können. Menschen können heute hellseherische Erfahrungen haben. Sie treten wie naturgemäß auf, das heißt auch ohne eine besondere esoterische Schulung. (Vgl. „Die Entwicklung neuer Seelenfähigkeiten im 20. Jahrhundert" in: FLENSBURGER HEFTE Nr.34, „Alte und neue Seelenfähigkeiten")

In anderen Zusammenhängen schildert Rudolf Steiner einen Vorgang, der hiermit eng zusammenhängt, in diesem Falle aber ein geistig-seelisches Ereignis beschreibt, das sich innerhalb eines größeren Zeitraumes in der gesamten Menschheit vollzieht: Die Menschheit überschreitet in der gegenwärtigen Zeitepoche unbewußt die Schwelle zur geistigen Welt (siehe den Aufsatz von Klaus-Dieter Neumann in diesem Heft). Damit trete unter anderem „mehr und mehr ein gewisser Teil desjenigen Erlebnisses an den Menschen heran, das man nennen kann die Begegnung mit dem 'Hüter der Schwelle'." (GA 188/1967/03.01.1919/S.23) Es wäre möglich, daß sich das Vorbeischreiten am Hüter der Schwelle ganz im Unterbewußtsein vollzieht. Wir können aber sicher davon ausgehen, daß heute die verschiedensten spirituellen Erfahrungen gemacht werden, möglicherweise auch solche, die in irgendeiner Form mit den Erlebnissen beim Hüter der Schwelle zusammenhängen.

Inhaltlich wird das Phänomen des „Hüters der Schwelle" in den Werken Rudolf Steiners stets in Zusammenhang mit dem geisteswissenschaftlichen Erkenntnisweg charakterisiert. Danach ist die Begegnung mit dem Hüter ein Ereignis, das dem Geistesschüler auf einer bestimmten Stufe seiner Entwicklung widerfährt, das heißt demjenigen Menschen, der entsprechende innere Übungen verrichtet, um Einblicke in die übersinnliche Welt zu erlangen. Wenn es in dem eben zitierten Vortrag heißt, daß der Hüter der Schwelle „eben einfach in diesem Zeitalter in den Horizont der Menschen hereintritt", so geschieht dies gegenüber den Erlebnissen, die der Geistesschüler durch einen erhöhten Bewußtseinszustand gewinnt, in einer abgeschwächten Form. Man wird aber damit rechnen können, daß, wie es heißt, „teilweise die Erlebnisse, die man beim Hüter der Schwelle haben kann", heute hier und da auftreten. (ebd.)

Wollen wir uns ein Bild vom Hüter der Schwelle machen, werden wir auf die entsprechende Literatur zurückgreifen müssen. Insgesamt liegen sieben Schriften Rudolf Steiners vor, die den Erkenntnisweg der Anthroposophie unter jeweils verschiedenen Gesichtspunkten behandeln.[1] In fünf von ihnen sind Ausarbeitungen über den Hüter den Schwelle enthalten.[2] Diese stehen nie am Anfang, sondern immer eingebunden in das Ganze, in „Wie erlangt man Erkenntnisse der höheren Welten?", und zum Großteil auch in dem entsprechenden Kapitel der „Geheimwissenschaft im Umriß" sogar erst ganz am Schluß.

Wer diese Schriften liest, lernt zuerst den grundsätzlichen Aufbau des Erkenntnisweges kennen einschließlich der dazugehörigen Methoden, Übungen und Vorsichtsmaßnahmen. Kommt er schließlich zu den Ausführungen über den Hüter der Schwelle, wird er diese vor dem Hintergrund des Vorangegangenen richtig einzuordnen und zu bewerten wissen.

Wenn hier in allem Folgenden der den Schriften Rudolf Steiners innewohnende innere Zusammenhang aufgelöst und lediglich einzelnes zum Thema Gehörende herausgegriffen wird, möge der Leser berücksichtigen, daß sich dabei zwangsläufig Einseitigkeiten ergeben und gegebenenfalls immer auf den ursprünglichen Originalzusammenhang zurückgegriffen werden müßte. Es scheint mir nicht überflüssig, diese an sich selbstverständliche

---

1) „Theosophie", GA 9, 1904; „Wie erlangt man Erkenntnisse der höheren Welten?", GA 10, 1904/1905; „Die Stufen der höheren Erkenntnis", GA 12, 1905/1908; „Die Geheimwissenschaft im Umriß", GA 13, 1910; „Vier Mysteriendramen", GA 14, 1910/1913; „Ein Weg zur Selbsterkenntnis des Menschen", GA 16, 1912; „Die Schwelle der geistigen Welt", GA 17, 1913.
2) GA 10, GA 13, GA 14, GA 16, GA 17.

Bemerkung, die für vieles andere ebenso gilt, gerade in bezug auf diese Thematik zu betonen. Denn die Begegnung mit dem Hüter der Schwelle muß für den Menschen, der sie erfährt, ein so einschneidendes Ereignis sein, daß Rudolf Steiner einmal den Ausdruck „Lebenskatastrophe" dafür gebraucht. Er ermahnt die im Vortrag anwesenden anthroposophischen Zuhörer, daß die Naivität aus unseren Kreisen verschwinde. Viele Menschen kämen zu ihm, erzählten ihm von diesen oder jenen Schauungen, und mancher frage ihn dann, ob das der Hüter der Schwelle gewesen sei. Dazu bemerkt dann Rudolf Steiner:

> „Aber so einfach Ja und Nein sind die Antworten auf solche Sachen nicht, denn die Antworten schließen die ganze menschliche Entwickelung ein. Aber die Antworten sind gegeben. Ich korrigiere jetzt meine 'Geheimwissenschaft', die in neuer Auflage erscheinen soll. Ich sehe, daß darinnen eigentlich alles steht, um sich solche Fragen zu beantworten. Alle Vorsichten, alle Beschränkungen, die man sich auferlegen soll, sind darin genau beschrieben. Gefühle, Empfindungen, die man entwickeln soll, sind dort beschrieben. Und deutlich ist darauf hingewiesen, nur muß man überall genau lesen. Hätte ich alles ganz ausführlich darstellen sollen, was in der Geheimwissenschaft enthalten ist, so hätte ich dreißig Bände schreiben müssen. Man muß etwas denken, wenn man dieses Buch liest, muß Konsequenzen ziehen; die kann man aber ziehen. Ich liebe es nicht, dicke Bücher zu schreiben, aber es geht klar hervor: Gewiß, wer nach der übersinnlichen Welt strebt, der strebt darnach, dem Hüter der Schwelle zu begegnen; aber diesem Hüter der Schwelle zu begegnen, ist nicht eine so einfache Sache, wie eine traumhafte Imagination zu haben. Es ist ja die bequemste Art, durch eine traumhafte Imagination in die übersinnliche Welt hineinzukommen. Die Begegnung mit dem Hüter der Schwelle ist eine Tragik, ein Lebenskampf in bezug auf alle Erkenntnisbegriffe, in bezug auf alle Erkenntnisgesetze und in bezug auf alle Zusammenhänge des Menschen mit der geistigen Welt, mit Ahriman und Luzifer. Diese Lebenskatastrophe muß sich ergeben, wenn man dem Hüter der Schwelle begegnen will. Drängt es sich bloß in traumhafter Imagination vor einen Menschen hin, so bedeutet das, daß jemand bequem daran vorbeischlüpfen will, um als Ersatz dafür – jetzt liebt man ja Ersatz – den Traum vom Hüter der Schwelle zu haben." (GA 181/1967/06.08.1918/S.156 f.)

In diesem ersten Aufsatz gebe ich im Hinblick auf die eingangs formulierte These einen Einblick in den Film „Krieg der Sterne". Im zweiten Aufsatz in diesem Heft werde ich versuchen, anhand der „Geheimwissenschaft im Umriß" den Begriff des Hüters der Schwelle zu entwickeln. Ein Beispiel aus der modernen Lyrik steht am Schluß.

Man stelle sich einmal folgendes vor: Angenommen ein Mensch, der nichts von der Anthroposophie und dem Weg zur höheren Erkenntnis wüßte, hätte eines Tages ein seltsames Erlebnis, das ihm gar nicht klar zum Bewußtsein käme. Aber eine unbestimmte, wie aus unbewußten Tiefen aufsteigende Ahnung von dem Hüter der Schwelle würde in ihm lebendig. Er hält es vielleicht für einen Traum, einen Tagtraum, und mißt ihm keine reale Bedeutung zu. Doch seine Phantasie wird angeregt, Bilder steigen auf, vage, ungenau, verzerrt. Schließlich faßt er eine Idee: Ließe sich nicht darstellen, was ich erlebt habe? Und er schreibt ein Drehbuch zu einer phantastischen Geschichte. In seinen Gedanken läßt er die Gestalten und Wesen, die sich in seiner Phantasie zu Bildern verdichtet haben, aus seinem Bewußtsein heraustreten und in der physisch-sichtbaren Welt Gestalt annehmen. Jetzt treten einzelne Personen auf, in verschiedenen Beziehungen zueinander – die einen im Kampf gegen die anderen, mit dem Ziel, die niederen, feindlichen Kräfte zu überwinden, um eine neue Zukunft zu ermöglichen.

Wir hätten ein dramatisches Geschehen vor uns, bei dem es um die Zukunft des Menschen selber geht! Wenn eine solche Darstellung die wahren Vorgänge auch nur ungenau und verzerrt wiedergeben würde, könnte sie doch Ansatzpunkte enthalten, die auf wahre Zusammenhänge hindeuten. Wenden wir diesen Gedanken auf ein konkretes Beispiel an.

Star Wars – Die „Einweihung" im Krieg der Sterne

Mit jeweils drei Jahren Abstand sind die drei Teile der „Star Wars"-Trilogie von George Lucas in den Kinos zu sehen gewesen. Der erste Teil, „Krieg der Sterne", lief 1977 und wurde mit neun Oscars gekrönt. 1980 folgte Teil 2, „Das Imperium schlägt zurück", 1983 schließlich der letzte Teil, „Die Rückkehr der Jedi-Ritter". Im Englischen heißt letzter: „The return of the Jedi", wobei „the Jedi" sowohl eine Mehrzahl als auch eine Einzahl bezeichnen kann. Tatsächlich war es schließlich ein einziger, auf den alles ankam.

Die Geschichte ist schnell erzählt. Sie spielt nicht auf der Erde, sondern im Weltraum. Dort stehen sich zwei Seiten im Kampf um die Vorherrschaft gegenüber. Die eine repräsentiert das Gute, die andere das Böse. Über tausend Generationen lang, so wird erzählt, waren die Jedi-Ritter in der alten Republik die „Hüter des Friedens und der Gerechtigkeit" gewesen. Dann aber wurde es dunkel in der Welt: Das „Imperium" richtete seine Herrschaft des Bösen auf. Dort regieren der „Imperator" und sein direkter Untergebener „Darth Vader". Die Herrschaft über die von ihnen geleiteten „Systeme" sind auf Furcht und Angst aufgebaut. Wer nicht gehorcht, muß sterben.

Darth Vader, eine der Hauptgestalten, erscheint ganz in Schwarz, umgeben von einem langen Umhang, mit einem schwarzglänzenden Helm und einer metallenen Maske, die das ganze Gesicht verdeckt. Auf seiner Brust befindet sich eine Pllatte mit verschiedenen Schaltern – elektronisches Gerät –; er ist eine Gestalt halb Mensch und halb Maschine. Schwere, laut-stöhnende Atemzüge, wie von einer Maschine erzeugt, begleiten sein Erscheinen.

Ebenfalls in einen Umhang gekleidet, bräunlich jedoch und mit einer Kapuze versehen, begegnen wir dem ernst- und würdevoll blickenden Obi-Wan Kenobi, dem letzten der alten Jedi-Ritter. Bisher hatte er sich versteckt halten können. Alle anderen Jedi-Ritter vor ihm waren vom Imperium gejagt und vernichtet worden, und auch Obi-Wan wird in einem letzten Kampf sein Leben verlieren. Schließlich sollte nur einer übrig bleiben: Luke Skywalker.

Die Kämpfe der „Rebellen" gegen das Imperium werden mit allen Tricks des Science-Fiction-Films dargestellt: Raumschiffe, ausgerüstet mit Laserkanonen, liefern sich erbitterte Schlachten, und groteske bis possierlich anmutende Phantasiegestalten fremder Welten sind in das Geschehen eingebunden. Aber die äußeren Kämpfe und Weltraumschlachten erfolgen vor einem tieferen Hintergrund: Wir erfahren, daß Darth Vader in früheren Zeiten selbst ein Jedi-Ritter gewesen war, sich dann aber von der „dunklen Seite der Macht" hat verführen lassen und seitdem im Dienste des Bösen steht. Die Macht?

„Die Macht ist es, die den Jedi seine Stärke gibt. Es ist ein Energiefeld, das alle lebenden Dinge erzeugen. Es umgibt uns, es hält die Galaxis zusammen", erfährt der junge Luke Skywalker von Obi-Wan Kenobi. „Denk immer daran, ein Jedi kann es fühlen, wie die Macht ihn durchströmt." – „Sie meinen, sie beherrscht mein Handeln?" – „Teilweise, aber sie gehorcht auch deinen Befehlen."

Wir sehen, die Macht kann durch alle drei Seelenkräfte wirken, durch das Denken, das Fühlen und das Wollen. Im Englischen steht statt „Macht" das Wort „force"; das bedeutet „Kraft", der Begriff kann aber auch mit Stärke oder Gewalt übersetzt werden. Die „Macht" verleiht demjenigen, der sie beherrschen kann, magische Kräfte. So lassen sich die Gedanken anderer Wesen beeinflussen, materielle Gegenstände ohne Berührung bewegen, sogar andere Wesen wie durch Gedankenkraft töten, wie es uns Darth Vader vorführt.

Luke Skywalker (der „Himmelsgeher") will sich mit der Macht vertraut machen und ein Jedi werden, wie einst sein Vater. „Die Macht wird mit dir sein, immer!" Das sind die letzten Worte, die Obi-Wan Kenobi ihm mit auf den Weg gibt. Luke erhält das Laser-Licht-Schwert seines Vaters und begibt sich auf einen abgelegenen Planeten, um dort bei einem alten Lehrmeister, dem „Jedi-Meister" seine Ausbildung anzutreten: bei Yoda.

Hier ist Luke nie zuvor gewesen, ihm ist unheimlich zumute, „... aber irgendwie kommt mir das alles auch vertraut vor", sagt er zu sich selbst. Wieder ein Wort von hintergründiger Bedeutung. Inmitten einer urwaldartigen, sumpfigen Landschaft begegnet ihm ein altes weises gnomenhaftes Wesen: es ist Yoda, der Jedi-Meister: „Weshalb möchtest du werden ein Jedi?" – „Hauptsächlich wegen meines Vaters, glaube ich." – „Vater? Mächtiger Jedi war er." – Doch Yoda zweifelt: „Unterweisen kann ich ihn nicht, keine Geduld hat der junge Mensch." Doch dann erscheint ihm, wie in einer Vision, die Geistgestalt des gefallenen Obi-Wan: „Er wird es lernen, Geduld zu üben." – „Viel Zorn in ihm, wie einst in seinem Vater." – „War ich nicht auch so, bevor du mich unterwiesen hast?" – „Ja! – Bereit ist er nicht!" – Jetzt erkennt Luke seinen Jedi-Meister: „Yoda! – Doch, ich bin bereit ..."

Und Yoda spricht: „Bereit bist du? Von Bereit-sein, was weißt du davon? Jedis habe ich herangebildet 800 Jahre lang, und abwägen werde nur ich selbst, wer unterwiesen werden soll. Zutiefst verpflichtet fühlen muß ein Jedi sich, und erfüllt sein von tiefstem Ernst. [...]" – „Glaub mir, ich werde dich nicht enttäuschen. Ich habe keine Angst." – „Doch! Du wirst Angst haben! Du wirst Angst haben!"

Tiefste Verpflichtung, tiefster Ernst und vor allem Geduld – Bedingungen der höheren Schulung! Und leicht wird der Weg nicht. Luke wird Erlebnisse haben, die ihm Angst einflößen werden! Er beginnt die Ausbildung. Doch Yoda warnt vor den Gefahren der höheren Schulung, lehrt ihn, welche Mächte ihn zur dunklen Seite der Macht führen könnten:

„Ja, die Kraft fließt einem Jedi von der Macht zu. Aber hüte dich vor der dunklen Seite der Macht! Zorn, Furcht, Aggressivität, die dunklen Seiten der Macht sind sie. Besitz ergreifen sie leicht von dir. Folgst du einmal diesem dunklen Pfad, beherrschen wird auf ewig die dunkle Seite dein Geschick. Verzehren wird sie dich, wie einst den Schüler von Obi-Wan."

Luke Skywalker fragt Yoda weiter: „Ist die dunkle Seite stärker?" Und Yoda antwortet: „Nein, nein! Nein, – schneller, leichter verführerischer." – „Aber wie kann ich die gute Seite von der schlechten unterscheiden?" – „Erkennen wirst du es, – wenn du Ruhe bewahrst, Frieden, passiv. Ein Jedi benutzt die Macht für das Wissen zur Verteidigung, niemals zum Angriff."

Jetzt führt Yoda seinen Schüler an ein bedeutsames Erlebnis heran. Luke hat sich einer schweren Prüfung zu stellen:

„Irgendwas stimmt nicht. Ich spüre Kälte, tödliche Kälte." – „Jener Ort dort, von der dunklen Seite der Macht ist er erfüllt. Dem Reich des Bösen gehört er an. Dorthin mußt du." – „Was werde ich dort finden?" – „Nur was du mit dir nimmst. – Deine Waffen – nicht brauchen wirst du sie."

Der Schüler wird nur finden, was er mit sich nimmt! Luke steigt durch eine Bodenöffnung wie in einen Abgrund, in eine Art unterirdischen Bereich, wo im dämmerhaften Licht urwaldartige Pflanzen wuchern. Plötzlich taucht die Gestalt des Darth Vader vor ihm auf. Später erst erfahren wir, daß dieser Lukes eigener Vater ist! Unwillkürlich zückt Luke sein Laserschwert – „äußere Waffen brauchst du nicht", hatte Yoda gesagt –, und schon surren die Laserlichtstrahlen gegeneinander, blau gegen rot, denn auch Darth Vader führt ein solches Schwert. Mit einem kräftigen Hieb schlägt Luke dem Gegner das Haupt vom Leibe. Der Kopf fällt zu Boden, Luke schaut auf den glänzenden Helm mit der schwarzen Maske. Da explodiert es im Helm. Die Maske ist fort, und Luke sieht ... – sein eigenes Gesicht im schwarzen Helm.

Wem ist Luke hier unten begegnet? Er findet nur das, was er selber mit sich genommen hat. Sich selbst! Er sah sich einer ihm fremden Gestalt gegenüber, einer Gestalt, die Furcht und Schrecken einflößt, die er zu überwinden hat, gegen die er kämpfen muß. Aber mit welchen Mitteln? Es erscheint ihm sein Doppelgänger im Bilde seines Vaters bzw. dessen, was aus ihm geworden ist.

„Vater" kann hier als Bild für Lukes bisheriges Leben stehen, für die Kräfte, die das aus ihm gemacht haben, was er jetzt ist. Luke muß erkennen, daß er es selber ist, den er vernichtet hat. Luke ahnt, daß ihn eine höhere Kraft führen und leiten muß, nicht aber sein Schwert. Er hat die Vorsichtsmaßnahmen der Schulung nicht beachtet. Jetzt weiß er, daß er die höheren Kräfte in sich ausbilden muß, wenn er den Kampf gegen seinen Doppelgänger bestehen will. Gelingt ihm das nicht, folgt er nur seinen alten, niederen Trieben, dann droht auch ihm das Schicksal von Darth Vader. Vorerst hat Luke die Prüfung nicht bestanden. Was wäre seine Alternative gewesen? Nicht die Gestalt vernichten, auslöschen, töten wollen, sondern den Anblick ertragen, die Gestalt erkennen und aus innerer Kraft verwandeln, das Böse in sich erlösen.

Vorerst hat Luke seine Ausbildung fortzusetzen. Er muß lernen, daß nicht im Sinnenschein die Wahrheit liegt, sondern im Geistigen, und er muß auf das Geistige vertrauen lernen, innerlich gefestigt und sicher, sonst kann er kein Jedi werden.

„Größe bedeutet nichts. Sieh mich an! Nach meiner Größe beurteilst du mich, tust du das? Aber das solltest du nicht, denn die Macht ist mein Verbündeter. Und ein mächtiger Verbündeter ist sie! Das Leben erschafft sie, eint sie zur Entfaltung. Ihre Energie umgibt uns, verbindet uns mit allem. Erleuchtete Wesen sind wir, nicht diese rohe Materie. Du mußt sie fühlen die Macht, die dich umgibt. Hier, zwischen dir, mir, dem Baum, dem Felsen dort, allgegenwärtig, ja!"

Yoda lehrt seinen Schüler alles, was er für seinen weiteren Weg braucht. Dieser Weg führt ihn schließlich zum endgültigen Kampf, er muß sich Darth Vader stellen, der sich ihm nun als sein Vater zu erkennen gibt. Die innere Erschütterung ist gewaltig, und wieder wird Luke in Versuchung geführt, diesmal von Darth Vader selbst: „Luke, du kannst den Imperator vernichten. Er hat es vorausgesehen. Es ist deine Bestimmung. Verbünde dich mit mir. Gemeinsam können wir als VATER UND SOHN über die Galaxis herrschen. – Komm mit mir! Das ist der Weg, der dir bestimmt ist!"

Als Vater und Sohn über die Galaxis herrschen! Größer kann die Versuchung nicht sein. Die höchsten Kräfte werden angerufen. Luke aber weiß, daß diese Zweiheit trügt. Nicht um den alten Sohn, den erstorbenen Vater, kann es gehen. Der wahre Sohn muß erst in ihm erstehen, im Angesicht der eigenen Ohnmacht, aus seinem individuellen Ringen bewußt geboren werden. Und hier klingt unausgesprochen das Motiv des Heiligen Geistes an: das individuelle Erringen der geistigen Welt. Durch das Erfassen des Geistes zum Schauen des Sohnes, zur Erlösung des Todes, zum wahren Vater.

So wird uns am Schluß des Films das höchste Ideal des Menschseins im Bilde vorgeführt. Luke kämpft gegen seinen Vater und wendet sich an das Gute, das noch in ihm ist. Als er dann dem Imperator gegenübersteht, der Ungestalt aller Hindernisse, und dieser ihn mit Todesblitzen übersät, kommt ihm Vater-Vader zu Hilfe. Das Gute in ihm besiegt den Herd des Bösen. Darth-Vader liegt im Sterben, er bittet Luke, ihm die Maske vom Gesicht zu nehmen. Jetzt schaut Luke das Antlitz seines Vaters, er will ihn retten, und er hat es schon getan.

Enthält der „Krieg der Sterne" Motive, die auf Hüter-Erlebnisse deuten? In abgeschwächter Form, so haben wir einleitend erwähnt, können teilweise solche Erlebnisse auftreten, die der Geistesschüler auf seinem Erkenntnisweg im hellen Bewußtsein wie eine Tragik, ein Lebenskampf, eine Lebenskatastrophe erlebt.

Was dieses offenbar sehr tiefgreifende Erlebnis konkret bedeutet, wird in meinem zweiten Aufsatz in diesem FLENSBURGER HEFTES dargestellt. Ich werde dort noch einmal auf den „Krieg der Sterne" zurückkommen.

Am Abgrund

Interview mit Werner Barfod

von Wolfgang Weirauch

Werner Barfod, *geb. 1936 in Kiel. 1943–1950 Besuch der Staatsschule, 1950–1956 Besuch der Freien Waldorfschule Rendsburg. Herbst 1956 bis Dezember 1959 Studium an der Eurythmieschule am Goetheanum unter der Leitung von Lea van der Pals. 1960 Ausbildung zum Heileurythmisten. Januar 1960 bis März 1962 Arbeit innerhalb des Eurythmie-Bühnenensembles am Goetheanum unter der Leitung von Marie Savitch. April 1962 bis Oktober 1969 Eurythmielehrer an der Rudolf Steiner-Schule Ruhrgebiet in Bochum. Seit 1969 zunächst Mitarbeiter und seit 1971 Leiter der Academie voor Eurythmie, Den Haag sowie künstlerischer Leiter des Nederlands Eurythmie Ensembles.*

Die Menschen stehen heute zunehmend vor einem Abgrund. Katastrophen wie der Tschernobyl-SuperGAU, der weltweit explosionsartig hervorbrechende Nationalismus, die zunehmende Zerstörung der Erde, die Hungerkatastrophe und das gegenseitige Gemetzel in immer mehr Ländern dieser Erde gefährden nicht nur die existentielle Grundlage von Millionen von Menschen, sondern erschüttern auch mehr oder weniger das Seelengefüge aller Menschen, selbst wenn sie nicht direkt betroffen sind.

Ich sprach mit Werner Barfod über die Auswirkungen dieser allgemeinen Menschheitsverunsicherung, die bis in die menschliche Konstitution, bis in alle Bereiche des Eurythmiestudiums bei seinen Studentinnen und Studenten zu beobachten sind.

In der Zeit des Schwellenübertritts

Wolfgang Weirauch: Wir leben in einer Zeit des Schwellenübergangs, wobei ich mit Schwelle die Grenze zwischen sinnlicher und übersinnlicher Welt meine. Wie kann man diese Schwelle charakterisieren?

Werner Barfod: Eine Schwelle ist in den verschiedensten Lebensbereichen immer wieder vorhanden. Die natürlichste Schwelle liegt zwischen unserem Schlaf- und Wachbewußtsein, eine Schwelle, die wir jeden Morgen und jeden Abend beim Aufwachen bzw. Einschlafen überschreiten. Allerdings überschreiten wir diese Schwelle weitgehend unbewußt. Aber auch während des Lebens gibt es fortwährend Schwellen, an denen wir uns einen Ruck geben müssen, um über sie hinwegzukommen. Das ist zum Beispiel im seelischen Bereich der Fall, wenn wir Ungewohntes, Unerwartetes zu verarbeiten haben. Ein derartiges Erlebnis kennt jeder Mensch, und das ist bereits eine Schwellensituation. Die Schwelle zur geistigen Welt ist immer dieser Übergang vom Sinnlichen zum Geistigen. Aber hier gibt es natürlich ganz verschiedene Stufen.

W.W.: Wie unterscheidet man diese verschiedenen Schwellen, zum Beispiel zur ätherischen, astralischen und geistigen Welt?

W. Barfod: Diese verschiedenen Schwellen gibt es absolut, obwohl die ätherische Welt auch schon zur geistigen bzw. übersinnlichen Welt gehört. An der ersten Schwelle begegnet man der elementarischen Welt, mit der wir als Eurythmisten täglich umgehen, denn es ist die Ebene, auf der sich die gesamte Bewegung abspielt. Allein dadurch, daß sich eine Bewegung nicht mehr zweckgerichtet auf die sinnliche Welt bezieht, befindet man sich in einem anderen Raum, wodurch sie auch zu einem Ausdrucksmittel wird.

Eine nächste Schwelle ist die zur astralischen Welt, zur seelischen Welt, an der sich Denken, Fühlen und Wollen in gewisser Weise voneinander lösen. Normalerweise befinden sich diese Seelenkräfte noch in einer Geschlossenheit bzw. in einer Mischung, denn Denken, Fühlen und Wollen gehen fortwährend ineinander über. Überschreitet der Mensch aber die Schwelle zur astralischen Welt, so machen sich seine Seelenkräfte selbständig.

So etwas kann sich auf einem geregelten Schulungsweg vollziehen, aber auch durch Lebensereignisse, die einfach geschehen, indem man auf völlig unerwartete Art in Situationen hineinkommt – wobei ich jetzt nicht an Drogen denke –, die diesen Schwellenübergang möglich machen. Geschieht so etwas unfreiwillig, so führt es häufig zu Erlebnissen, die kaum zu bewältigen sind.

W.W.: Abgesehen von den Schwellenübertritten beim Einschlafen und Aufwachen sowie beim Tod des Menschen gibt es im großen und ganzen drei weitere Schwellenübertritte: der individuelle während des Schulungsweges, ein krankhafter bzw. destruktiver individueller sowie der Schwellenübertritt der ganzen Menschheit in diesem Jahrhundert, respektive während der fünften nachatlantischen Kulturperiode. Auf welche Weise unterscheiden sich diese drei Schwellenübertritte?

W. Barfod: Aus einer Überwachheit, aus der Fähigkeit, im okkulten Sinne zu Wahrnehmungen zu kommen, kann der Mensch Wahrnehmungen und Erfahrungen machen, die wir mit den üblichen Sinnen nicht bemerken. Auch in der Eurythmie erlebe ich dies sehr stark, wenn man Bewegungen nachlauscht. Akustisch ist dabei nichts zu hören, aber man muß üben, den Bewegungsverlauf in der Seele so zu verdichten, daß man ihm nachlauschen kann, oder daß man Bewegungen abbildet, ohne sie zu machen. Das sind Übergänge, die in die Richtung des okkulten Sehens und Fühlens weisen, und das ist die individuelle Schulungssituation, der Beginn eines individuellen Schwellenübertritts.

Bei dem Schwellenübertritt der gesamten Menschheit geht Verschiedenstes vor. Dabei sind die verschiedenen geistigen, seelischen und leiblichen Dimensionen der Menschheit angesprochen, die jetzt zunehmend auseinanderfallen. Im Geistigen geraten wir immer mehr in ein Mechanisches, was seiner eigenen Geistigkeit beraubt ist. Die gesamte Menschheit ist durch ihre Kulturentwicklung in diesen Sog geraten. Im Seelischen kann man bemerken, wie sehr viele Menschen in ein inaktives Mitschwimmen mit dem Zeitgeschehen hineingeraten. Im Leiblichen steht die Menschheit vor der Gefahr, ins Tierische abzugleiten. Die Menschheit steht konkret in der Gefahr, in diese drei Einseitigkeiten zu zerfallen.

Der krankhafte individuelle Schwellenübertritt kommt zum Beispiel durch Drogen, wobei meist eine Flucht aus der sinnlichen Welt gesucht wird. Dabei kommt man auch zu seelisch-geistigen Erlebnissen verschiedenster Art, aber das Resultat ist letztlich immer eine Zerstörung der seelischen und leiblichen Hüllen des Menschen. Vor allem im Seelischen kommt man in eine Lähmung hinein, indem man in Illusionsbildern lebt und im Willen total erschlafft, so daß man nicht mehr in die Handlung kommen kann.

Wirkungen des Auseinanderdriftens des Gesamtseelenlebens auf den einzelnen

W.W.: Es ist ungeheuer schwierig, die Schwellensituation, vor allem den Schwellenübertritt der gesamten Menschheit konkret zu fassen. Hat die Spaltung des Gesamtseelenlebens der Menschheit auch direkte Auswirkungen auf den einzelnen Menschen? Lockert er sich dadurch auch in seinem Seelengefüge ganz von selbst, oder geschieht dies nur durch den okkulten Schulungsweg bzw. durch krankhafte oder destruktive Abwege?

W. Barfod: Die Wirkung auf den einzelnen besteht. Wenn man in unsere Kultur hineinschaut, speziell wenn man sich die Jugendgenerationen unseres Jahrhunderts anschaut, so bemerkt man die verschiedensten Verführungen. Ich erinnere nur an die Wandervogelbewegung und das Dritte Reich, wo man völlig blind für das geworden ist, was an Geistigem und Neuem in die Menschheit hereinwollte, und wo durch verschiedenste hintergründige Machenschaften vom eigentlichen Ziel abgelenkt worden ist.

Die Verführung in der ersten Hälfte dieses Jahrhunderts lag vor allem im Seelischen. In der zweiten Hälfte dieses Jahrhunderts kamen die Verführungen auf der Willensebene bis hin zum Sadismus und Zerstörungswillen. Die dritte dekadente Entwicklung läuft darauf hinaus, andere und auch sich selbst auszulöschen.

Wir erleben immer häufiger beim Menschen eine Tendenz, die Welt und den anderen Menschen zu zerstören, ohne daß es einen selbst irgendwie tangiert, ohne daß es zur eigenen Angelegenheit wird. Man lebt eben so, wie man gerne möchte, der Rest aber interessiert einen nicht. Es ist natürlich auch schwer, sich gegen den Abbau der Erde und die immer weiter um sich greifende Unmenschlichkeit zu halten, denn das ist ein Sog, von dem man sich selber gar nicht ausnehmen kann. Es wird immer schwerer, ein sinnvolles Leben zu ergreifen. Man fragt sich, ob es überhaupt noch lohne, sich an einer Stelle der Erde zu engagieren. Diese Gefahren werden immer größer, und ich sehe sie absolut als Symptome des Auseinanderdriftens des Gesamtseelenlebens der Menschheit mit Wirkung auf den einzelnen.

Alles muß selber entschieden werden

Besonders schwer und belastend ist es für die heutigen Menschen, speziell für unsere Jugendlichen. Jeder Lebensschritt, jede Lebenssituation muß aus der eigenen moralischen Verantwortung entschieden werden. Das ist ungeheuer schwer, und es schaffen nur diejenigen Menschen, die eine innere Kraft haben. Ob diese Kraft im späteren Lebensalter vorhanden ist, hängt natürlich mit der Erziehung zusammen, auch wenn es immer wieder Ausnahmen gibt, die es auch trotz mangelhafter Erziehung schaffen. Mir sagte jüngst ein Jugendlicher: „Alles muß ich heutzutage selber entscheiden: welchen Beruf ich ergreife, ob ich heiraten will, ob ich Kinder haben möchte, ob ich reich werden will, auf welche Weise ich mich in die Gesellschaft einfüge will. Jeden Schritt muß ich selber entscheiden, nirgendwo werde ich gehalten und geführt, niemand nimmt mir irgendeine Entscheidung ab."

W.W.: Das ist genau die Situation, in der wir alle heute drinnenstehen, die von sehr vielen Menschen kaum ausgehalten wird und die dazu führt, daß man seine eigenen Entscheidungen an falsche Führer abgibt.

W. Barfod: Genau, denn es ist so rasend anstrengend, alles selber zu entscheiden, sich über jedes kleine bißchen Rechenschaft zu geben, so daß es von sehr vielen einfach nicht geleistet wird. Das ist die Situation, in der heute die ganze Menschheit steht.

Der individuelle Schwellenübertritt auf dem okkulten Schulungsweg

W.W.: Wer fortgeschritten auf dem okkulten Schulungsweg ist, wird seine drei Seelenkräfte – Denken, Fühlen, Wollen – als eigenständige Wesen erblicken. Können Sie dies etwas charakterisieren, zum Beispiel anhand der wesenhaften Gestalten des Denkens, Fühlens und Wollens – Philia, Astrid, Luna – aus den Mysteriendramen Rudolf Steiners?

W. Barfod: Wenn ein Mensch auf dem okkulten Schulungsweg seine Seelenglieder als Gestalten schauen kann, so ist dies schon ein sehr fortgeschrittenes Stadium. Zunächst begegnet man sich selber in Form der Hütergestalt, indem man seine eigenen Unfähigkeiten in Form der drei Tiere sich gegenübergestellt sieht. Natürlich möchte man immer vollkommener sein, als man in Wirklichkeit ist, aber in unserer Seele leben sämtliche Unvollkommenheiten. Aber indem ich meinem eigenen Willen, meinem Fühlen und meinem Denken als jeweils einzelne Seelenqualität gegenübergestellt werde, muß ich diese Seelenqualitäten in ihrer jeweiligen Singularität anschauen, denn sie erscheinen nicht mehr gemischt, wie es bei uns heute noch während des normalen Tagesbewußtseins der Fall ist. Dadurch erleben wir eine so starke Erschütterung, daß wir es im Grunde nicht aushalten können, uns selber anzuschauen. Wie unfähig man im Grunde ist, kann man sich an einem kleinen Beispiel verdeutlichen: Man nimmt sich eine Übung vor, weil man einen Fehler an sich selber bemerkt. Aber man wird immer wieder bemerken, wenn man nicht ganz konsequent übt, daß man immer wieder in seinen alten Fehler abgleitet.

Philia, Astrid und Luna sind geistige Wesen, sie treten einem wesenhaft als das eigene Denken, Fühlen und Wollen gegenüber. In den Mysteriendramen Rudolf Steiners sind sie so gestaltet, daß sie die vermittelnde Kraft haben, das Eigendenken, Eigenfühlen und Eigenwollen zum Kosmos hin zu vermitteln und eine entsprechende Brücke zu schlagen. Das setzt aber voraus, daß die Feigheit, die Laffheit und jede weitere Schwäche der Seelenglieder vom Menschen ein gutes Stück überwunden sein müssen, zumindest aber ergriffen worden sein müssen. Denn ansonsten kommt man gar nicht zu dieser übersinnlichen Begegnung.

W.W.: Wie kann man einem Menschen, der keine klaren Begriffe einer übersinnlichen Welt hat, darstellen, daß Seelenbereiche, die man normalerweise als zu einem gehörig, als seine eigene Innenwelt empfindet, in der übersinnlichen Welt außerhalb seiner selbst und auch gleichzeitig als eigenständige andere Wesenheit geschaut werden können? Wie kann man verstehen, daß diese Seelenfähigkeiten Teile von uns selber sind, gleichzeitig aber auch andere Wesen?

W. Barfod: Das ist ein schwieriger Punkt. Während des Tagesbewußtseins ist der Mensch mit seinem Ichbewußtsein innerhalb seines Leibes, und er durchlebt mit diesem Ichbewußtsein den gesamten Wachraum der Seele. Die eigentliche Schicksalsführung ist aber ein höheres Bewußtsein, an welches der Mensch mit seinem Tagesbewußtsein nicht heranreicht. Indem der Mensch von Handlung zu Handlung schreitet, schaut er es gewissermaßen aus der Froschperspektive an, und nur wenn er zurückschaut, kann er eine Sinnfindung innerhalb des eigenen Lebensweges entdecken. Diese Sinnfindung hat der Mensch aber nicht in seinem Griff gehabt, denn sie kommt von ganz woanders her. Wird man für diese Fragestellung sensibel, so bemerkt man, daß im Schicksal des Menschen andere Kräfte, andere Wesenheiten mit tätig sind. Und dazu gehört mein höheres Ich, mein Schicksals-Ich, mein höheres Selbst, aber auch mein Engel, der mich das gesamte Leben hindurch begleitet.

Die Urbilder von Denken, Fühlen und Wollen sind rein geistiger Natur. Wenn man ihnen in einer übersinnlichen Schau gegenübertritt, so kann man das natürlich nicht mit dem sinnlichen Betrachten des physischen Leibes vergleichen. Es sind Wesen, es sind Kräfte, die mir erscheinen, weil ich mich mit denjenigen Kräften verwandt erfahre, die ich noch nicht entwickelt, bewältigt habe. Dies sind zum Beispiel innerhalb des Denkbereiches falsche bzw. einseitige Vorstellungen, Vorurteile, das Mitgehen mit Modeerscheinungen welcher Art auch immer, einseitiges Lehrgut, das man durch Elternhaus, Schule und Studium aufgenommen hat, und was man noch nicht individualisiert und durchdrungen hat. Das tritt mir jetzt auf einmal als eine objektive Kraft gegenüber, und das auszuhalten, ist unheimlich schwer. Denn im Tagesbewußtsein hat man von dieser Seelenschicht keine Ahnung. Allerhöchstens stößt man an diese Bereiche an, kommt aber nicht entwicklungsgemäß weiter und umgeht es dann, sofern es einem überhaupt zum Bewußtsein kommt. Wenn man aber diesen Unvollkommenheiten als einem Teil von einem selbst begegnet – und daß es zu einem gehört, erkenne ich unmittelbar, denn ich habe mit dem zu tun, was mir gegenübertritt –, entsteht Furcht.

Die Begegnung mit dem Hüter der Schwelle

W.W.: Rudolf Steiner schildert, daß es krankhaft sei, wenn einem bei seiner übersinnlichen Schau die drei Wesen Denken, Fühlen und Wollen nicht als zu einem gehörig erscheinen. Ähnlich ist es auch mit dem Hüter der Schwelle. Er ist sowohl ein eigenständiges Wesen als auch wiederum ein Teil von einem selbst. Wie ist so etwas möglich?

W. Barfod: Rudolf Steiner spricht vom kleinen und vom großen Hüter, und es ist schon eine Rätselfrage, wie man mit dieser Hütergestalt umgehen muß. Unbewußt begegnet man dem Hüter jede Nacht, wenn man einschläft und wenn man wieder aufwacht. Damit hängt auch zusammen, daß jeder Mensch im Grunde genommen *seinen* Hüter hat, der doch sehr stark mit seinem eigenen höheren Selbst zusammenfällt. Dieses höhere Ich des Menschen, sein höheres Selbst, ist der eigentliche Maßstab der menschlichen Lebensführung. Da aber die Menschen zur Hierarchie der Freiheit gehören – die Freiheit ist das oberste Gesetz, das die Götter uns gegeben haben, um uns in die entsprechende Erdenentwicklung gehen zu lassen –, gehört es auch zu unserem Schicksal, daß die Hütergestalt nicht in unsere Lebensführung eingreift.

Der Hüter ist wie das höhere Ich inhaltsvoll, aber intentionslos, während unser Tages-Ich intentionsgeladen, aber inhaltslos ist. Das ist wie Mittelpunkt und Umkreis. Beide ergänzen einander in dem Sinne, daß das, was Ziel meiner eigenen Entwicklung ist, als Urbild dasteht und mich in der Gestalt des Hüters entweder mahnt oder belehrt, sofern ich auf die andere Seite der Schwelle gelange. Der Hüter hält mir dann den Spiegel vor, er leitet mich an meine Seelenkräfte heran. Nachts geschieht dies unbewußt, aber bei einer okkulten Entwicklung ist diese Mahnung so, daß die Seele sie bewußt aufnehmen kann.

Der Mensch macht diese Erfahrungen an der Schwelle – die eine gewisse Breite hat, nicht nur ein Strich ist, über den man hinüberspringt –, und wenn der Mensch in diesen Bereich hineinkommt, kann er auf andere Weise hören oder ablesen, was des Menschen wirkliche Gestalt ist, weil sie nicht mehr physisch gebunden ist. Der Mensch hört die Mahnung des kleinen Hüters, der mit seinem Selbst verbunden ist. Bin ich dann tatsächlich in der Lage, mich in dieser Schwellensituation bewußtseinsmäßig wach und aufrecht zu halten, dann schweigt der Hüter. Bin ich dann auf der anderen Seite der Schwelle und kann ich mich schon anfangsweise dort orientieren – was nur durch die erkrafteten Seelenglieder möglich ist –, dann hilft mir dieser Hüter weiter, er vermittelt ähnlich wie Philia, Astrid und Luna zum Ziel der kosmischen Entwicklung hin und erinnert mich daran, was meine eigentliche Aufgabe ist. Er erinnert mich an meine Erdverbundenheit, an meine Menschheitsaufgabe. In dem Moment ist auch die Bereitschaft gewachsen, eine Begegnung mit dem großen Hüter der Schwelle zu haben.

W.W.: Es gibt zwei verschiedene Darstellungen von Rudolf Steiner. Auf der einen Seite spricht er darüber, daß man dem kleinen Hüter begegnet, wenn man den mystischen Weg geht, also die Schwelle in der eigenen inneren Wesenheit überschreitet, und daß man dem großen Hüter begegnet, wenn man den rosenkreuzerischen bzw. anthroposophischen Erkenntnisweg geht und die Schwelle nach außen überschreitet. Auf der anderen Seite schildert Rudolf Steiner, zum Beispiel in „Wie erlangt man Erkentnisse der höheren Welten?" (GA 10), daß man auf diesem Wege zuerst dem kleinen, später gegebenenfalls dem großen Hüter begegnet. Können Sie auf diesem Felde eine Klärung geben?

W. Barfod: Ich weiß nicht, ob ich das kann. Denn man hat in der Tat zwei Möglichkeiten, die Schwelle zu überschreiten, zum einen auf dem mystischen Weg, der früher sehr viel häufiger gegangen worden ist, als daß dies heute noch möglich ist, zum anderen auf dem rosenkreuzerischen Weg. Auf dem mystischen Weg erkraftet man einseitig Seelenbereiche, vor allem das Fühlen, wie Franz von Assisi das vollbracht hat. Auf diesem Weg liegt die Begegnung mit dem kleinen Hüter viel näher, weil die Erkraftung des Fühlens dies ermöglicht.

Bei der erkenntnismäßigen rosenkreuzerischen Schulung geht es dagegen immer um das Sich-Orientieren in einer geistigen Welt. Auf der einen Seite ist das beständige Üben notwendige Voraussetzung, andererseits aber auch das Erfassen dieser geistigen Welt durch begriffliche Arbeit, das erkenntnismäßige Erarbeiten der Bilder der geistigen Welt, um sich später dort orientieren zu können, wenn man sich ohne seinen Leib Einblicke in die geistigen Welten verschafft. In diesen Bereichen kommt die Begegnung mit dem großen Hüter der Schwelle zustande.

W.W.: Sie erwähnten vorhin, daß jeder Mensch in gewisser Weise seinen eigenen Hüter habe. Nun spricht Rudolf Steiner aber auch davon, daß der Hüter ein Erzengelwesen ist. Daß jeder Mensch seine eigenen Schwächen, Unvollkommenheiten und Abgründe am Hüter spiegelt, ist deutlich. Ist dies aber nun immer dieses eine Erzengelwesen – mal abgesehen von dem großen Hüter, den er auch als die Christuswesenheit bezeichnet –, oder sind es verschiedene Erzengel-Hütergestalten?

W. Barfod: Auch das ist eine sehr schwierige Frage. Ich denke, daß es *ein* Erzengel-Hüterwesen ist, das wie durchscheinend ist, so daß durch diesen Hüter das Christusantlitz erscheint. Ich denke, daß es dabei auch vorwiegend um Michael geht, der als Antlitz Christi diese Hüteraufgabe übernimmt, und er ist natürlich für alle Menschen vorhanden.

Der Doppelgänger ist nicht mit dem Hüter zu verwechseln

W.W.: Wie ist der Unterschied zwischen dem Doppelgänger des Menschen – auch wenn es da die verschiedensten Wesenheiten und Darstellungen durch Rudolf Steiner gibt – und dem Hüter?

W. Barfod: Wenn man sich die Gestalt des Johannes Thomasius aus den Mysteriendramen anschaut, so entsteht der Doppelgänger aus der unbewältigen Schuld, die Johannes Thomasius im Laufe seines Lebens auf sich geladen hat. Er tritt ihm in einem Moment entgegen, wo er während seiner meditativen Schulung an einen Punkt geführt wird, den er in einer anderen Weise schon sehr viel früher durchgemacht hat. Dadurch kann er seinem Doppelgänger in der meditativen Situation bewußt gegenübertreten. Das ist aber etwas, was ganz mit dem physisch-ätherisch Leiblichen verbunden ist. Dieses Eingewobensein des Doppelgängers hindert Johannes Thomasius, den nächsten Schritt zu machen, wenn er ihn nicht durchschaut und überwindet. Das ist die eine Seite des Doppelgängers, die wir selber nach und nach aufbauen. Auf der anderen Seite ist der Lichtleib des Doppelgängers aber auch etwas, was uns weiterführen und -tragen kann. Natürlich ist das aber etwas völlig anderes als das, was mit dem Hüter und den Seelengliedern des Menschen zusammenhängt.

W.W.: An sich ist der Doppelgänger ja ein ahrimanisches Wesen, das bei Geburt in die unteren Leibeshüllen des Menschen einzieht.

W. Barfod: Richtig, und dieses ahrimanische Wesen bekommt während des Todeskampfes eine fast sichtbare Realität, weil dieses Festhalten an der Erde sich fast bis zum letzten Atemzug spiegelt.

W.W.: Es wird nur dadurch verwirrend, daß Rudolf Steiner selbst hin und wieder – zum Beispiel den Hüter mit dem Doppelgänger in Beziehung bringt.

W. Barfod: Das ist natürlich ein Problem, trotzdem darf man beide nicht verwechseln. So wie wir ein Tages-Ich und ein Nacht-Ich haben, kann man vielleicht auch von einem mit dem Tages-Ich verbundenen Doppelgänger sprechen, auf der anderen Seite haben wir einen, der mit unserem Nacht-Ich verbunden ist. Vielleicht kann man es in dem Sinne verstehen, aber ansonsten darf man den Doppelgänger nicht mit dem Hüter verwechseln.

Das Auseinanderdriften der Seelenkräfte verstärkt sich seit der Tschernobyl-Katastrophe und dem Zusammenbruch der sozialistischen Staaten

W.W.: Nun lösen sich die Seelenkräfte nicht nur, wenn man den okkulten Schulungsweg geht, sondern auch im normalen Alltag. Wodurch wird dies bewirkt, und was sind die Folgen in der heutigen Kultur? Welche Störungen, welche Disharmonie der Seelenkräfte kann man heute bei den Menschen allgemein feststellen?

W. Barfod: Einerseits deutete ich bereits darauf hin, was in diesem Jahrhundert das Auseinanderdriften der Seelenkräfte bewerkstelligt hat; vor allem sind dies die ahrimanischen Kulturerrungenschaften, die auf allen Ebenen dahin tendieren, sämtliche Sinneswahrnehmungen zu täuschen. Das beginnt bereits während der Embryonalzeit und setzt sich mit dem Kleinkind fort.

Man weiß heute sehr gut, was ein Embryo im Leib der Mutter alles wahrnehmen kann von dem, was die Mutter in ihrer Umgebung mitmacht, und wie stark das bereits in dieser frühen Phase prägend einwirkt. Ferner weiß man, wie stark alle Geräusche und Tastwahrnehmungen auf die Kleinkinder wirken und wie stark die Jugendlichen Hörschädigungen durch elektronisch verstärkte Musik erleiden, die nicht wieder reparabel sind. 40 Prozent der Jugendlichen sind heutzutage gehörgeschädigt und müssen diese Last ihr ganzes Leben mit sich tragen. Zwar sind diese Schädigungen graduell verschieden, aber es ist unglaublich. Diese Beat-Erfahrung ist notwendig gewesen, um sich noch schein-seelisch durch den hohen Phoneinschlag, den man bis in die Leiblichkeit herein spürt, zu erfahren. Aber das reißt gerade die Seelenglieder auseinander. Es stampft das Ätherische in das Physische hinein, wodurch einerseits ein gewisses selbstbefriedigendes Moment erlebt wird, andererseits laugt es einen aus, zerschlägt es einen und reißt die Seelenglieder auseinander. Ich erinnere mich gerade an einen Brief von Nasser an Tschouen-Lai, in welchem die Aushöhlung der Moral der westlichen Jugend durch Popmusik und Drogen angesprochen wird. Auf jeden Fall sind diese ganzen Tendenzen gut gesteuert.

Zunächst wird das Fühlen zurückgedrückt, passiv gemacht, und die Eigenmöglichkeit, sich atmend in der Welt – was die Hauptgrundlage des Fühlens ist – durch Sympathie und Antipathie organisch einzuleben, wird weggerissen. Entweder wird es durch den Willenseinschlag oder durch die materialistische Denkschulung vom Geistigen weggezogen. Dadurch entsteht bei den jungen Menschen die immer weiter um sich greifende Hilflosigkeit: Wer bin ich überhaupt? Was kann ich noch? Was soll ich überhaupt noch mit diesem Leben anfangen? Diese Unsicherheit ist nach der Tschernobyl-Katastrophe noch durch einen unglaublichen Ruck verstärkt worden. Dieser Ruck ist durch die gesamte europäische Menschheit gegangen, denn viele Menschen leben seitdem in dem Bewußtsein, daß sie sich fragen, ob das Leben denn überhaupt noch einen Sinn habe, wenn über Nacht eine derartige Katastrophe kommen kann. Dann sei der einzige Sinn doch nur, so schnell und so gut wie möglich, so intensiv wie möglich das Leben zu genießen, denn ob es morgen noch weitergehe, sei fragwürdig. Viele junge Menschen leben in dem Bewußtsein, daß es überhaupt gar keinen Sinn hat, sich noch auf irgendeinem Felde des Lebens zu engagieren. So weit ich es übersehen kann, ist diese Unsicherheit seit Tschernobyl sehr verstärkt worden und bekam 1989 mit der Öffnung der Mauer den nächsten Verstärkungsschub.

Hier entsteht wieder eine existentielle Unsicherheit, die aber nicht nur die Jugendlichen, sondern im Grunde alle Bewohner der Erde ergreift. Seitdem durchzieht die Menschen eine starke Erschütterung, weil das Denken in der Polarität Ost-West verlorengegangen ist. Seit diesem Jahr spürt man noch viel stärker diese Unsicherheit, auf sich selbst zurückgeworfen zu sein und nicht zu wissen, wie man handeln soll. Mit diesem großen Bogen, den ich eben gespannt habe, wollte ich vor allem darauf hinweisen, daß die Menschen heute in jeder Schicht ihres Seins vollkommen verunsichert sind. Die Verunsicherung im Denken bezieht sich auch mehr und mehr auf die Autorität der Wissenschaft und der Kirchen.

Aber genauso sind die Menschen auf der Ebene des Handelns verunsichert. Der Mensch wird vor Situationen gestellt, in denen er entscheiden muß, aber er ist oft nicht in der Lage, seine Entscheidungen verbindlich durchzutragen. Man hat sich dann eben geirrt, findet das aber auch nicht so schlimm und macht dann wiederum irgendwie weiter. Aber die Folgen des eigenen Handelns will niemand tragen. Das krasseste Beispiel ist die Umweltvergiftung. Ähnlich ist es mit den sozialen Problemen: Man hat einen Impuls, als Mann und Frau zusammenzuleben, aber schon morgen ist etwas anderes dran, und man läßt die geknüpfte Beziehung wieder sein. Man muß sich natürlich fragen, ob in diesem ganzen sozialen Wirrwarr, das ganz auf das Diesseits gerichtet ist, noch ein Empfinden dafür da ist, daß man sich von den Folgen seines Handelns nicht trennen kann und sich mit ihnen in Zukunft weiter auseinandersetzen muß.

Drogen, die alle drei Seelenglieder manipulieren

Gleichzeitig kommt aber eine Hellfühligkeit in die Menschheit hinein. Man braucht nur an die sechziger Jahre und die ganze Hippiezeit zu denken. Aber auch das war eine Flucht. Begleitet wurde dies durch eine zunehmende Schwierigkeit, sein Schicksal in die Hand zu nehmen. Man wich ihm einfach aus. Das ist der Angriff auf das Fühlen, der ebenso wie die Drogen gezielt von den Gegenmächten geplant worden ist. Denn in den sechziger Jahren tauchen vor allem diejenigen Drogen auf, die auf das Fühlen wirken. – Das Fühlen hat die Eigenschaft, daß es den Menschen unmittelbar von dieser sinnlichen Welt in die seelisch-geistige Welt begleiten und geleiten kann. – Gerade das Fühlen zu blockieren oder auch in einem gewissen Grade zu vernichten, ist doch sehr weitgehend gelungen. Im weiteren kamen diejenigen Drogen – die Halluzinogene –, die die Bilderwelt verändern, in Illusionen hineinführen. Und heutzutage haben wir das Kokain, das eher auf den Willen wirkt. Auch haben wir Drogenmischungen, die auf alle drei Seelenglieder manipulierend einwirken. Diese Manipulation des Menschen ist meines Erachtens etwas ganz gezielt Angesetztes. Erwähnen müßte man auch noch die Blockierung der Wahrnehmung durch das Fernsehen und andere Scheinwelten. Die Blockierung des Handelns, weil es sich nicht mehr lohnt, zeigt sich auch in der Verunsicherung bei der Berufswahl.

Die drei Dimensionen von Denken, Fühlen und Wollen

W.W.: Rudolf Steiner schildert, daß der seelische Wille dreidimensionale Gestaltung habe, die Gefühlswelt Zweidimensionalität, d.h. der Mensch erlebt sie in der Schnittebene zwischen links und rechts, und das Denken Eindimensionalität. Haben Sie Erfahrungen, daß durch das Auseinanderdriften der Seelenkräfte auf diesem Felde Störungen auftreten?

W. Barfod: Es ist gut, daß Sie darauf zu sprechen kommen, denn es ist ein Schlüssel zum Verständnis der gesamten Problematik. Ausführlicher darauf einzugehen, würde hier den Rahmen des Interviews sprengen, denn man müßte – jetzt erschrecken Sie nicht – darauf hinweisen, daß sich Denken, Fühlen und Wollen im Seelischen, im Ätherischen und im Physischen unterscheiden lassen. Im Physischen ist es als Abbild an der Gestalt bekannt, im Ätherischen ist es schon sehr viel schwieriger zu fassen, im Seelischen ist es das, womit wir beständig umgehen.

Wenn man den Schlüssel – Eindimensionalität, Zweidimensionalität, Dreidimensionalität – zugrundelegt, zeigt sich, daß der Mensch in seiner Ganzheit im Raumeskreuz drinnensteht: in der Frontalfläche, der Sagittalfläche und der Horizontalfläche. Sie kreuzen sich in der Mitte, etwa auf der Herzhöhe, und der Mensch steht aufrecht innerhalb dieser drei Flächen. Man könnte jetzt zeigen, wie sich im Physischen das seelische Denken, Fühlen und Wollen vorbereitend abdrückt, eine Grundlage schafft, damit sich diese Dreiheit später im Lebendigen und im Seelischen frei entfalten kann.

Nun ist es aber nicht so, daß es auf allen Stufen gleich ist. Das, was zum Beispiel frontale Fläche ist, spielt sich zwischen oben und unten ab, und ich kann mich zwischen links – rechts und oben – unten bewegen. Aber im Seelischen kann ich mich gerade von dieser frontalen Fläche absetzen, um im Handeln zwischen hinten und vorne wirksam werden zu können. Das schafft die Grundlage, um in dieser Dimension handeln zu können.

Wenn ich jetzt sehe, daß jemand im Willen gestört ist, dann ist diese Haltung auch im Physisch-Ätherischen wahrzunehmen: Wie steht er in dieser Frontalfläche drinnen, und wie steht er im Verhältnis zwischen oben und unten? Also das, was sich im rein Seelischen im rückwärtigen und vorderen Raum manifestiert, kann man auch in den Stufen davor – im Physischen und im Ätherischen – nachvollziehen. Damit hängt es auch zusammen, daß der Wille als einzige Seelenqualität bis in die Leibesgrundlage herab wirken muß, um in dieser Welt handeln zu können, und damit ist man im Dreidimensionalen. Mit meinem Fühlen dagegen berühre ich die Welt lediglich, mit dem Fühlen kann ich immer nur an der Welt anstoßen oder mich beeindrucken lassen. Es atmet zwischen beidem, es kommt nie weiter als bis zur Fläche. Im Denken verknüpfe ich fortwährend eine Sache mit einer anderen, und die Punkte, die ich miteinander verknüpfe, kann ich wiederum auf mich zurückbeziehen. Dieser Urdenkvorgang ist immer linear.

In der geistigen Welt ist das allerdings umgekehrt. Dort sind die Gedankenbewegungen der hierarchischen Wesenheiten Handlungen, die anschaubar werden. Damit hängt es zusammen, daß seelisch-geistige Vorgänge sichtbar werden, daß das Denken, Fühlen und Wollen vor einem erscheint, daß diese imaginativen Vorgänge bildhaft sich verdichten und daß Wesen auftauchen können.

Die Fülle der Gesten verarmt

W.W.: Nun ist zum Beispiel Wille nicht gleich Wille. Das Ballen der Faust ist eine andere Geste als die Umarmung. Beides ist aber Wille. Worin liegt der Unterschied dieser Gesten?

W. Barfod: Diese beiden Gesten spiegeln die Polarität der menschlichen Grundseelenkräfte Antipathie und Sympathie. Wenn ich meine Faust balle, so ist das eine Selbstbehauptungsgeste, mit der ich auf den Tisch knallen, zum Angriff übergehen kann oder die ich zur Selbstverteidigung brauche. Diese Selbstbehauptungsgeste ist ganz stark ichbetont. Sie will etwas ganz Bestimmtes. Die Geste der Umarmung ist polar entgegengesetzt, man öffnet sich für ein anderes Wesen, oder man öffnet sich der Welt gegenüber. Es ist eine behütende oder schutzgebende Geste. Bei dieser Geste kümmert sich der Wille um das andere Wesen der Welt, nicht um sich selber.

Sie treffen also mit Ihrer Frage die polare Situation, in der der Mensch mit allen seinen Seelenäußerungen drinnensteht.

W.W.: Stellen wir uns jetzt einmal einen Menschen vor, bei dem die Seelenglieder schon ein wenig gelockert sind. Ist bei ihm mehr die eine Seite der Willensäußerung vorherrschend, nämlich die egobetonte? Mangelt es auch einem solchen Menschen an der Fülle aller Seelengesten?

W. Barfod: Ja, die Fülle der Gesten verarmt, weil auch das Ich-Welt-Verhältnis verarmt. Es ist nicht mehr in einem normal atmenden Wechselverhältnis. Deshalb vereinseitigt sich die Seelenäußerung eines solchen Menschen. Es kann vorkommen, daß ein Mensch sich vollkommen auf sich zurückgeworfen erlebt oder daß er gelockert in seinen Umkreis verströmt und nur am anderen hängt, aber nicht die Kraft aufbringen kann, sich ihm gegenüberzustellen und sich in sich selber zu halten. Diese beiden Extreme sind Verarmungen und Schwächen des heute mehr und mehr auseinanderdriftenden Seelengefüges. Die einseitig ichbetonte Geste des Faustballens erleben wir heute vor allem im Zerstörungswillen und in den Gewaltaktionen, die sich entweder auf bestimmte Menschengruppen richten oder sich in irgendeinem Fanatismus, zum Beispiel im Fußballstadion, zur Geltung bringen. Es ist reiner Zerstörungswille, der ohne zu wissen, was eigentlich geschieht, um sich schlägt. Im Grunde ist das als Geste die Fortsetzung des Faustballens. – Das andere Extrem ist das schon erwähnte hilflose Sich-Anhängen, zum Beispiel an eine Droge. Ein solcher Mensch ist zur Faustbildung nicht mehr in der Lage, vielleicht ist er lieb und völlig harmlos, aber er ist nicht mehr er selber.

W.W.: Wie steht es entsprechend mit dem Fühlen und dem Denken? Gibt es hier auch polare Seelenäußerungen, und welche Seite tritt verstärkt durch das Auseinanderdriften der Seelenkräfte in den Vordergrund?

W. Barfod: Ich habe in meinem Buch „Die Urphänomene eurythmischen Bewegens" versucht, die Dreiheit der Seelenkräfte von der ätherischen Seite her zu fassen. Im Willensmäßigen ist die Polarität Leben – Tod. Alles, was sich in das Leben hineinstellt, gibt Impulse, und in dem Moment, wo mein Impuls zu Ende ist, erstirbt er. Ich kann eine Bewegung machen, und wenn sie fertig ist, ist der Impuls gestorben.

W.W.: Aber fließt diese Bewegung nicht ätherisch bzw. seelisch-geistig weiter?

W. Barfod: Wenn ich der Bewegung eine Intention mitgebe, wird die Angelegenheit komplizierter, da haben Sie recht. Aber einfach gesprochen genügt es vorerst als Darstellung so, wie ich es eben gesagt habe. Beim Willen ist die Polarität in krankhafter extremer Weise so, daß der Wille entweder überschäumt oder gar nicht mehr zur Handlung kommt.

Im Fühlen haben Sie die Polarität Wärme und Kälte. Das erleben wir einerseits in der völligen Isolation der Menschen, die bis zum Suizid führen kann, und auf der anderen Seite ist es das Aufgehen in einer Gruppe, daß man sich selber nur mit anderen zusammen halten kann und gar nicht mehr man selber ist.

Beim Denken ist es die Polarität Licht und Finsternis, was Sie ja auch in Ihrem Buch „Schwarze und Weiße Magie" (FLENSBURGER HEFTE Sonderheft Nr.12) ausführlich beschrieben haben. Entweder kippt das Ideal völlig in die Illusion um bzw. in die Ideologie oder auf der anderen Seite in den absoluten Nihilismus, in die Verzweiflung.

Wenn die Seelenkräfte ineinanderpurzeln

W.W.: In GA 178, S.159 ff. beschreibt Rudolf Steiner, daß man die Schwelle auch in umgekehrter Richtung überschreiten könne, so daß die Seelenkräfte nicht auseinanderdriften, sondern ineinanderpurzeln. Wie kann man diesen Schwellenübertritt – der meines Erachtens beim Mediumismus vorliegt – von dem bisher besprochenen Schwellenübertritt unterscheiden?
W. Barfod: Hier hat man es wahrscheinlich meistens mit Krankheitssymptomen zu tun: Psychosen, Somnambulismus, Tranceartiges, Mediumistisches. Eigentlich ist damit die Schwelle nach innen gemeint, daß man in das Unterbewußtsein durch Herabdämpfung des Ich-Bewußtseins diese zweite Schwelle überschreitet. Den anderen Schwellenübertritt, den wir vorhin besprochen haben, den man auf dem okkulten Schulungsweg vollzieht, erlangt man im Grunde genommen durch eine Art Überwachheit, indem man sich zu einem Überbewußtsein schult.

Psychische Erkrankungen

Um auf Ihre Frage nach dem Ineinanderpurzeln der Seelenkräfte, dem Überschreiten der Schwelle Richtung Unterbewußtsein zu antworten, kann man vielleicht drei Dinge nennen:
Wenn wir im normalen Alltag Ich zu uns sagen, dann weisen wir meistens auf unser Herz. Hat man aber eine Idee, erlebt man sich ganz woanders, und man wird sich mit einer Geste an den Kopf tippen. Will man etwas, weist man zwar nicht auf seine unteren Regionen, aber man zeigt es doch bis zu einem gewissen Grade an seinen Gliedmaßen. Der Mensch hat also drei Ich-Tore, die seelisch miteinander zusammenhängen.
Es gibt auch drei mögliche psychische Erkrankungen, bei denen sich die höheren Wesensglieder von ihrer Gebundenheit an den physischen Menschen lockern:
Der Ätherleib ist normalerweise durch das Gehirn gefesselt. Treten hier Lockerungen auf – im extremen Falle bestimmte somnambule oder Wahn-

sinnszustände –, so wird der Ätherleib sich selbst überlassen, bleibt nicht mehr an das Haupt gefesselt und geht in gewisser Weise in die Welt über. Der Mensch entwickelt in diesem Falle Eigenschaften wie Neid, Mißgunst und Geiz.

Der Astralleib ist hauptsächlich im mittleren Menschen an das Rückenmark gefesselt. Wenn der Astralleib durch psychische Erkrankungen entfesselt wird, so entwickelt der Mensch Eigenschaften wie Ideenflüchtigkeit, Melancholie, Hypochondrie, Weltflucht und manche somnambule Zustände.

Wird das Ich, das an das Sonnengeflecht im unteren Menschen gefesselt ist, durch krankhafte Prozesse teilweise frei, so kommen die mit dem Ich verbundenen luziferischen Eigenschaften wie Tücke, Lügenhaftigkeit, sich selbst ins Licht, das andere in den Schatten stellen, Verschmitztheit, Listigkeit heraus. Gewisse Formen des Wahnsinns und des Somnambulismus hängen auch mit diesem Freiwerden des Ich zusammen.

Alles das, was ich hier jetzt nur angedeutet habe, ist heutzutage überall sichtbar. Es ist überall tastbar anwesend. In meinem zweiten Büchlein mit dem Titel „Ich denke die Rede" habe ich auch auf den Vortrag Rudolf Steiners in GA 174 vom 14.01.1917 hingewiesen, wo er ausgerechnet in den „Zeitgeschichtlichen Betrachtungen" einen menschenkundlichen Vortrag hält. Dort beschreibt er ganz ausführlich, was ich eben gerade nur angedeutet habe.

In meinem zweiten Buch „Ich denke die Rede" versuche ich, auf die drei Ansätze, die die Eurythmie kennt, einzugehen. Das hängt sehr stark mit dem zusammen, was wir gerade besprechen. Normalerweise ist es in der Eurythmie nicht üblich, entsprechende Unterscheidungen zu treffen. Man kennt nur den vom Herzen kommenden seelischen Ansatz. Und der willensmäßige Ansatz, der die Grundlage aller Bewegungen ist, ist in der eurythmischen Welt weit weniger beachtet, ebenso der geistige Ansatz, der hier in der Nasenwurzel sein Zentrum hat, aber den ganzen Umkreis beinhaltet, da wo sich der Mensch in seiner Lichtumgebung ergreifen kann, aus dem die Kraft des eurythmischen Gestaltens kommt, aus der auch die Kraft der Intuition kommt.

Diese Dreiheit ist etwas, was die eurythmische Gebärde zum Sprechen bringt. Es ist eine Grundlage, die gerade jetzt am Ende des Jahrhunderts, wo die Schwellenprobleme auftauchen, immer wichtiger wird. Man muß sie kennen, zweitens beherrschen und drittens unterrichten. Denn damit hat man dann ein Mittel in der Hand, womit das Auseinanderfallen und Ineinanderfallen der Seelenkräfte gegriffen werden kann.

Fremdbestimmtes Fühlen – eigenständiges unkontrolliertes Fühlen

W.W.: Rudolf Steiner beschreibt den zweiten Schwellenübertritt – wie er z.B. beim Mediumismus und psychischen Erkrankungen vorliegt – so, daß das Ich schwach ist, daß das Denken nicht voll erfaßt wird und als Folge dessen in die Gefühle purzelt, die stärker als die Gedanken sind, und daß in weiterer Folge der Organismus von den Gefühlen ergriffen wird. Wie kann man einen Menschen – zum Beispiel im Hinblick auf das Fühlen –, bei dem die Seelenkräfte auseinanderdriften, das Gefühl nicht mehr durch die Gedanken korrigiert wird, von einem Menschen unterscheiden, bei dem Denken und Fühlen ineinanderpurzeln und das Gefühl das Denken im Griff hat?

W. Barfod: Im ersten Fall wird das Fühlen selbständig, im zweiten herabgedämpft. Das sind selbstverständlich verschiedene Äußerungen. Beim Herabgedämpften, beim Mediumistischen wird das Gefühl besetzt, es wird zum Organ eines anderen, der oder das durch das Eigenfühlen hindurchsprechen kann. Das Gefühl wird dabei auf ungesunde Weise zu einem Gefäß. Begleitet ist dies von den hypochondrischen Eigenschaften, die ich eben erwähnt habe.

In dem anderen Beispiel entwickelt sich das Fühlen auf eigenständige oder gar isolierte Weise, aber es ist *mein* Fühlen! Mein Fühlen ist dasjenige, dem ich folge und dem ich mich verbunden weiß, auch wenn es unkontrolliert ist, so daß ich heute dieses und morgen jenes gerne machen möchte. So ein Fühlen ist natürlich meist momentan orientiert, ich werde gelebt von dem, was mich im Moment beschäftigt.

W.W.: Also fremdbestimmtes Fühlen auf der einen Seite, eigenständiges, aber unkontrolliertes Fühlen auf der anderen Seite.

W. Barfod: Genau.

Seit 1989 erreicht das Erleben nicht mehr das Fühlen

W.W.: Wenn der Mensch die Schwelle zu seinem Inneren, zu seinem Unterbewußtsein überschreitet, so kommt man dadurch – nach Rudolf Steiner und auch C.G. Jung – in Kollision mit den Göttern, die in einem sitzen. In der Eurythmie geht man ständig mit diesen Götterkräften um. Ist es nicht eine starke Gefahr, wenn man nicht gleichzeitig intensiv anthroposophische Erkenntnisarbeit leistet, ohne die das Denken leicht verkümmern kann, in diese eben beschriebenen Gefühlswogen herabgerissen zu werden?

W. Barfod: Das ist so. Diese Gefahr besteht besonders heute, wo wir erfahren müssen, daß die eurythmische Schulung nicht mehr in der Weise vonstatten geht, daß es sich harmonisch entwickelt. Erlebnisse können heute bei der eurythmischen Schulung nicht mehr unmittelbar ergriffen werden, so daß daraus die Bewegung gefunden und gestaltet werden kann und sich dann mit dem Bewegungsmenschen so verbindet, daß sie zur Fähigkeit wird. Das funktioniert nicht mehr. Es ist eines der Phänomene, die seit 1989 einen radikalen Schnitt bekommen haben: Das Erleben erreicht nicht mehr das Fühlen, sondern nur noch das vorgestellte Fühlen. Mit dem vorgestellten Fühlen wird dann die Bewegung ergriffen, man versucht dann, mit dieser Bewegung etwas auszuführen, aber sie wird nicht mehr gefühlsgetragen, gesättigt, weil das eigentliche Fühlen nicht mehr an die Bewegung heranreicht. Es kann auch sein, daß sich das Vorstellen zu sehr auf das Fühlen draufsetzt. Das ist bei jedem Menschen etwas anders.

Dadurch kommen wir in immer größere Schwierigkeiten, und man wird dieses Problem nicht ausschließlich durch Erkenntnisarbeit lösen können. Denn bei dem, der ohne weiteres Erkenntnisarbeit leisten kann, lauert eine andere Gefahr: daß zwar die Erkenntnisarbeit geleistet werden kann, aber daß das Fühlen und der Wille völlig andere Wege gehen. Ich habe den Verdacht, daß dieses neue Phänomen an denjenigen Seminaren, an denen zu einem großen Teil anthroposophische Erkenntnisarbeit geleistet wird, nicht richtig und wach genug wahrgenommen wird.

Wir stehen auf der anderen Seite. In der Eurythmieausbildung gehen wir mit dem Bewegungsmenschen um und stehen fortwährend in der Gefahr, daß er nicht mehr von dem fühlenden, erlebenden Seelenwesen ergriffen und durchdrungen wird und daß sich Bewegungsabläufe vollziehen und die Seele nebenher ganz andere Wege geht. Wir sind dabei keinen Deut besser dran. Aber das fordert völlig neue Wege, mit dem Menschen in der Schulung umzugehen. Das Gesetz, daß man bei einem Erkenntnisschritt drei Schritte auf dem Wege der Moral zu gehen habe, bleibt natürlich bestehen. Zur Erkenntnisausbildung gehört die Willensarbeit, zur Willensausbildung gehört die Erkenntnisarbeit. Aber wie man das heute anzupacken hat, welche Formen das finden kann, muß völlig neu überdacht und angepaßt werden.

W.W.: Haben Sie schon irgendwelche Ideen, zum einen für die Eurythmieausbildung, zum anderen für Jugendseminare?

W. Barfod: Voraussetzung ist, wie man eine Initiative ergreift. Als zweites Problem stellt sich, wie man Interesse erweckt, zum Beispiel durch Wahrnehmungsübungen. Drittens stellt sich die Frage der kompromißlosen Wahrheitssuche. Das ist etwas, was ganz stark in den neuen Gemeinschaftsformen während des Jugend- und Studentenalters zu suchen ist. Das ist natürlich nur ganz kurz gesagt.

Schicksalshärten junger Menschen, die für zwei Erdenleben ausreichen

W.W.: Wir können darauf im einzelnen näher eingehen. Vorweg möchte ich aber noch auf das Auseinanderdriften der Seelenkräfte, wie man sie bei den heutigen Jugendlichen zunehmend wahrnehmen kann, zu sprechen kommen, vor allem welche Störungen dadurch auftreten.

Wenn man dem Hüter begegnet, wird man mit einer schonungslosen und umfassenden Enthüllung der eigenen Wesenheit konfrontiert, und man macht im Grunde ein Todeserlebnis durch. Da Rudolf Steiner auch darüber spricht, daß man jetzt bzw. irgendwann während der fünften nachatlantischen Kulturperiode dem Hüter begegnet – wenn auch nicht ganz so bewußt wie auf dem okkulten Schulungsweg – und ein gewisses Erlebnis von ihm haben sollte, so müßte man gewisse Anzeichen davon schon heute bemerken. Erleben Sie an Ihren Studenten oder anderen Menschen eine Tendenz, sich schärfer selbsterkennend zu betrachten bzw. Grenzerfahrungen zu machen?

W. Barfod: Alles, was Sie nennen, ist deutlich vorhanden. Wenn wir an unserer Ausbildung die einzelnen Biographien bewegen, die unsere Studenten bereits hinter sich haben, dann kommt beim ersten Kennenlernen meist natürlich nicht alles heraus. Man spürt nur in der Art und Weise, wie etwas erzählt wird – wir erbitten das auch vorher schriftlich, aber auch da muß man natürlich nicht glauben, daß in der schriftlichen biographischen Darstellung alles enthalten wäre –, daß sich zwischen den Zeilen eine ganze Menge abspielt. Auf jeden Fall ist man sich selber gegenüber sehr ehrlich, der Erwachsenenwelt – auch wenn sie selber schon erwachsen sind –, und vor allem der Gesellschaft gegenüber schonungslos. Es ist alles viel nackter und damit in den meisten Fällen auch härter. Von einigen unserer Studenten, die vielleicht 27 oder 30 Jahre alt sind, muß man sagen, daß sie offenkundig bereits so viel an Schicksal hinter sich haben, daß das für zwei ganze Leben reicht. Gegenüber dem, was viele unserer Studenten hinter sich haben, ist man selber ein Waisenknabe. – Die Todeserfahrung gehört unmittelbar zum Erleben vieler Studenten, wobei dies auf vielen Schichten erlebt werden kann, es muß nicht bis an das Physische heranreichen. Ich erlebe bei meinen Studenten im Seelischen unglaubliche Härten: Inzest, Unterdrückungen, soziales Unverständnis, Einsamkeit, also Todeserlebnisse auf ganz verschiedenen Ebenen. Im Grunde genommen ist es unglaublich, was diese Menschen an tragischem Schicksal bereits mit sich bringen. Es ist unendlich viel mehr als das noch vor 15 oder 20 Jahren der Fall war.

W.W.: Das ist wie eine Art vorweggenommenes Kamaloka.

Am Abgrund stehen

W. Barfod: Etwa in dem Sinne kommt einem das immer vor. Entsprechend sitzt man dann vor ihnen und fragt sich, wie man aus diesen Menschen Eurythmisten machen soll, und das in wenigen Jahren! Denn alle Probleme müssen aufgearbeitet werden, sonst schaffen es die Menschen nicht, Eurythmist zu werden. Dieses Erleben, am Abgrund zu stehen, nicht zu wissen, wie es weitergehen kann, ist etwas ganz Erschütterndes. Man steht mit dem Rücken gegen die Felswand, schaut in den Abgrund hinunter und kann keinen Schritt vorwärts oder rückwärts gehen, allerhöchstens seitwärts. So sind die Seelen der heutigen jungen Menschen wie angeschmiedet, wie angekettet. Und wir sollen sie nun wieder zu einem neuen Leben erwecken! Vergessen sollte man dabei auch nicht, daß diejenigen Menschen, die zu uns kommen, immerhin noch Menschen sind, die die Frage nach einer Hilfe haben. Bei ihnen ist immer eine stumme Frage vorhanden, ob wir ihnen helfen können.

W.W.: Sie meinen damit auch, wie es dann erst um diejenigen jungen Menschen bestellt sein muß, die nicht zu den anthroposophischen Seminaren kommen bzw. sich nicht anderweitig zu einer derartigen Fragestellung durchringen.

W. Barfod: Ja, das meine ich damit. Hinzu kommt auch noch das Leben mit der Unsicherheit, die einen Eurythmisten erwartet. Normalerweise wird es gar nicht gewußt, mit wieviel Unsicherheit ein Eurythmist zu kämpfen hat, wobei ich keineswegs nur an die materielle, sondern auch an die seelische Unsicherheit denke. Es gibt auch eine geistige Unsicherheit, denn man hat ständig mit Gestaltungen in der Eurythmie zu tun, die für einen Moment vorhanden sind, aber dann sind sie wieder verschwunden. Woher holen sich die Eurythmisten ihre Sicherheit? Sie kann nur aus dem Geistigen kommen. Das ist sehr schwer auszuhalten. Man kann natürlich auch eine mitlaufende Erscheinung werden, um es vorsichtig auszudrücken.

Ideal und Verwirklichung klaffen auseinander

W.W.: Der Unterschied der Seelenartung der heutigen jungen Menschen zu früheren Generationen ist also deutlich sichtbar?

W. Barfod: Unbedingt. Früher hatte man ein Ideal, zum Beispiel die Anthroposophie. Man wollte dieses Ideal verwirklichen, man suchte, fand zum Beispiel unsere Ausbildung und fragte uns, ob wir ihnen den Weg zeigen könnten. Und dann wurde die Ausbildung und das Ideal zum Beispiel im Beruf verwirklicht. Das waren noch goldige Zeiten. Aber davon kann heute überhaupt keine Rede mehr sein. Natürlich erleben wir auch heute Menschen, die von Idealen sprechen, aber diese sind völlig von dem losgelöst, was der einzelne in der Lage ist zu ergreifen. Dann taucht sehr schnell die Kritik an allem auf, man kritisiert schonungslos alles das, was nicht dem in der Seele lebenden Ideal entspricht. Begleitet wird es von der Forderung nach Verwirklichung des Ideals, und zwar sofort! Und wenn es nicht geht, so taugt alles nichts. Auch hieran erlebt man ein völliges Auseinanderklaffen von Ideal und Wirklichkeit. Das ist das, was wir heute immer mehr erleben und wo wir uns fragen müssen, welche neuen sozialen Formen wir bilden müssen, um diesem Auseinanderdriften der Seelenkräfte etwas entgegenstellen zu können, damit wieder neue Fähigkeiten entwickelt werden können.

Rudolf Steiner wird als ungeheuer kompliziert erfahren

W.W.: Ich möchte noch ein wenig auf die verschiedenen Defizite zu sprechen kommen, die man an den heutigen Menschen erleben kann, wenn ihre Seelenkräfte beginnen, auseinanderzudriften. Welche Mangelerscheinungen erleben Sie in der Denkart und in der Sprache?

W. Barfod: Die Vorstellungen, die der einzelne mitbringt, sind für die jungen Menschen oftmals der Maßstab für die ganze übrige Welt. Begleitet wird dies von einer unwahrscheinlichen Unsicherheit innerhalb der Seele der jungen Menschen gegenüber jeder Autorität, die man nicht akzeptieren kann. Es wird den Menschen heute immer schwerer, sich auf andersartiges Denken einzulassen. Rudolf Steiner im Schriftwerk miteinander zu arbeiten, ist schon eine enorme Anforderung. Es fällt den jungen Menschen ungeheuer schwer, die Denkbewegungen Rudolf Steiners mitzuvollziehen. Rudolf Steiner wird – auch in seinen Vorträgen – als ungeheuer kompliziert erfahren. Nun sind wir als Lehrer gefordert, Rudolf Steiner mundgerecht zu machen, aber gerade dadurch nimmt man den jungen Menschen wiederum ein Stück ihrer Willensanstrengung, um sich in die Gedankengänge Rudolf Steiners hineinzubegeben. Denn schließlich sind seine Gedankenbewegungen, vor allem im Schriftwerk, nicht zufällig formuliert. Man muß also Vorarbeit leisten, damit das Werk Rudolf Steiners überhaupt als ein Übungsweg ergriffen werden kann.

Zunächst lebt in den jungen Menschen folgendes: Hier bin ich, dort seid ihr, die ihr behauptet, eine anthroposophische Ausbildungsstätte zu sein, nun macht einmal etwas aus mir! Das sind natürlich Vorstellungssackgassen, die ganz aus der Subjektivität der Seele entspringen. Es fällt ihnen ganz schwer, sich einem objektiv Gegebenen zu öffnen.

Sie können nicht mehr staunen

Im Willensbereich erleben wir vor allem die mangelnde Verehrungskraft. Ich denke dabei natürlich nicht an eine Verehrung dem Lehrer gegenüber, sondern daß man in der Welt überhaupt nichts Verehrungswürdiges erblicken kann. Das heißt, daß die jungen Menschen nicht mehr staunen können. Wenn man aber nicht mehr staunen kann, für was kann man sich dann wirklich noch innerlich öffnen? Etwas anderes ist noch das Vertrauen, das völlig gebrochen ist. In erster Linie haben die Studenten Mißtrauen, und wenn sie nicht übersehen, wo der Lehrer sie hinführt, dann lehnen sie es rundweg ab. Nun sind sie aber in der Eurythmieausbildung in der Situation, daß sie sofort in Richtung Schwelle arbeiten ...

W.W.: ... und geführt werden müssen!

W. Barfod: Ganz genau. Das ist eine ganz schwierige Situation.

W.W.: Wie überwinden Sie diese Diskrepanz? Einerseits müssen Sie führen und handeln, sonst kommen Sie in Ihrer Ausbildung nicht weiter, aber der Boden ist mangels Vertrauen nicht vorhanden. Wie überspringen Sie diese Kluft?

W. Barfod: Einerseits versuchen wir mit unserer Arbeit seit vielen Jahren dort anzuknüpfen, wo unsere Studenten stehen. Wir versuchen einzuschätzen, wo sie leben, und gehen von dort aus den nächsten Schritt. Dieser Anfangsprozeß, der früher ohne weiteres in einem Trimester zu leisten war, dauert heute viel länger. Ich muß also gleichzeitig am Sozialprozeß bauen, weil die Irritation am anderen sofort aufbricht, weil man sofort spürt, daß man sich mit und in der Bewegung selber bloßstellt und dem anderen sozusagen ein offenes Buch wird. Aber man projiziert nun die Kritik ausschließlich nach außen, denn es ist immer der andere, der etwas falsch macht, nie man selber. Dadurch steigt die Irritation untereinander, und das gemeinsame Arbeiten gerät fast zur Unmöglichkeit. Diese Prozesse verlaufen heute so rasend schnell, daß selbst das Vertrauen untereinander zuerst einmal aufgebaut werden muß.

W.W.: Dann treten also auch Hemmungen auf, sich selber innerhalb der Bewegung zu zeigen?

W. Barfod: Und wie! Allerdings geschieht das nicht während der Stunde, solange der Lehrer dabei ist, weil durch den Lehrer eine gewisse Vorgabe gegeben wird. Sondern in dem Moment, in welchem sie alleine sind, bricht das alles auf. An dieser Stelle müssen wir nach neuen sozialen Formen suchen.

Der ganze Bewegungsmensch muß neu aufgebaut werden

W.W.: Gibt es weitere Mangelerscheinungen im Willen, zum Beispiel im Bewegungsorganismus?

W. Barfod: Der ganze Bewegungsmensch muß neu aufgebaut werden, und zwar in bezug auf das Gehen, Sprechen und Denken. Wir müssen die Bewegungsfrische, die Bewegungsfreude, den Bewegungszugang für die Seele neu erschließen. Man muß in seinem Körper zwischen rechts – links, oben – unten, vorne – hinten erst erwachen. Das ist bei den heutigen Menschen weit weggesackt. Im Kopf wissen sie zwar, daß sie unten einen Fuß haben, aber wie sich das fühlt, das ist nicht mehr vorhanden und muß neu ergriffen werden.

Deswegen muß man Übungen schaffen. Der Bewegungsmensch für das Stehen und Gehen steht auf der Bewußtseinsstufenskala Rudolf Steiners im Trancebewußtsein, also noch tiefer als das Schlafbewußtsein. Hier müssen wir ganz neu lernen, wie der Mensch geht, steht, sich setzt und aufsteht und alle weiteren Urverrichtungen, die den Menschen zu einem Menschen machen, weil er ein aufrechtes Wesen ist.

Dann kommt man zur Schlafbewußtseinsstufe, unsere Lebensbewegungen, zum Beispiel frisch – müde, auf der traumhaft ein atmendes Verhältnis zur Welt erobert werden muß. Wir haben also den Bewegungsmenschen neu durchgearbeitet, um Übungen zu finden, die auch an die tiefe Schlafstufe des Bewegungsmenschen anschließen. Als drittes kommt für mich das Traumbewußtsein des Bewegungsmenschen, unsere Gewohnheitsbewegungen. Dann erst kommt das Tagesbewußtsein, mit dem wir unsere täglichen Arbeiten verrichten, die Fähigkeitsbewegungen.

Das Schreiben habe ich einst mühsam erlernen müssen, später sinkt es aber in die Fähigkeit hinab, und ich bin offen für etwas Neues: für das, was ich mit meinem Schreiben zum Ausdruck bringen will. Das ist eine Tagesbewußtseinssituation, die in die Gewohnheitsbewegung zurückgeht und damit wieder in ein träumendes bzw. schlafendes Bewußtsein.

Diese ganze Skala muß ausgearbeitet werden. Die eigentliche eurythmische Gebärde setzt erst in der imaginativen Sphäre, also eine Stufe über dem Tagesbewußtsein, ein. Weil Eurythmie eine Schwellenkunst ist, muß ich diesen Schritt machen können. Ich bin also heutzutage genötigt, diese gesamte Bewegungsmenschskala, die in jedem Menschen konstitutionell verankert ist, neu aufzubauen; sonst komme ich nicht mehr zur bewußt beseelten Bewegung, der eurythmischen Gebärde.

W.W.: Welche Erscheinungen eines isolierten Fühlens, zum Beispiel im Zwischenmenschlichen, stellen Sie fest? Sind die Menschen empfindlicher, gibt es weniger Kontrolle der Gefühle durch die Gedanken, tauchen Eifersüchteleien auf, besteht allgemeine Kritikunfähigkeit?

W. Barfod: Eifersüchteleien kann man während der Ausbildung züchten, aber auch etwas dämpfen. Wenn ich dauernd nur denjenigen aus der Gruppe heraushole, der es am besten kann, dann züchte ich die Eifersucht der anderen. Vermeide ich das aber ganz, dämpfe ich die Eifersucht. Das geht aber nicht bei allen diesen Eigenschaften, zum Beispiel bei der Kritiksucht ist das sehr viel schwieriger. Die Kritik wird von vornherein so stark in den Vordergrund gestellt, vor allem den Lehrern gegenüber, aber auch untereinander, daß das nur durch Lebensformen, die man miteinander aufbauen muß, zu bewältigen ist. Ganz zu vermeiden ist es aber nicht, besonders in den letzten Studienjahren nicht, weil man dann begreifen muß, daß man kein schlechterer Mensch ist, wenn man etwas nicht kann, was ein anderer kann. Um hier ein Gleichgewicht zu erhalten, braucht man Selbsterkenntnis und Selbstbewußtsein.

Eine initiativ-weckende Ausbildungssuche

W.W.: Wir sprachen vorhin von der Kluft, die Sie am Anfang Ihrer Ausbildung überspringen müssen. Sie gaben die Stichworte neue Initiative, neues Interesse, kompromißlose Wahrheitssuche. Wie leisten Sie es, diese drei Fähigkeiten in den jungen Menschen neu hervorzubringen?

W. Barfod: Damit neue Initiativkraft entstehen kann, lassen wir unsere Schüler von Anfang an selbständige Aufgaben ergreifen. Hierbei geht es darum, was im Gruppenverband nötig ist, um zu einer gemeinsamen Lebensform zu kommen: also die täglichen Verrichtungen, der Rückblick am Wochenende, das Gestalten der Gespräche, die methodische Arbeit in den Unterrichten. Das bauen wir Stück für Stück auf und beziehen die Studenten möglichst aus eigener Initiative mit ein. Dadurch wird ihr Engagement gefördert.

Das Interesse-Wecken ist etwas Zweites, und das üben wir vor allem durch Wahrnehmungsübungen, die wir auf verschiedenste Weise durchführen.

Zum einen finden sie jeden Tag im Unterricht statt, weil wir immer wieder aus dem Hören und dem Bilder-Vorstellenden und Bewegung-Wahrnehmenden arbeiten müssen. Wenn man in anthroposophischen Zusammenhängen von Wahrnehmungsübungen spricht, denkt man immer gleich an Pflanzenbeobachtungen; die machen wir auch. Aber sehr viel mehr schulen wir uns durch Gehörübungen im Musikunterricht, die unsere Studenten schriftlich begleitend jede Stunde machen müssen. Dadurch wird das Interesse geweckt. Aber man muß sich dazu einen Ruck geben, sonst bleibt man in sich stecken, findet es vielleicht ganz schön, aber kommt nicht in innerliche Bewegung. Wir betätigen uns auch in der Landwirtschaft und versuchen dort im Zusammenarbeiten, diesen zweiten Bereich zu wecken.

Das Dritte ist die kompromißlose Wahrheitssuche. Wir versuchen alles, was mit der Eurythmieausbildung und dem Zugang zur Anthroposophie zusammenhängt, so einzurichten, daß alles, was unsere Studenten tun, erlebnismäßig nachvollzogen werden kann. Es ist also keine nachahmende Ausbildung, sondern eine initiativ-weckende Ausbildungssuche, so daß jedes Element erst zur Fähigkeit werden kann, daß mein Erlebnis so weit geweckt ist, daß ich es ergreifen kann. Das ist in der ersten Phase ein sehr mühsames Unterfangen.

Bedingungen dafür sind Disziplin für den gesamten Tag, ferner eine gute Vorschau, denn die Studenten müssen wissen, was sie erwartet, zumindest im Überblick, nicht aber in der Detailsituation. Ein weiteres Element ist die Rückschau, indem wir jede Woche auf unsere Arbeit zurückschauen. Ein Drittes ist es, im Unterricht so gegenwartsbewußt wie möglich zu arbeiten, daß man es lernt, im Moment anwesend zu sein. Ansonsten fällt man in die Gewohnheit zurück. Man darf nicht alles durchgehen lassen, und das erfordert unglaubliche Beweglichkeit und Phantasie vom Lehrer, denn man darf den Studenten nicht plump darauf hinweisen, daß er bei einer Bewegung nicht wirklich anwesend war, weil man dadurch nur das Gegenteil erreicht. Ferner geben wir eine sehr ichhafte Korrektur, ganz aus der Sache heraus, mit der man niemals jemandem persönlich zu nahe treten darf, die aber andererseits auch so sein muß, daß die Studenten spüren, daß es sich nicht darum dreht, daß sie ihren Arm ein bißchen höher halten, sondern daß sie selbst innerlich etwas anderes tun müssen. So etwas fordert sehr viel von dem Lehrer, und zur Zeit erbilden wir uns Grundlagen im Kollegium, um das zu erarbeiten.

Dadurch kommen wir auch zum motivierten Handeln, denn unsere Bewegungskunst ist der Mensch, ich kann mit ihr in der Welt für den Menschen etwas tun, so daß unsere Studenten Ansätze der heilenden Wirkung der Eurythmie erlernen. Letztlich wird es bei uns bis zur Berufsvorbereitung im Pädagogischen geführt.

Die seelische Kraft muß in die Bewegung hineinschlüpfen

W.W.: Das Stichwort Eurythmie als Schwellenkunst gaben Sie bereits. Ein Eurythmist geht ja grundsätzlich mit übersinnlichen Kräften um. Nun gibt es die verschiedensten Bewegungen: zum Beispiel eine rein physische Bewegung in der Affektbewegung, dann eine ätherische und eine astralische sowie eine geistige. Können Sie diese etwas charakterisieren?

W. Barfod: Wenn ich eine physisch orientierte menschliche Bewegung nehme, so ist sie immer der Schwere ausgeliefert. Wenn ich zum Beispiel etwas ergreife, so hat es immer ein gewisses Gewicht und ist auf diese Weise in der physischen Welt verankert. Der Mensch ist mit seiner Bewegung den physischen Gesetzmäßigkeiten unterworfen. Natürlich müssen wir uns immer bewußt sein, daß es keine rein physische Bewegung gibt, denn sie ist immer mit einer ätherischen und astralischen, meist auch mit einer ichgeführten Bewegung verbunden. Wenn ich jetzt diesen vor mir liegenden Bleistift ergreife, so ist seelisch schon eine ganze Menge vorher geschehen.

Jede Gebärde, jede Geste, die mein Sprechen unterstützt, ist bereits eine von der rein physischen Gebundenheit freie Bewegung. Eine derartige Bewegung würde ich jetzt einmal als eine ätherische bezeichnen.

Wenn ich jetzt in meine Bewegung einen Ausdruck hineinlege – „Was haben *Sie* dort für interessante Sachen?" –, dann folgt die damit verbundene Bewegung dem seelischen Interesse. Bei diesem Beispiel ist die Bewegung der seelischen Äußerung in der einfachsten Form dienstbar. Das sind natürlich alles Vorstufen, und es hat mit Eurythmie wenig zu tun.

Nun kann ich zu seelischen Haltungen kommen, die die Eurythmie auch kennt, indem das seelisch Erfüllte zu einer Haltung wird. In diesem Fall muß die seelische Kraft ganz in die Bewegung hineinschlüpfen. Wird die Bewegung insofern zu einem Ausdrucksmittel, so ist dies ein ichhaftes Moment. Wenn ich in der Eurythmie zur Darstellung eines Lautes komme, bin ich immer genötigt, die physisch-ätherisch-seelische Bewegung von der anderen Seite der Schwelle her als Ausdrucksmittel zu benutzen. Es ist ein Prozeß, der aus dem Seelisch-Geistigen kommt und sich bis in das Physische manifestiert. Jeder Laut, den ich eurythmisch gestalte, kommt von der anderen Seite der Schwelle her. Er kommt aus einem imaginativen, gestalterisch aus einem inspirativen und intentional aus einem intuitiven Bewegungsbewußtsein.

Eurythmie kann die Seelenkräfte wieder zusammenführen

W.W.: Das heißt also, daß das Ich alle diese Bewegungen steuert. Das Ich ist aber nicht nur innerhalb des Organismus, sondern auch außerhalb. Wenn das Ich auf diese Weise außerhalb des Organismus während der Eurythmie die verschiedenen Bewegungen steuert, so macht also ein Eurythmist, der dies vermag, von jenseits der Schwelle Eurythmie?

W. Barfod: Man muß Eurythmie natürlich auch mit seinem Tages-Ich durchführen, aber man kann sich gleichzeitig für seine höheren Daseinsformen öffnen. Der Übungsvorgang während der Eurythmie wird natürlich nur mit dem Tages-Ich durchgeführt, indem ich mir ganz bescheiden meine Übschritte einrichte. Auf der Bühne dagegen, wenn der Vorhang aufgeht, muß ich alles beherrschen, und es bleibt ein Gnadenmoment, ob mir etwas darüber Hinausgehendes gelingt. Als Zuschauer ist man dann auch bewegt, wenn einen Gebärden der Eurythmisten so berühren, daß man im wahrsten Sinne des Wortes betroffen ist. Natürlich kann es einem auch passieren, daß man davon überhaupt nichts wahrnimmt. Es ist eigentlich die eurythmische Aufgabe, daß ein höheres Wirken hereinkommt, daß das Ich schon ein wenig in den Teil der verwandelten Seele hineinkommt, also in die Geistselbst-Stufe. Wenn das gelingt, so hat das eine heilende Funktion, weil es immer den Menschen als ganzen anspricht.

Vorher hat der Eurythmist aber die Vereinzelung durchgemacht. Die drei Kunstmittel sind Bewegung, Gefühl, Charakter, es sind die Bildekräfte bei einem jeden Laut. Es sind die Bilder des Willens, des Fühlens und des Denkens. Bei einer eurythmischen Darstellung spielen sie zusammen und müssen willentlich differenziert ergriffen und zu einer Ganzheit geführt werden. Die Eurythmie trägt also ein keimhaftes Element des Auseinanderdriftens der Seelenkräfte und die ichbewußte Zusammenführung zu einer neuen Ganzheit in sich.

W.W.: Hat die Eurythmie also eine heilende Funktion für die Gesellschaft? Kann die Eurythmie von jenseits der Schwelle heilende Impulse für neue soziale Formen geben?

W. Barfod: Ich sehe darin eine Zukunftsaufgabe. Ob und wie es aber gelingt, hängt nicht nur von uns Eurythmisten ab, denn – wenn wir bei der Kunst bleiben – es gehört auch der aktive Zuschauer mit hinzu, wie er heute für jede moderne Kunstoffenbarung gefordert wird. Der Konsument, der passiv aufnehmen will, kommt zu diesen Erlebnissen nur völlig unbewußt und deshalb auch nicht völlig befriedigend. Er kommt erst dazu, wenn er sich aktiv in die Sache hineinstellt. Das gilt natürlich für den Eurythmisten sehr viel stärker, der nicht nur etwas, was er gelernt hat, erneut produziert, sondern der aus der Geistesgegenwart heraus inspiriert eine Bewegung in die Erscheinung tragen muß, damit eine entsprechende Wirkung entstehen kann. Trotzdem ist immer ein Moment der Gnade dabei, weil er davon abhängig ist, sich für die genannte höhere Verbindung öffnen zu können. Sie muß zustandekommen, damit die Substanz auch wirklich in der Bewegung lebt. Das gilt natürlich für die Kunst überhaupt, nur beim Eurythmisten ist es der ganze Mensch, der gefragt ist.

Heutzutage ist es ohnehin so, daß in der Kunst alles in Bewegung erscheinen muß. In der ätherischen Substanz ist alles Bewegung, und insofern hat die Eurythmie eine ganz wesentliche Aufgabe, den Menschen auf eine höhere Bewußtseinsstufe vorzubereiten, im Bild der Imagination vorzubereiten. Zusätzlich muß sich alles in kräftigen Gebärden äußern; das ist das inspirative Element. Drittens braucht es etwas, was thematisch die Zeit trifft, die durch das Ich auch unmittelbar erfaßt werden kann. Wenn das Publikum nur unterhalten werden will – die Gefahr ist auch bei dem Eurythmiepublikum zur Zeit sehr groß –, dann werden wir unserer Aufgabe nicht gerecht. In dem Sinne gehören auch die neuen Sozialformen dazu. Man kann auch mit der Eurythmie die Wissenschaft befruchten. Der goetheanistische Wissenschaftler bringt zum Beispiel die Methodik, die methodischen Erfahrungen von der wissenschaftlichen Seite ein, und wir Eurythmisten müßten die lebendige Bewegungsgestaltung aus dem Seelischen hereintragen. Und wenn sich das trifft, dabei spreche ich aus Erfahrung, dann ist das sowohl für das Menschenkundliche als auch für das Wissenschaftliche eine befruchtende Angelegenheit. Das gilt natürlich auch für die verschiedensten Berufe, in denen wir alle noch ganz am Anfang stehen. Hier müßte man in einen Austauch kommen, so daß die übersinnliche Bewegungsqualität der Quell für das ist, was in der Form – zum Beispiel bei der Architektur – erscheint. Insofern ist die Eurythmie eine Gegenwartskunst, die noch sehr viele Möglichkeiten beinhaltet, die wir noch bei weitem nicht ausgeschöpft haben.

Die Hüter der Schwelle

Wolfgang Weirauch

In der Höhle

Langsam schritt er durch die felsige Wüstenlandschaft. Es war zwei Stunden vor Mitternacht, nur die dünne Mondsichel und der Sternenhimmel beleuchteten spärlich seinen Weg. Fast wie Silber schimmerten die Kämme der wellenartigen Sandhügel, und es war ihm als ginge er über ein wogendes, aber erstarrtes Silbermeer. Nur in der Ferne zeichneten sich die dunklen Umrisse eines Bergmassivs ab.

Der Schüler war auf dem Weg zu einer ganz bestimmten Höhle. Seit Jahren schon wollte er dorthin, aber sein Lehrer hatte es ihm verweigert. Mit seinem Leben müßte er es bezahlen, wenn er diese Höhle zu früh betreten würde, hatte er ihm immer wieder eingeschärft. Er sei noch viel zu selbstverliebt und nicht kräftig genug, um auszuhalten, was er in dieser Höhle ertragen müßte.

Plötzlich verharrte er. Hatte da nicht jemand hinter ihm gerufen? Er lauschte. Nichts! Fast atemlose Stille rings um ihn her. Angst hatte er nicht, denn er kannte seinen Weg, aber er war ganz allein. Noch nie hatte er sich so einsam gefühlt.

Während er noch dem Ruf nachlauschte, den er vernommen zu haben meinte, kamen ihm immer wieder die vergangenen Jahre in Erinnerung, die er bei seinem Lehrer verbracht hatte. Es war eine harte Schule. „Du mußt den Drachen in Dir erkennen und aushalten, ihn zu schauen", hatte er ihm eingeschärft. Den Drachen! War er denn wirklich ein so böser Mensch? Vollkommen war er keineswegs, das wußte er, aber er bemühte sich doch, seine Mitmenschen zu verstehen, das Unrecht und Leid, das ihm von vielen zugefügt wurde, zu ertragen und sein Leben nach seinem geistigen Ziel einzurichten, ganz wie es sein Lehrer ihm immer wieder gesagt hatte.

„In der Höhle wirst Du die Wahrheit über Dich erfahren, und wenn Du dazu noch nicht reif bist, wirst Du beim Anblick Deiner selbst sterben!" Schon vor Jahren hatte sein Meister diese Worte zu ihm gesprochen, und seitdem hatte er sie nicht mehr vergessen. War er denn jetzt reif, sich selbst zu erfahren? Was hatte sich in den letzten Jahren verändert?

Weiter ging er durch die Nacht, bis er die schwarzen Berge erreichte und vor dem Eingang der Höhle stand. Sollte er umkehren? Aber nur kurz zögerte er, dann betrat er den schmalen Gang, entzündete ein mitgebrachtes

Talglicht und suchte seinen Weg über den geröllbedeckten Grund. In der Rechten hielt er das Licht, mit der linken Hand tastete er an der Decke des Ganges entlang, um nicht unvorbereitet gegen einen der zackigen Felsvorsprünge zu stoßen. Es ging abwärts. Immer enger zogen sich die Wände zusammen. Nur noch gebückt kam er vorwärts. Kühl war es schon draußen, aber jetzt fröstelte er. – Mit einem Male stand er in der Höhle. Sie war kleiner als er gedacht hatte. Das Licht in seiner Hand brach die Dunkelheit. Schwefel überzog die Wände. Ein unangenehmer Geruch lastete in diesem Erdgemach. Fast drückend war die Stille.

Der Schüler setzte sich auf einen Felsbrocken und löschte das Licht. Völlige Finsternis umhüllte ihn. Nun war er wirklich allein. Wie vertraut waren dagegen die nächtliche Landschaft, die Mondsichel und die Sterne, die ihm den Weg zeigen konnten! Aber hier? Hier war nichts: Nur er allein. Nicht einmal die Höhlenwände sah er noch, so dunkel war es.

Der Schüler schloß seine Augen und verharrte in der Stille. Er wußte, welche Übungen er machen mußte. Jahrelang hatte er sich bemüht, immer wieder hatte er mit sich gerungen. Und nun sollte er eine erste Probe bestehen, eine gewaltige Probe!

Lange geschah überhaupt nichts. Die ersten Zweifel krochen in ihm empor, aber er verscheuchte sie so, wie er es immer gemacht hatte.

Mit einem Male schien es, als wäre die Finsternis nicht mehr ganz so lastend, fast war es ihm, als würde er schweben. Die Enge der Höhle erweiterte sich, er dachte nicht mehr an seinen Weg zur Höhle, die Geschehnisse der letzten Tage und Monate entschwanden aus seinem Bewußtsein, und ein merkwürdiges, immer lauter werdendes Tönen – fast war es ein stilles Dröhnen – drang an seine Ohren. Er wankte, aber mit der Kraft seiner klaren Gedanken konnte er sich halten.

Plötzlich war es wieder still – und er wußte, daß er ganz woanders war. Weit lag die Höhle zurück, in der er eben noch in völliger Finsternis gesessen hatte. Ein mattes Licht kam ihm nun aus dem Dunkel entgegen, schemenhaft erblickte er darin einige Gestalten. Aber schon kurz darauf huschten sie wieder fort. Der Schüler konzentrierte seine Gedanken und seinen Blick. Da kamen sie wieder – aber was waren das für Wesen: Noch nie sah er solche Gestalten! Es waren fürchterliche Fratzen mit einem immerfort sich bewegenden zackigen Leib, aus dem etwas wie Pfeile schossen. Grünlich-gelb waren diese Gestalten, blutrot die Lichtpfeile. Und jeder Pfeil zerstörte eine blumige, schön anzusehende Gestalt in der Nähe.

Der Schüler erschrak, und er fuhr noch mehr zusammen, als ihm klar wurde, daß diese grausigen Dämonen zu ihm selber gehörten. Sie waren ein

Teil von ihm. Es waren alle Lügen, die er in diesem Leben ausgesprochen hatte. Und es waren viele, so viele, wie er nie für möglich gehalten hätte.

Aber damit nicht genug. Andere Gestalten tauchten auf, eine fürchterlicher als die andere: blutrote krakenartige Wesen mit unzähligen Armen, mit denen sie sich fortwährend selber küßten, ellenlange Köpfe ohne Leib, hohlwangig und mit schmalem, spöttisch verzogenem Mund und gelblichrote wabernde Wesen, die wie mit vielen geifernden Zungen in ihre Umgebung leckten und mit unzähligen Armen um sich griffen und alles, was sie erhaschen konnten, grapschten und sich einverleiben wollten; aber nichts blieb in ihnen, es rann durch sie hindurch.

Der Schüler fuhr zusammen, denn was er da sah, waren seine Eitelkeit, sein Hochmut und sein Neid – Eigenschaften, von denen er längst geglaubt hatte, daß er sie überwunden hätte. Aber jetzt sah er sie real vor sich, und er wußte, daß sie noch immer in ihm schlummerten.

Aber diese dämonischen Wesen waren nur wie eine Art Vorhut. Das Bild entschwand langsam seinem Blick. Nun aber tauchte aus der Finsternis ein anderes reales Bild auf. In der Ferne schimmerte ein vertrautes Licht in zartem Purpur, aber es schien unerreichbar, denn davor öffnete sich ein gewaltiger Abgrund. Und aus diesem abgrundtiefen Dunkel stiegen drei Tiere empor: eine gelbliche Lichtgestalt, adlerähnlich, mit einem gewaltigen Schnabel, ein brennendes rotes Feuerwesen mit einem riesigen reißenden Maul, fast wie ein Löwe, nur fürchterlicher, und schließlich ein dunkler Koloß, bläulich-grün, rinderähnlich, mit einem schweren trägen Leib.

Dem Schüler schwanden die Sinne, fast wäre er vor Schreck ohnmächtig geworden, alle seine Gedanken flogen davon, es war ihm, als würde er durch einen fast flüssigen Morast waten, kurz vor dem Ertrinken, aber immer diese drei Tiere vor Augen.

Aber ein Gedanke bewahrte ihn vor dem Untergang: „Diese Tiere sind mein eigen, sie gehören zu mir, es sind meine Abgründe. Dies ist der Drache in mir." Als er diesen Gedanken klar erfaßte, konnte er den drei wilden Tieren widerstehen.

Und er schaute ein drittes Bild. Neben und um die Tiere herum gestaltete sich nach und nach ein Gesicht daraus, so groß, daß es sein gesamtes Blickfeld umfaßte. Es war ein strenges, aber verzerrtes Gesicht. Mit einem mahnenden Blick schaute es den Schüler an.– Er hätte so gern über den Abgrund geschaut, aber dieses mahnende Wesen versperrte ihm den Weg. Immer undurchdringlicher wurde dieses Gesicht, und fast wie in einem Spiegel sah der Schüler jetzt neben den drei Tieren und dem Abgrund alle die fratzenähnlichen Gestalten wieder, die er vordem erblickt hatte.

Auch das Gesicht dieses übermächtigen mahnenden Wesens wandelte sich, immer deutlicher zeichneten sich bestimmte Wesenskonturen heraus, bis ihm klar wurde: Das war er selbst!

Tief erschüttert verstand er nun, was sein Lehrer zu ihm gesprochen hatte. Er würde die Wahrheit über sich erfahren, er würde sich selbst erkennen, indem er sich als drachenähnliches Wesen schauen würde.

Auch wenn dieser Schock so groß war, daß er fast bewußtlos geworden wäre, so hatte er sich doch lange auf diesen Augenblick vorbereitet. Er besann sich auf das, was sein Meister ihm immer wieder von dem Urgrund des Geistes, von dem Urgrund des Seins eingeschärft hatte. Und so wich er nicht vor dem Anblick des mahnenden Wesens, vor den drei Tieren, sondern es war ihm, als wüchsen ihm Flügel, mit denen er über den Abgrund setzen konnte. Er flog dem purpurnen Lichtschimmer hinter dem Abgrund entgegen.

Aber was er dort erlebte, hat er nur seinem Lehrer erzählt.

Als der Schüler die Höhle verließ und ins Freie trat, war es noch immer Nacht. Nur die silberhelle Mondsichel war ein gutes Stück am Horizont weitergerückt.

Fragen

In voranstehender Erzählung wird uns berichtet, wie ein Mensch an der Grenze zwischen Sinnes- und Geisteswelt dem Hüter der Schwelle begegnet, einem geistigen Wesen, das normalerweise den Schleier vor die übersinnlichen Bereiche zieht und die Eigenschaft hat, dem Menschen, der in diese Seinsbereiche vorstößt, wie in einem Spiegel die Abgründe des Eigenseins in ihrer wirklichen Wesenhaftigkeit mahnend zu zeigen.

Es ist uns durchaus bewußt, daß es ein Wagnis ist, ein FLENSBURGER HEFT über das Auseinanderdriften der Seelenkräfte, Schwellenerlebnisse und vor allem über den Hüter selbst vorzulegen. Denn man begibt sich hiermit auch in Bereiche, die nur anfänglich, wenn überhaupt, mit der eigenen Erfahrung gedeckt werden können. Trotz allem kann man in der Gegenwart zahlreiche Phänomene erkennen, die auf Schwellenerlebnisse der Menschen hindeuten, zum anderen haben wir die geisteswissenschaftlichen Forschungsergebnisse Rudolf Steiners, die wir durch das Studium denkerisch erfassen können.

Die Gestalt des Hüters klar zu zeichnen, ist sehr schwer, und es wird mir in diesem Artikel auch nicht gelingen, dies völlig zufriedenstellend zu vollbringen. Bereits einige Fragen – die nicht alle beantwortet werden – verdeutlichen, wie schwierig das angeschnittene Themengebiet ist: Welcher Unterschied besteht zwischen dem kleinen und dem großen Hüter? Hat jeder Mensch seinen eigenen Hüter, oder ist er für alle Menschen dasselbe Wesen? Ist es ein Teil des Menschen oder ein eigenständiges Wesen? Gibt es mehr als zwei Hüter? Wann genau, und an welcher Schwelle begegnet man welchem Hüter? Begegnet man dem Hüter nur einmal bewußt oder ständig? Ist der Hüter der Doppelgänger?

Kenntnisse vom Hüter erwerben

Seien wir ehrlich: Die Gestalt des Hüters der Schwelle ist für die meisten Menschen bewußtseinsmäßig nicht existent. Weder hat man sie geschaut oder gespürt, noch hat man je von ihr gehört. Dieses Problem stellte sich mir immer dann auf ganz unerwartete Weise, wenn ich nach dem Thema des nächsten FLENSBURGER HEFTES gefragt wurde. Mit einem einfachen Begriff – wie „Direkte Demokratie", „Christus" usw. – zu antworten, den die meisten Menschen mit einem gewissen Inhalt füllen können, war in diesem Falle nicht möglich. Und wenn ich aus Zeitmangel antwortete: „Der Hüter der Schwelle", so kam die unausbleibliche Frage: „Wer ist denn das?"

Aber auch für die winzige Schar von Anthroposophen, denen dieses geistige Wesen durchaus bekannt ist, dürfte es nicht ganz einfach sein, diese Frage klar zu beantworten. – Eigentlich – so könnte man meinen – ist es dann doch unschicklich, vielleicht sogar abträglich, eine Publikation über dieses Wesen vorzulegen.

Indes, wir tun es, und zwar aus gutem Grund. Denn es ist ungeheuer wichtig, sich Kenntnisse geistiger Tatsachen zu erwerben, derer man nicht angesichtig ist. Vorausgesetzt, man ist überzeugt davon, jede Nacht und nach dem Tode in eine geistige Welt zu gehen, ebenfalls vorausgesetzt, man lehnt die geisteswissenschaftlichen Forschungsergebnisse Rudolf Steiners nicht völlig ab, so wird man auch unschwer dem Gedanken folgen können, daß man sich ein Wissen von den Wegen erwerben sollte, die man nachts, nach dem Tode, durch den okkulten Schulungsweg oder durch seelische Erschütterungen betritt.

So wie wir uns vorher auf einer Landkarte orientieren, wenn wir ein Ziel ansteuern, ist es wichtig, die Bereiche und Wesenhaftigkeiten zu studieren, mit denen man notwendigerweise irgendwann konfrontiert wird. Und dazu gehört auch der Hüter der Schwelle, dem wir ständig begegnen, wenn auch unbewußt. Aber irgendwann wird diese Begegnung bewußt verlaufen: nach dem Tode ohnehin, vielleicht aber auch schon während des Lebens. Deswegen ist es so wichtig, sich einen Überblick über das, was mit diesem Wesen zusammenhängt, zu verschaffen, zumindest in Erzählungen von ihm zu hören. Rudolf Steiner führt dazu aus:

„Wenn man sich bemüht, in dieser Weise zuerst einen Überblick sich zu verschaffen, wenn man zuerst Begreifender werden will und dann Hellseher, dann hat man in bezug auf die heutige Menschheitsstufe das Richtige getan. Erst muß man Geisteswissenschaft gründlich kennenlernen. Tut man das, dann geben die großen, die umfassenden, die stärkenden und mutspornenden und erfrischenden Ideen und Gedanken dieser Wissenschaft der Seele nicht nur etwa Theorie, sie geben der Seele Empfindungs-, Willens- und Denkeigenschaften, so daß sie sich stählt. Dann, wenn die Seele solches durchgemacht hat, wird der Moment der Begegnung mit dem Hüter der Schwelle zu etwas anderem, als was er sonst geworden wäre. In ganz anderer Weise werden Angst und Besorgniszustände überwunden, wenn man vorher durch das Erfassen der Erzählungen der höheren Welten hindurchgegangen ist, als wenn dies nicht geschehen ist." (GA 113/1977/24.08.1909/Tb. S.43)

Es kann auch nie darum gehen, daß man aus sektiererischen Gründen oder aus falschverstandener Esoterik Kenntnisse über den Hüter verschweigt. Auch geht es keinesfalls darum, daß man durch das Wissen über die Hüterbegegnung irgendwelche Prozesse der Seelenläuterung durchmacht, denn dazu sind andere Übungen notwendig, sondern es schafft die Grundlage und Voraussetzung der Selbsterkenntnis und die Sicherheit über das, was unabdingbar auf alle Menschen zukommt:

„Der Mensch bleibt geschützt vor den geschilderten Erlebnissen, solange er nicht an diese Schwelle selbst herantritt. Daß er Erzählungen von ihren Erlebnissen von denen entgegennimmt, welche diese Schwelle betreten oder überschritten haben, das ändert nichts daran, daß er geschützt ist. Dagegen kann ihm solche Entgegennahme dienen im guten Sinne, wenn er sich der Schwelle nähert. Es ist auch in diesem Falle so wie in vielen andern, daß eine Verrichtung besser vollzogen wird, wenn man vorher schon eine Vorstellung von ihr sich machen kann, als im entgegengesetzten Falle. An dem aber, was der Wanderer in die übersinnliche Welt an Selbsterkenntnis gewinnen soll, wird durch solches Vorherwissen nichts geändert. Es ist deshalb nicht den Tatsachen entsprechend, wenn manche hellsichtige oder mit dem Wesen der Hellsichtigkeit vertraute Personen behaupten, von solchen Dingen solle überhaupt im Kreise von Menschen nicht gesprochen werden, die nicht vor dem Entschlusse unmittelbar stehen, sich in die übersinnliche Welt selbst hineinzubegeben. Wir leben gegenwärtig in einer Zeit, in welcher die Menschen immer mehr mit dem Wesen der übersinnlichen Welt bekannt werden müssen, wenn sie den Forderungen des Lebens seelisch gewachsen sein wollen. Die Verbreitung der übersinnlichen Erkenntnisse und somit auch derjenigen vom Hüter der Schwelle gehört zu den Aufgaben der Gegenwart und der nächsten Zukunft." (GA 16/1972/4. Meditation/Tb. S.37 f.)

Die unbewußte Hüterbegegnung der Menschheit

Ehe ich in diesem Artikel zur Darstellung des Hüters selber komme, bedarf es einiger weiterer Bausteine. Nicht nur in der Nacht, nach dem Tode, auf dem okkulten Schulungsweg oder durch krankhafte Prozesse begegnet der Mensch bewußt oder unbewußt dem Hüter, sondern die ganze Menschheit als Gesamt begegnet dem Hüter weitgehend unbewußt, und zwar jetzt in unserer Zeit (siehe dazu auch den Artikel von Klaus-Dieter Neumann in diesem Heft). Die Menschheit überschreitet in ihrer Geschichtsentwicklung und in ihrer Denkungsart eine Schwelle, und dieses Ereignis darf nicht verschlafen werden:

„Die fünfte nachatlantische Periode ist es, in der wir leben, und in dieser Periode muß in ihrer Gesamtentwickelung die Menschheit durchgehen durch etwas Ähnliches, wie es die Schwelle ist für den einzelnen individuellen Menschen beim Hineinschreiten in die übersinnliche Welt. Die Menschheit als Ganzes, sagte ich, in ihrer kosmischen, oder wir können auch sagen meinetwillen terrestrischen Geschichtsentwickelung, sie schreitet über die Schwelle, diesseits welcher, das heißt in der vorhergehenden Zeit, eine ganz andere Art von Weltanschauung, von Erkenntnis für die Gesamtmenschheit notwendig war, als jenseits der Schwelle, das heißt nachher.

Das ist es, was im Unbewußten der ganzen Menschheit sich heute abspielt, was man bloßlegen muß durch die Geisteswissenschaft, was aber auch beweist, wie notwendig dieser heutigen Menschheit die Geisteswissenschaft ist. Denn dieses Überschreiten der Schwelle darf eigentlich nicht im Unbewußten bleiben. Dieses Überschreiten der Schwelle muß dem Menschen bekannt werden, sonst verschlafen oder mindestens verträumen die Menschen dasjenige, was eigentlich als wichtigstes Ereignis mit ihnen vorgeht. Und wir sollen ja gerade in dieser fünften nachatlantischen Epoche das Bewußtsein ausbilden. Wir können mit Bezug auf das Wichtigste, was mit der Menschheit vorgeht, nicht das Bewußtsein anders ausbilden, als durch Aufsteigen von der bloßen Sinneswissenschaft zur Geisteswissenschaft." (GA 192/1964/01.05.1919/S.65)

Rudolf Steiner setzt diesen Schwellenübertritt der Menschheit für die fünfte nachatlantische Kulturperiode an, also die 2.160 Jahre zwischen 1413 und 3573. Meist bezieht er es aber auf unser jetziges Jahrhundert oder auf die Jahre 1842–1879, die Zeit des großen Geisteskampfes der michaelischen Geister mit den Geistern der Finsternis (ausführliche Erläuterungen dazu in FLENSBURGER HEFTE Nr.26, „Michael"):

„In den vierziger Jahren des neunzehnten Jahrhunderts gingen im Grunde genommen diese Dinge wirklich verloren. Es ist der Abgrund da bis zum Ende des neunzehnten Jahrhunderts, wo durch die Michael-Zeit die Dinge wieder gefunden werden konnten. Da aber, indem die Menschen über diesen Abgrund schritten, schritten sie eben eigentlich über eine Schwelle. Und an dieser Schwelle steht ein Hüter. Und die Menschheit konnte ihn zunächst nicht gleichzeitig beobachten, indem sie zwischen dem Jahre 1842 und 1879 an ihm vorbeigegangen ist. Aber sie muß zu ihrem Heil nunmehr zurückschauen und ihn beachten. Denn das Nichtbeachten und das Weiterhineinleben in die folgenden Jahrhunderte, ohne ihn zu beachten, würde eben zum alleräußersten Unheile der Menschheit führen." (GA 233/1962/12.01.1924/S.229)

Daß die gesamte Menschheit über die Schwelle schreitet, hat mancherlei Ursachen, Auswirkungen und Konsequenzen. Voraussetzung ist vor allem die Bewußtseinsveränderung, also daß bis in die Wissenschaft und in das alltägliche Leben spirituelles Gedankengut, die reale Betrachtung eines differenzierten geistigen Seins miteinbezogen wird. Im Vergleich zum letzten Jahrhundert ist dieser Prozeß voll im Gange, wenn auch oft chaotisch und von vielerlei Gegenrichtungen begleitet.

Eine weitere Ursache, daß die Menschheit an eine Schwelle herangeführt wird, ist die katastrophale Weltsituation mit all den grauenhaften Folgen für die betroffenen Menschen: 35 kriegerische Konflikte auf der Erde, Alkohol- und Drogensucht, die Hungerkatastrophe, Aids, die globale Umweltzerstörung, die weltweiten Massenmigrationen, psychische Krisen sowie sämtliche sozialen Konflikte im kleineren Umkreis wie zum Beispiel Partnerschaftskonflikte.

Bedingt durch die Zeitereignisse werden viele Menschen an Grenzen geführt, die in der Intensität der seelischen Erschütterung sicherlich der Erschütterung bei einer Hüterbegegnung gleichkommen, nur daß es oftmals nicht ein einmaliges konzentriertes Selbsterlebnis wie bei der Hüterbegegnung ist, sondern ausgedehntere Leidensprozesse zwischenmenschlicher Art oder solche durch andere Menschen zugefügte. Aber die Wirkung ist meines Erachtens eine Art unbewußte Einweihung, eine Einweihung durch das Leben. Es fehlen nur die konsequente Schulung und die Hellsicht bzw. klare Begriffe übersinnlicher Erlebnisse, die trotz allem eintreten können, aber nicht vollbewußt wahrgenommen werden.

An dieser Grenze, dieser Schwelle zur übersinnlichen Welt, steht die Gestalt des Hüters, der man durch die derzeitigen katastrophalen Ereignisse und den daraus folgenden konstitutionellen Veränderungen und neuen spirituelleren Ausrichtungen des Bewußtseins unbewußt begegnet. Die Menschheit ist diesem Hüter nahe, sie schreitet an ihm vorbei, wenn auch nicht so bewußt wie auf dem okkulten Schulungsweg, und sie weiß in den meisten Fällen gar nichts von ihm. Also gilt es, sich klare Begriffe von dem Hüter zu machen:

„Die Menschheit geht einmal, indem sie nach der Zukunft hin sich entwickelt, durch gewisse Erfahrungen hindurch. Sie geht unbewußt durch diese Erfahrungen hindurch, wenn sie es nicht vorzieht, sie ins Bewußtsein heraufzubringen, was eben im Zeitalter der Bewußtseinsseelenentwickelung geschehen sollte. Aber gerade in diesem Zeitalter der Bewußtseinsseelenentwickelung wird heute noch manches, was an den Menschen im Unterbewußtsein herantritt, zurückgestoßen.

Unter anderem tritt mehr und mehr ein gewisser Teil desjenigen Erlebnisses an den Menschen heran, das man nennen kann die Begegnung mit dem 'Hüter der Schwelle'. Gewiß, will man wirklich in die geistige Welt vollbewußt eintreten, Imaginationen, Inspirationen, Intuitionen entwickeln, so muß man in viel höherem Maße mit reichlicheren Erfahrungen, mit ganz andern Erfahrungen noch eintreten in das Gebiet der übersinnlichen Welt. Man muß gründlicher – wenn ich mich des Ausdrucks bedienen darf – beim Hüter der Schwelle vorbeischreiten, als die ganze Menschheit im Laufe des Zeitalters der Bewußtseinsseele dies tun muß. Aber in einem gewissen Grade muß der Mensch einfach bis zum Ende der Bewußtseinsseelenentwickelung an dem Hüter der Schwelle vorbeigeschritten sein. Er kann nun die Bequemlichkeit haben, dieses Vorbeischreiten ganz im Unterbewußtsein zu lassen. Daß dies aber nicht geschehe, dazu ist gerade Geisteswissenschaft da. Sie soll darauf aufmerksam machen, daß das eben jetzt zu den Geschehnissen gehört, die sich in der Menschheitsentwickelung vollziehen. Und derjenige, der heute die Leute abhält von Geisteswissenschaft, will eigentlich nichts Geringeres, als die Menschen zwingen, nicht bewußt, sondern unbewußt am Hüter der Schwelle vorbeizukommen, der eben einfach in diesem Zeitalter in den Horizont der Menschen hereintritt.

Mit anderen Worten: die Menschheit muß in den 2.160 Jahren, welche das Zeitalter der Bewußtseinsseelenentwickelung dauert, von 1413 an ungefähr, in irgendeiner Inkarnation an dem Hüter der Schwelle vorbeikommen und teilweise die Erlebnisse, die man bei dem Hüter der Schwelle haben kann, erleben." (GA 188/1967/03.01.1919/S.23)

Die Schwelle zur übersinnlichen Welt

Früher – als es noch harte Winter gab – fror hier bei uns hin und wieder die Flensburger Förde zu, und man konnte zu Fuß über das Eis ans andere Ufer nach Dänemark gehen. Ähnliches werden Sie alle schon erlebt haben, und sei es auch nur an einem kleinen Teich. Die Eisdecke bildet eine feste Schicht, eine Trennwand zu dem Wasser unter ihr. Aber das Eis ist doch aus demselben Stoff wie das Wasser. Etwas Ähnliches kann man erleben, wenn man mit einem Schiff in den nördlichen Breiten die Eisbären besuchen will und den ersten Eisbergen begegnet, die teils im, teils über dem Wasser schwimmen.

Das Bild der Eisdecke oder des im Wasser schwimmenden Eisberges läßt sich genauso auf den physischen Menschen und seine übersinnlichen Leiber und Hüllen übertragen wie auf die feste Erde und ihre Hüllen. So wie das Eis verdichtetes Wasser ist, so ist die physische Materialität verdichteter Geist, die dazwischen liegende Äther- und die Astralwelt sind Zwischenstufen dieses Verdichtungsprozesses. Aber so wie Eis letztendlich Wasser ist, ist auch die Materie Geist, nur eben verdichtet. Und der Geist, auch die Astralität und Ätherizität, durchdringen die Materie der Erde und der materiellen Leiblichkeit des Menschen, so daß man den Geist nicht etwa irgendwo im Himmel – zwar auch – suchen muß, sondern genauso um uns herum und in uns. Genauso wie man durch die Eisdecke durchstoßen muß, um zum Wasser zu kommen, muß man die Grenze der physischen Leiblichkeit überwinden, um zum Geist zu kommen.

Mit dem Bewußtsein, mit dem aktiven Denken kann man verhältnismäßig problemlos in einen geistigen Prozeß, in eine lebendige Gedankenbewegung – und das ist Geist! – vorstoßen. Will man sich aber Organe zum Schauen des Geistigen bilden, so wie man mit den Sinnesorganen die verschiedenen Qualitäten der sinnlich-physischen Welt wahrnehmen kann, dann ist das ein langer mühevoller Weg, soweit er in geordneten Bahnen verläuft. Und hier überschreitet man verschiedene Schwellen.

Die erste Schwelle ist die zur ätherischen Welt, dann kommt diejenige zur astralischen, letztlich die zur geistigen Welt, die in sich auch noch weitere Stufen hat. Diese Schwellen kann man nach außen – in die Welt – und nach innen, also in die eigene Wesenheit, überschreiten. Es sind zwei Wege, aber es ist dieselbe Schwelle.

Daß wir von diesen übersinnlichen Welten bei unserer derzeitigen Konstitution nichts wahrnehmen, hat seinen guten Grund. Vor die übersinnlichen Welten ist ein Schleier gezogen. Auch wenn man vielleicht anfängliche Schauungen der ätherischen und astralischen Welt hat, der Schritt über die Schwelle zur geistigen Welt ist ein sehr viel größerer. Und an dieser Schwelle steht ein Wesen, das verhindert, daß wir unvorbereitet in diese Welten schauen können: der Hüter der Schwelle.

Die übersinnlichen Welten

Tages- bzw. Wachbewußtsein nennt man den Zustand, in dem sich der Mensch befindet, soweit er sich nicht ein Schlafpäuschen gönnt. Ist der Mensch gesund, sind seine drei Seelenkräfte – Denken, Fühlen, Wollen – in einer weitgehenden Harmonie, durch den physischen Leib zu einer Ganzheit verbunden. Solange keine krankhaften Zustände eintreten bzw. die Seelenkräfte auseinanderzudriften beginnen, wird der seelisch gesunde und konsequente Mensch zum Beispiel eine Idee mit seinen Gedankenkräften ergreifen, sie wird ihn befeuern, und irgendwann verwirklicht er sie in der Tat.

Natürlich kann es auch ganz andere Wege im Seelenleben geben: Man hat als erstes ein Gefühl und verbindet es langsam mit der Gedankensphäre, indem man mit einem gewissen Abstand darüber nachdenkt, oder man verrichtet eine Tat, bekommt dabei aber ungute Gefühle, strengt sein Denken an und kommt zu dem Schluß, daß die Tat falsch war. Das Seelenleben läuft dadurch, daß wir in einer physischen Leiblichkeit inkarniert sind, mehr oder weniger in einem harmonischen Gefüge.

Ganz anders ist es allerdings während des Traumbewußtseins. Stellen Sie sich vor, Sie träumen, daß Sie fliegen. Wahrscheinlich werden Sie dabei angenehme Gefühle haben. Nun stürzen Sie ab, und eine gewisse Angst wird

Ihre Seele durchziehen. Auch werden Sie vielleicht im Bett herumwühlen, also eine gewisse Willenstätigkeit ist vorhanden. Denken kann man allerdings während des Traumes nicht, allerhöchstens träumt man, daß man denkt.

Die drei Seelenfähigkeiten sind also während des Traumbewußtseins mehr oder weniger vorhanden, aber – und das ist ganz wichtig! – man kann sie nicht mit seinen Ich-Kräften bewußt steuern. Man kann den Traum nicht willentlich beeinflussen, man kann nicht darüber nachdenken, daß es unsinnig ist, Angstgefühle zu haben, und ist nicht fähig, sie durch die gewonnene Erkenntnis zu verscheuchen. Das Seelengefüge des Menschen ist während des Traumzustands disharmonisch, es läuft und driftet auseinander.

Das liegt daran, daß der Mensch nachts gelockert ist, weil zumindest aus dem physischen und ätherischen Kopfbereich der Astralleib und das Ich herausgezogen sind. Es ist keineswegs so, daß man während des Traumzustandes kein Bewußtsein hätte. Man verliert lediglich das Wachbewußtsein. Wenn man nun in dieses träumerische Bewußtsein durch entsprechende Übungen erhöhte Bewußtseinskräfte schickt, kann man erreichen, daß man während des Traumbewußtseinszustandes wach wird, und damit erfaßt man sich in einem höheren Bewußtseinsgrad als es das Wachbewußtsein ist: dem ersten übersinnlichen Bewußtsein. Erwacht man sogar in dem nächsttieferen Bewußtseinszustand – dem Schlafbewußtsein –, so erweckt man sich wiederum zu einem erhöhten Bewußtseinszustand: dem zweiten übersinnlichen Bewußtsein.

Mit dem ersten übersinnlichen Bewußtsein kann man die astralische oder elementarische Welt überschauen, mit dem zweiten übersinnlichen Bewußtsein einen Teil der geistigen Welt, auch niederes Devachan genannt, mit einem dritten übersinnlichen Bewußtsein das höhere Devachan.

Eintritt in die elementarische Welt

Wenn man sich ein Bewußtsein von den übersinnlichen Welten erarbeiten will, muß man den okkulten Schulungsweg gehen, das heißt Konzentrations- und Meditationsübungen durchführen, wie Rudolf Steiner sie zum Beispiel in seiner „Geheimwissenschaft im Umriß" (GA 13) oder in „Wie erlangt man Erkenntnisse der höheren Welten?" (GA 10) beschreibt. Hierbei geht es neben der moralischen Schulung vor allem um die Steigerung und Erkraftung der Denkfähigkeit. Denn ohne ein gründliches Studium geisteswissenschaftlicher Darstellung, ohne klare Begriffe geistiger Wesen und Zusammenhänge und ohne ein starkes und kraftvolles Denken, das man durch meditative Übungen immer weiter steigert, wird man in den übersinnlichen Welten nur Irrtum über Irrtum erleiden. So gilt bereits für die elementarische Welt:

„Findet sich aber die Seele stark genug zum Eintritte, erkennt sie in sich die Kräfte, welche ihr gestatten, nach dem Eintritte ihre Wesenheit als selbständige zu behaupten und in dem Felde ihres Bewußtseins nicht nur Gedanken, sondern auch Wesenheiten zu erleben, wie sie es muß in der elementarischen und in der geistigen Welt: so erfühlt sie auch, daß sie diese Kräfte nur innerhalb des Lebens in der Sinneswelt hat sammeln können. Sie sieht die Notwendigkeit ein, in ihrem Weltenlaufe durch die Sinneswelt geführt zu werden.

Insbesondere ergibt sich diese Einsicht durch die Erlebnisse, welche das übersinnliche Bewußtsein mit dem *Denken* hat. Beim Eintritte in die elementarische Welt erfüllt sich das Bewußtsein mit Wesenheiten, die in Bildform wahrgenommen werden. Es kommt gar nicht in die Lage, innerhalb dieser Welt gegenüber deren Wesenheiten eine ähnliche innere Seelentätigkeit zu entwickeln, wie sie im Gedankenleben innerhalb der Sinneswelt entwickelt wird. – Dennoch wäre es unmöglich, sich innerhalb dieser elementarischen Welt als menschliches Wesen zurechtzufinden, wenn man sie nicht denkend beträte. Man würde ohne denkende Betrachtung wohl die Wesenheiten der elementarischen Welt *schauen;* man würde aber von keiner in Wahrheit wissen können, was sie ist. Man gliche einem Menschen, der eine Schrift vor sich hat, die er nicht lesen kann; ein solcher sieht mit seinen Augen genau dasselbe, was auch derjenige sieht, der die Schrift lesen kann; Bedeutung und Wesenheit hat sie aber doch nur für diesen.

Dennoch übt das übersinnliche Bewußtsein während seines Verweilens in der elementarischen Welt keineswegs eine solche denkerische Tätigkeit aus, wie sie in der Sinneswelt sich vollzieht. Es ist vielmehr so, daß ein denkendes Wesen – wie der Mensch – im richtigen Schauen der elementarischen Welt die Bedeutung ihrer Wesen und Kräfte mit-wahrnimmt, und daß ein nicht-denkendes Wesen die Bilder ohne deren Bedeutung und Wesenheit wahrnehmen würde." (GA 17/1972/8. Kap./Tb. S.102 f.)

Betritt man die elementarische bzw. Astralwelt, so kehren sich im Grunde die Verhältnisse um. Man ist keine zentrierte Persönlichkeit mehr, wie wir uns empfinden, wenn wir in der physischen Leiblichkeit stecken, sondern man bekommt ein peripheres Bewußtsein und schaut seine übersinnlichen

Leibeshüllen gleichzeitig an. Zusätzlich kontaktiert man mit einer Fülle verschiedenster Wesenheiten, vor allem auch mit verselbständigten Teilen der eigenen Wesenheit. Hat man sich nicht auf diese Vielfalt denkerisch gründlich vorbereitet, wird man in den Wogen der elementarischen Welt untergehen:

„Wenn man in die elementarische Welt eintritt, ist es so, daß sich das Erlebnis vergleichen läßt mit dem grotesken Bild des Hineinsteckens des Kopfes in einen Ameisenhaufen; das heißt, man steckt das Bewußtsein so in die elementarische Welt hinein, daß die einzelnen Gedanken besondere Gedankenlebewesen sind, daß das anfängt, ein selbständiges Leben zu haben und man das Bewußtsein hineintaucht in dieses Leben. Nun, für die hellsichtige Seele stellt sich das Folgende heraus. Der Mensch hat immer in seiner Seele einiges, was er sozusagen nicht voll beherrscht, wofür er besondere Affekte hat. Solchen Dingen gegenüber, was so geartet ist, daß der Mensch mit seinem Inneren in ganz eigenartiger Weise zusammenhängt, entfaltet Ahriman eine besondere Tätigkeit. Es gibt in der Menschenseele solche Teile, die man gewissermaßen loslösen kann von dem Ganzen dieser Menschenseele. Weil der Mensch nicht eine vollständige Herrschaft ausübt über solche Einschlüsse, macht sich Ahriman darüber her. Und da macht sich durch Ahrimans Tätigkeit, die unberechtigt ist, die dadurch entsteht, daß Ahriman seine Grenze überschreitet, dann die Tendenz geltend, daß solche Teile der menschlichen ätherischen Wesenheit und auch der menschlichen astralischen Wesenheit, welche die Neigung haben, sich von dem übrigen Seelenleben loszutrennen und selbständig zu werden, von Ahriman sich formen lassen, so daß er ihnen die menschliche Gestalt gibt. Im Grunde genommen steht es mit allen möglichen Gedanken, die in uns selber sitzen, so, daß sie die menschliche Gestalt annehmen können. Wenn der Mensch diesen Gedanken als Gedankenlebewesen gegenübertritt, wenn dann Ahriman die Gelegenheit hat, einen solchen Teil der menschlichen Seele zu verselbständigen, ihm die menschliche Form zu geben, und man lebt sich in die elementarische Welt hinein, dann steht man diesem verselbständigten Teil seiner Wesenheit als seinem Doppelgänger gegenüber. [...] Wenn man in seinem physischen Leibe darinnensteckt, so kann man sich nicht gegenübertreten; wenn man aber in seinem ätherischen Leibe die elementarische Welt betritt, so kann man in ihm stecken und ihn dennoch von außen sehen, wie man den Doppelgänger sieht. Dies ist mit dem Doppelgänger gemeint. Er ist im Grunde genommen, wenn man substantiell spricht, ein großer Teil des ätherischen Leibes selber. Während man einen Teil desselben zurückbehält, sondert sich ein Teil ab, wird objektiv. Man schaut ihn an, es ist ein Teil der eigenen Wesenheit, dem Ahriman die Gestalt gegeben hat, die man selber hat." (GA 147/1969/30.08.1913/S.118 f.)

Es sei hier nur kurz bemerkt, daß diese ahrimanische ätherische Doppelgängergestalt nicht der einzige Doppelgänger des Menschen ist. Aus Platzgründen muß ich aber verzichten, hier näher darauf einzugehen. Obige Doppelgängererscheinung – die man mit einem gesteigerten Bewußtsein wahrnehmen kann – kann auch im normalen Alltagsleben, auch wenn man nicht hellsichtig ist, auftreten, allerdings nur dann, wenn man unterbewußte Wahrnehmungen hat, wenn das Ich-Bewußtsein teilweise ausgeschaltet ist. Miese menschliche Eigenschaften sind dann das Einfallstor dafür, daß ahrimanische Geister Teile des Ätherleibes verselbständigen:

„Es kann das Folgende vorkommen: Irgendein Mensch kann ein Intrigant sein, kann mancherlei Menschen durch seine Intrigen Böses zugefügt haben. Er kann wieder einmal ausgegangen sein und irgendeine Intrige eingefädelt haben. Er kommt zurück in seine Wohnung, tritt vielleicht in sein Schreibzimmer ein, auf seinem Schreibtisch liegen vielleicht Papiere, auf denen Dinge stehen, mit denen er die Intrigen eingefädelt hat, und es kann ihm passieren, trotzdem er in seinem Oberbewußtsein zynisch geartet sein kann, daß doch sein Unterbewußtsein erfaßt wird von jenen Impulsen des Intrigierens. Er tritt ein in sein Schreibzimmer, schaut zu seinem Schreibtisch hin und siehe da: er sitzt da selber. Das ist eine unangenehme Begegnung, wenn man durch seine eigene Türe ins Zimmer tritt und sich selbst am Schreibtisch sitzen sieht. Aber solche Dinge gehören in den Bereich dessen, was sehr oft passiert und was dann gerade leicht passieren kann, wenn solches Intrigieren stattfindet. Dasjenige, dem man da begegnet, ist durchaus der Doppelgänger." (ebd./S.119 f.)

Eintritt in die geistige Welt

Arbeitet man sich mit seinem hellseherischen Bewußtsein zur geistigen Welt empor, so gilt verstärkt, was auch schon für das für die elementarische Welt erwachende Bewußtsein gilt: Nur mit einem während des Wachbewußtseins erstarktem Denken erlangt und behält man die Kraft der Unterscheidungsfähigkeit der verschiedensten Wesen der geistigen Welt:

„Wird die geistige Welt betreten, so würden zum Beispiel die ahrimanischen Wesenheiten für etwas ganz anderes gehalten werden als was sie sind, wenn sie nicht von der Seele als einer denkenden Wesenheit geschaut würden. Ebenso ist es mit den luziferischen und anderen Wesenheiten der geistigen Welt. Die ahrimanischen und luziferischen Wesenheiten werden von dem Menschen als das geschaut, was sie sind, wenn er sie von der geistigen Welt aus mit dem hellsichtigen Blicke betrachtet, der durch das Denken erkraftet ist." (GA 17/1972/8. Kap./Tb. S.103)

So wie man in der elementarischen Welt bereits einem Teil seiner selbst – dem Doppelgänger – begegnen kann, so gilt es für die geistige Welt verstärkt. Man muß sich allerdings mit dem Gedanken vertraut machen, daß man sich in diesen Bereichen vervielfältigt gegenübertritt, wenn auch nur Teilen des Ätherleibes und der Seele, die einem selbst als eigenständige Wesenheiten gegenübertreten können und die man leicht verwechseln kann. Lediglich zwei Beispiele von Wesenheiten möchte ich anführen – die man sicherlich auch schon anfänglich in der elementarischen Welt schauen kann, aber in der geistigen Welt gestalten sie sich klarer heraus, und man hat bei entsprechender Gedankenschulung einen differenzierenderen Überblick –, damit man sich in diesem Artikel auf die Darstellung des Hüters der Schwelle vorbereiten kann. Denn auch dabei geht es um die Schau seiner selbst.

Jeder Mensch hat in sich unbewältigtes, unausgetragenes Karma. Das können Versäumnisse aus diesem, wie auch aus dem letzten Leben sein. Rudolf Steiner schildert in seinen Mysteriendramen bei dem Eintritt des Johannes Thomasius in die übersinnlichen Welten die Gestalt des Geistes der Jugend. Dies ist ein Teil der Wesenheit des Johannes Thomasius, und zwar sein unausgetragenes Karma. Dieser unbewältigten Karmasubstanz kann sich Luzifer bemächtigen und sie in einem verselbständigten Teil des Ätherleibes beseelt zur Gestalt bringen:

> „Er kann sich einen substantiellen Teil des Ätherleibes nehmen und ihn gleichsam beseelen mit dem unausgetragenen Karma. Dann wird ein Schattenwesen daraus unter dem Einfluß des Luzifer, ein solches Schattenwesen, wie es in dem Geist des jungen Johannes Thomasius dargestellt ist. Ein solches Schattenwesen ist ein wirkliches Wesen; es ist da, abgesondert von Johannes Thomasius, nur daß es grausige Verrichtungen hat aus dem Grunde, weil es eigentlich der allgemeinen Weltenordnung widerspricht. Was als Schattenwesen draußen ist, sollte in dem Johannes darinnen sein. Dadurch wird das hervorgerufen, was man als ein tragisches Geschick dieses Schattenwesens empfindet, das als ein Teil des Ätherleibes in der elementarischen und geistigen Welt draußen lebt. Das ist also durch Luzifer zum Schattenwesen verselbständigtes unausgetragenes Karma des Jo-

hannes Thomasius. Derjenige, der so etwas erlebt – und das ist ein wichtiges, ein bedeutungsvolles Erlebnis –, erlebt es so, daß er weiß, weil er Karma unausgetragen hat, hat er eine Art kosmischer Schuld auf sich geladen, hat er ein Wesen geschaffen, das eigentlich nicht draußen sein sollte, sondern in einem selber." (GA 147/1969/30.08.1913/S.124)

Man denke an die eigenen Versäumnisse in diesem Leben, man stelle sich zusätzlich vor, daß entsprechende, noch unausgetragene Pakete aus dem letzten Leben vorliegen, man mache sich ebenfalls die Verschuldungen und Versäumnisse seiner Mitmenschen klar, dann wird es nur zu deutlich, daß wohl bei jedem Menschen diese kosmische Schuld vorliegt.

Aber nicht nur das unaufgearbeitete Karma kommt einem als Teil seiner selbst, aber zugleich als eigenständiges Wesen in der geistigen Welt entgegen, sondern auch die drei Seelenkräfte. (Im Artikel von Klaus-Dieter Neumann sowie den beiden Interviews in diesem Heft wird über das Auseinanderdriften der Seelenkräfte gesprochen.) Gelangt man durch verstärkte Übungen auf dem okkulten Schulungsweg in die geistigen Bereiche, so werden die drei Seelenkräfte nicht mehr durch den physischen Leib zusammengehalten, sondern erscheinen einem als eigenständige Wesen. In den Mysteriendramen Rudolf Steiners treten sie als Philia, Astrid und Luna, als die denkende, fühlende und wollende Seele auf.

Wenn man in der Lage ist, in die geistigen Welten zu schauen, erlebt man nicht wie im Alltagsleben seine subjektiven Gedanken und Gefühle, sondern die eigenen drei Seelenkräfte erscheinen einem als objektive Wesen; ebenso die aller anderen Menschen:

„Diese Gestalten sind ganz reale Gestalten; sie sind so oft in der geistigen Welt vorhanden, als es einzelne Menschenseelen gibt. Man erkennt sie, wenn man sie einmal erkannt hat, wie man alle Haferkörner kennt, wenn man ein Haferkorn kennengelernt hat. Aber man muß sich klar sein, daß das, was uns sonst nur ein Schattenbild, ein schwaches Schattenbild in der menschlichen Seele ist, einem dann, wenn man seinem anderen Selbst begegnet, als eine lebendige Dreiheit, als eine wirklich differenzierte Dreiheit, in drei Wesen differenzierte Dreiheit entgegentritt. Man ist Philia, Astrid, Luna selber. Aber das sind trotzdem durchaus selbständige Gedankenlebewesen." (ebd./S.116 f.)

Rudolf Steiner schildert auch die Gefahren, die in dieser Begegnung liegen: daß man diese Wesen nicht als zu sich selbst gehörig durchschaut bzw. sich nicht als die Einheit dieser Dreiheit empfindet:

„Und was man in der erstarkten Seele dann haben muß, das ist das Bewußtsein, man ist die Einheit dieser drei Wesen. Und auch davon muß man ein Bewußtsein haben, daß das, was man Denken, Fühlen und Wollen nennt, eine Maja ist, nämlich ein Schattenbild, das von diesen Dreien in die Seele hereingeworfen wird. Das Krankhafte der Seele würde darin bestehen können, entweder, daß man sich nicht erkennt in der geistigen Welt als diese drei Wesen, daß man diese drei als Wesen betrachten würde, die nichts mit einem zu tun haben, oder daß man nicht die Einheit festhalten könnte, sondern sich selber so halten würde, daß ein Teil der Seele die Luna, ein anderer die Astrid und wieder ein anderer die Philia ist. Aber so in seiner vollen Dreiheit dieses andere Selbst zu sehen, das erfordert eben einen normalen idealen Entwickelungsgang der Seele, wie er kaum vorhanden sein kann bei einer menschlichen Seele." (ebd./ S.117)

Den Teufel im Leib

Nun kann man sich natürlich fragen, wozu ich obige Darstellungen Rudolf Steiners gebracht habe. Aus zweierlei Gründen: Zum einen möchte ich deutlich machen, daß man sich – hellseherisch beobachtet – in allen seinen Eigenschaften selbst gegenübertritt, was für die Hüterbegegnung von äußerster Wichtigkeit ist, zum anderen möchte ich Ihnen – liebe Leserinnen und Leser – nahebringen, sofern Ihnen das nicht längst klar ist, daß der Mensch keineswegs ein Engel ist, sondern ganz im Gegenteil sogar von äußerst niederträchtiger, teils bösartigster Natur, potentiell sogar der Mörder seiner Mitmenschen und zu jedem Verbrechen fähig.

Vielleicht werden Sie dem widersprechen. Ich möchte natürlich nicht verschweigen, daß viele Menschen unzählige gute Eigenschaften haben und mit enormer Kraft durch unsägliches Leid die Weltentwicklung im Guten vorangebracht haben. Aber das ändert nichts daran, daß der Mensch ganz unabhängig davon den Teufel, einen Herd des Bösen als Potentialität in sich trägt. Und diese Kräfte des Bösen kriechen, gerade in der heutigen Zeit der Seelenlockerungen, der Menschheitserschütterungen, an allen Ecken und Enden aus dem Menschen hervor: sich langsam und stetig steigernd oder eruptiv.

Ich möchte deshalb fünf Berichte über Greueltaten zitieren – vier aus Bosnien, einen aus Ruanda –, um damit stellvertretend zu zeigen, wozu Menschen wirklich fähig sind, wie Mitmenschen psychisch und physisch zugrundegerichtet werden, wie aus dem lieben Nachbarn plötzlich ein Monster wird und wie Menschen sich an Gewaltexzessen beteiligen können, bei denen jeder kontrollierende Gedanke, jedes Gefühl des Gewissens von ihren Gewalttaten abgetrennt scheint.

Ich beginne mit zwei Schicksalsgeschichten Peter Schneiders aus Sarajevo, wo weder ein Krieg noch ein Bürgerkrieg stattgefunden hat – genauso wie in anderen Teilen Bosniens –, sondern ein faschistischer Genozid der Zivilbevölkerung nach ethnischen Primitivprinzipien:

„Sie erzählt von einem gleichaltrigen Kommilitonen. Vor zwei Monaten hat er eine ihrer Freundinnen geheiratet. Die Brautleute, beide Moslems, ließen sich nicht religiös trauen, gaben sich aber beim Ja-Wort ein Versprechen, das in Sarajevo seit Kriegsbeginn häufig geworden ist. Alle Wege in die Stadt wollten sie von nun an gemeinsam machen. Wenn eine Granate einschlüge, sollte sie beide treffen.

In einem Café an der Straßenecke wurde mit dem schmalen Pomp, den der Krieg zuließ, die Hochzeit gefeiert. Etwa hundert Gäste kamen; die nahe Polizeistation, die mit einem Generator Strom erzeugte, spendierte Elektrizität bis um zehn. 'Es war ein rauschendes Fest', sagte Fadila, 'die besten Feste werden im Krieg gefeiert.'

Drei Wochen später traf sich die ganze Hochzeitsgesellschaft zum Begräbnis der Braut wieder. Beim gemeinsamen Gang des Paares zur Wasserstelle war eine Granate auf der gegenüberliegenden Straßenseite explodiert. Ein winziger Splitter traf die frisch Vermählte direkt ins Herz; sie war sofort tot, der Ehemann blieb unverletzt.

Der Schmerz über den Verlust verwirrte seinen Geist, er sprach nicht mehr, war nicht mehr imstande, seine Bewegungen zu koordinieren. Wochenlang lief er langsam wie in Trance die bekannten Heckenschützen-Alleen auf und ab, welche die Anwohner nur im Laufschritt überqueren und auf denen die Autos mit 100 Stundenkilometern dahinrasen. Er hoffte auf seine Kugel. 'Aber die Vorsehung', sagt Fadila, 'hatte kein Erbarmen mit ihm'.

Manchmal sieht sie ihn, der sie nun nicht mehr erkennt, in dem Café an der Ecke sitzen und ein seltsames Ritual vollführen. Er nimmt zwei Zigaretten aus dem Päckchen – das auf dem Schwarzmarkt fünf Mark kostet – und zündet beide an. Eine steckt er in den Mund, die andere legt er brennend in den Aschenbecher und läßt sie verglimmen." (*Spiegel* 7/94, S.141 ff.)

Und nun die Geschichte vom einst vertrauenserweckenden nachbarlichen Freund:

„Den Haß, der aus Nachbarn plötzlich Mörder und aus Vätern Kinderkiller macht, erklärt man sich im noch friedlichen Teil Europas mit hergebrachten Formeln über den Hexenkessel namens Balkan und Erinnerungen an die eigene Geschichte.

In Sarajevo liegen die Dinge etwas komplizierter, um nicht zu sagen rätselhafter. Es gibt dort kaum eine 'ethnisch reine' Familie. Ein halbes Jahrhundert des Zusammenlebens von vier Religionen und mindestens ebenso vielen Völkerschaften hat zu einem Grad der Vermischung geführt, wie er sonst nur in den USA anzutreffen ist.

Fast jede Familie müßte sich auflösen, jedes einzelne Familienmitglied in vier oder fünf Teile zerschnitten werden, um dem Anspruch auf ethnische Apartheid zu genügen. Serben und Kroaten sind denn auch zu rund 80 Prozent in der Stadt geblieben, nur 20 Prozent entdeckten plötzlich ihre großserbische oder kroatische Identität.

Wie so etwas geht, erzählt ein moslemischer Hausbesitzer. 30 Jahre hatte er, nur durch einen Gartenzaun getrennt, neben einem serbischen Nachbarn gelebt. Außer über Heckenwildwuchs und Kindergeschrei hatte es nie Streit gegeben. Einige Monate nach Kriegsbeginn verschwand der Nachbar. Wenig später wurde der Moslem zur bosnischen Armee eingezogen. In seinem Unterstand fing er per Funk einen Angriffsbefehl aus der gegenüberliegenden serbischen Stellung auf. Er erkannte die Stimme seines Freundes, der exakt die Position des moslemischen Nachbarhauses durchgab.

Die Granate wurde abgefeuert, und sie traf. 'Bis Du stirbst', sagte der ausgebombte Mann, 'wirst Du nie wissen, wer Dein Nachbar ist.'" (ebd./ S.144)

In der Bundesrepublik verbergen sich wahrscheinlich Dutzende von mutmaßlichen serbischen Folterern, teils unter dem Schutz serbischer Mafiosi. Dem mutmaßlichen Kriegsverbrecher Tadic soll jetzt der Prozeß gemacht werden. Verschiedene Moslems erinnern sich an diesen mutmaßlichen Schlächter:

„Der junge Moslem Emin J. erinnert sich noch verdammt gut an Tadic, einen früheren Kaffeehaus-Besitzer aus Kozarac in Bosnien, den alle nur 'Dule' nannten. Im Sommer 1992 sei Tadic in Tarnuniform im serbischen Konzentrationslager Omarska, nordwestlich von Banja Luka, erschienen und habe ihm einen Befehl erteilt:

'Ich mußte drei meiner Mitgefangenen mit den Zähnen die Hoden abreißen. Und denen habe ich mit den Zähnen die Hoden abgerissen. Sie

haben vor Schmerzen geschrien. Und sie haben ihnen zuerst Motorschmiere in den Mund getan und ihre Lippen mit Drähten durchstochen.'
Die Namen der Opfer in diesem Schlachthof für Menschen waren: Jasko H., Emir K., Emo A. Die drei heulten, ächzten, stöhnten, wimmerten, schrien. Hunderte von Menschen mußten das Marthyrium der Opfer beobachten. Zeuge Nummer 256836 gab Schweizer Vernehmern darüber später zu Protokoll: 'Die Qual dauerte rund drei Stunden.' Zeuge 259964:
'Die Körper der Geschundenen lagen die ganze Nacht vor einer Halle und wurden erst am Morgen auf einen Lkw geladen. Zwei der Opfer lebten noch. Wachen schossen K. eine Kugel in den Kopf und köpften A. mit einem Bajonett.'
Zeuge 260586:
'T. wollte sich mit diesen Verbrechen an diesen Menschen, die er schon lange kannte, rächen, indem er sie erniedrigte, folterte und schließlich umbrachte.'" *(Spiegel 8/94, S.75)*

Eines der dunkelsten Kapitel im Völkermord Bosniens sind die Massenvergewaltigungen:

„Denn so bedrückend die Schätzungen über die Zahl der Vergewaltigten auch sind, sosehr sich Frauen mit den Betroffenen identifizieren und mit ihnen fühlen – es verbirgt sich hinter dieser Zahl noch eine zweite, unausgesprochene, nicht minder bedrückende Ziffer: die Zahl der mutmaßlichen Täter – die Zahl der Männer, die gerade noch ein völlig normales, unauffälliges Leben führten, vielleicht im Kreis einer Familie, vielleicht mit einer Frau, mit einer Tochter, um wenig später zu sadistischen Wahnsinnstaten an Frauen und Mädchen fähig zu sein.

Dieser Gedanke muß alle beschäftigen, die von den Massenvergewaltigungen gehört haben: Wie viele Männer sind es, an denen der Zivilisationsprozeß offenbar vorübergerauscht ist, ohne tiefere Spuren zu hinterlassen? 10 Prozent der Männer? 20? Mehr? Nur in Ex-Jugoslawien, oder vielleicht auch bei uns?

Es sei ihnen befohlen worden, die bosnischen Frauen in den Gefangenenlagern zu vergewaltigen, rechtfertigen sich serbische Kriegsgefangene in ihren Verhören. Geht das? In den letzten Jahren ist männliche Sexualität dargestellt worden als etwas äußerst Sensibles, etwas, das sich zum Beispiel im Angesicht allzu resoluter Forderungen zaghaft zurückzieht und funktionsunfähig wird. Aber auf den schroffen Befehl eines militärischen Vorgesetzten reagiert sie diensteifrig?

Auch bei vielen westeuropäischen Männern setzt diesbezüglich Nachdenklichkeit ein. Das Männerbüro Göttingen zum Beispiel, eine therapeutische Initiative, die sich unter anderem mit dem Problem männlicher Gewalt befaßt, verfiel angesichts der Berichte über das Verhalten ihrer slawischen Geschlechtsgenossen zunächst in depressive Fragen: 'Sind Männer also doch die geborenen Monster, und ist Humanismus nur Gefühlsduselei?'" *(Spiegel* 14/93, S.182 f.)

Aber was am meisten erschreckt – wenn man überhaupt noch von einer Schreckenssteigerung sprechen kann –, sind die nach den Massenmorden auf den Killing Fields in Kambodscha schlimmsten Massenverbrechen: das sinnlose Töten und Zerhacken von einer halben Million Menschen in Ruanda.

„Üppige Bananenwälder und erntereife Hirse- und Süßkartoffelfelder ziehen sich bis hoch hinauf in die Bergketten. Vor den liebevoll angemalten Gehöften wachsen Sonnenblumen und rote Kapuzinerkresse. Kraniche gleiten über glitzernde Weiher im Tal, Marabus stelzen durch blühende Wiesen. So könnte das Paradies aussehen.

Vor knapp acht Wochen war die Region am Mohasi-See noch ein Vorhof der Hölle. Aufgeputschte Killerbanden der herrschenden Partei erstachen und zerhackten Tausende Männer, Frauen und Kinder, überwiegend vom Minderheiten-Stamm der Tutsi. Auch Hutu, die im Verdacht standen, mit den Tutsi zu sympathisieren, wurden abgeschlachtet.

Die Klosterkirche von Nyarubuye, nicht weit von der Grenzstation nach Tansania, hat die Kriegshandlungen heil überstanden. Im Portal breitet ein Gips-Christus seine Arme aus, um die Gläubigen zu segnen. Der Rest dahinter war ein einziges Leichenschauhaus, nachdem die Todesschwadronen der Hutu-Milizen darin gewütet hatten.

Nachrückende Tutsi-Flüchtlinge haben das Massaker beschrieben: Gleich vorn, am Fuße einer Treppe, lag eine Nonne mit halb abgehackten Kopf, daneben ein totes Kind. Hinten, nicht weit vom Altar, weitere zehn Frauen- und drei Kinderleichen. Im Schlafsaal der Seminaristen waren dicht an dicht nahezu hundert Leichen auf blutigrotes Stroh gepackt.

Ein grauenhafter Anblick bot sich in dem überdachten kleinen Hof am äußersten Ende des Klosterkomplexes: 400 Menschen hatten sich hierher geflüchtet, ohne zu realisieren, daß sie in eine Falle liefen. Die Killer machten Hackfleisch aus ihnen. Ein Augenzeuge sagt: 'Es war nur noch Menschenmagma.'" *(Spiegel* 23/94, S.136)

Das tun Menschen ihren Mitmenschen tagtäglich an. Man könnte unzählige, vielleicht noch grausamere Tatsachenberichte anfügen. Sicherlich ist man oft geneigt zu glauben, so etwas könne nur in fernen, angeblich unzivilisierten Ländern geschehen. Aber man braucht nur fünfzig Jahre in der Geschichte unseres Landes zurückzugehen, da ging es hier am allerschlimmsten zu.

Und heute? Daß die Gewaltdelikte explosionsartig ansteigen, brauche ich nicht zu erwähnen. Wie ist es mit der psychischen zwischenmenschlichen Gewalt? Wer ist noch nicht von seinem besten Freund oder Freundin verraten worden? Wer hat es noch nicht erlebt, daß ein Arbeitskollege plötzlich zum Gegner und zum Verräter der gemeinsamen Sache wurde? Vieles könnte man aufzählen, aber ich möchte damit nur andeuten, daß in jedem Menschen – ohne Ausnahme – wirklich ein Monster schlummert. Im FLENSBURGER HEFT Sonderheft Nr.12, „Schwarze und weiße Magie", habe ich im Kapitel 15 darauf hingewiesen, daß ein Mensch, der am Hüter der Schwelle vorbeigekommen ist und der seine Leibeshüllen – physischen Leib, Ätherleib, Astralleib – hellseherisch betrachtet, unter anderem in seinem Astralleib den konkreten, objektiven, potentiell veranlagten Wunsch entdecken wird, seinen Mitmenschen zu töten. Dieser Wunsch kommt lediglich deswegen nicht in die Tat, weil der Astralleib während des Alltagslebens, während des Wachbewußtseins, im Ätherleib und physischen Leib eingesperrt ist und der Mensch die mörderischen Impulse, die in seinem Astralleib schlummern, nicht wahrnehmen kann.

Rudolf Steiner schildert das imaginative Erlebnis von den Hüllen des Menschen und von dem Wunsch den Mitmenschen zu töten, der im Astralleib schlummert, und fährt dann fort:

> „Wenn man dieses imaginative Erlebnis gehabt hat, meine lieben Freunde, dann weiß man, wessen alles eine Menschenseele fähig sein kann, dann weiß man vor allen Dingen eines: daß, wenn sie verkehrt werden in ihr Gegenteil, die edelsten Dinge der geistigen Welten zu den furchtbarsten Dingen der physischen Welt werden können. Man weiß, daß auf dem Grunde der menschlichen Seele durch Verkehrung der edelsten Opferwilligkeit der Wunsch entstehen kann, den Mitmenschen zu töten. Von diesem Augenblicke an weiß man, was mit der Kain- und Abel-Geschichte in der Bibel gemeint ist; aber erst von diesem Momente an, denn die Kain- und Abel-Geschichte, die ist nichts anderes als die Wiedergabe eines okkulten Erlebnisses, und zwar jenes, von dem eben gesprochen worden ist." (GA 145/1976/27.03.1913/S.144 f.)

Und weiter unten heißt es:

> „Im Grunde ist erst in unserer Zeit die Möglichkeit gegeben, daß die Menschen wissen dürfen, wovon die Kain- und Abel-Geschichte die Spie-

gelung ist: daß sie die Spiegelung ist eines hohen Opfers. Alles das, was oben war, was vorparadiesisch war, wurde verhüllt, indem der Hüter selber es verdeckte, indem mit anderen Worten die Menschen aus dem Paradies ausgetrieben worden sind. Und das konnte nur dadurch geschehen, daß der physische und Ätherleib des Menschen nun so mit Kräften durchsetzt wurden, daß der Mensch dasjenige nicht ausführt, was sich als Spiegelbild ergibt; denn ganz gewiß würde der Mensch das ausführen, wenn er fühlen würde alles, was in dem Astralleibe ist. Der physische Leib und der Ätherleib betäuben den Menschen so weit, daß der Wunsch in ihm, den anderen zu töten, nicht Tatsache wird. Bedenken Sie, was mit diesem einfachen Satz gesagt ist: Dadurch, daß die guten fortschreitenden göttlichgeistigen Mächte den physischen und Ätherleib des Menschen ihm so gegeben haben, daß er nicht zurückschauen kann, dadurch wird zugleich etwas wie eine Art Betäubung ausgegossen über den Wunsch des Krieges aller gegen alle. Dieser Wunsch wird nicht rege in der Seele, weil des Menschen physischer und Ätherleib so zubereitet worden sind, daß dieser Wunsch betäubt wird. Der Mensch kann seinen astralischen Leib nicht schauen; daher bleibt ihm auch dieser Wunsch unbekannt, er führt ihn nicht aus." (ebd./S.146)

Ich denke, daß es weder Spekulation noch übertrieben ist, daß *ein* Grund für die zunehmende Gewalt – es gibt weitere – darin zu suchen ist, daß diese im Menschen meist noch eingeschlossenen mörderischen Kräfte seines Astralleibes durch die langsam zunehmende Lockerung des Wesensgefüges des Menschen teilweise frei werden können.
Einfach gesprochen: Wenn der Mensch meditiert, aktiviert er unter anderem seinen Ätherleib, macht ihn regsamer. Dadurch lockert dieser sich aus dem Gefängnis des physischen Leibes, und man ist gegebenenfalls in der Lage, übersinnliche Wahrnehmungen mit den neugebildeten Organen des Ätherleibes zu machen. Gleichzeitig geht damit das schon vielfach beschriebene Auseinanderdriften der Seelenkräfte einher.
Aber diese Lockerungen vollziehen sich heutzutage auch ohne okkulte Schulung ganz von selbst. Und das ist das Fatale! Wie oft hat Steiner darüber gesprochen, daß man, wenn man einen Schritt auf dem Wege der meditativen Übung geht, gleichzeitig drei Schritte auf dem Wege der Moral gehen müsse. Das ist nicht moralisierend gemeint, sondern ganz sachgemäß. Denn durch die beginnende Wesensgliederlockerung kommen verstärkt alle Teufel – also alle üblen Eigenschaften – zuhauf aus den Menschen heraus. Aber immerhin hat man durch die meditativen Inhalte und das notwendige Be-

gleitstudium geisteswissenschaftlicher Texte sowie die Moralschulung einen positiven Sinn, eine real wirkende Kraft, die man seinen eigenen schlechten Eigenschaften entgegensetzen kann.

Sehr viele Menschen haben sich aber noch keine geistige Sinngebung erarbeitet, alte Werte tragen nicht mehr, einstmals gelebte Ideale sind verschüttet – aber die Wesensgliederlockerung und das Auseinanderdriften des Seelengefüges bahnt sich trotzdem unerbittlich nach und nach an. Ergo werden die Kräfte des im Menschen lebenden Monsters wach und können unter Extrembedingungen – zum Beispiel im Krieg – verstärkt herausbrechen.

Die niedere Menschennatur als Hüter der Schwelle

Nun darf man sich diesen Drachen nicht nur so vorstellen, daß er immer schläft. Er schläft nur für das ihn erkennende und schauende Bewußtsein des Menschen und insofern, daß er mit seinen Kräften nicht voll zum Ausbruch kommt. Trotz allem brodelt es in den unteren Wesensgliedern heftig, denn jede Gefühlsäußerung, jeder Gedanke und jede Willenstat wird dort von einer komplementären Bewegung begleitet:

„Der Mensch ist immer so, daß sich die Tätigkeiten der übersinnlichen Welt in ihm abspielen; er weiß nur nichts davon. Während wir denken, empfinden, wollen, läuft immer eine Tätigkeit des astralischen Leibes und ein Zusammenhang mit der astralen Welt nebenher. Aber der Mensch weiß nichts davon, weil er, wenn er das wissen würde, was seine eigenen Leiber sind, es nicht ertragen könnte und davon betäubt würde." (GA 138/1959/27.08.1912/S.60)

Dieser niedere Mensch gleicht wirklich einem Drachen. In Urvergangenheiten, als der Mensch sich entwickelte und noch nicht die heutige feste Gestalt hatte, war er von drachenähnlicher Figurierung:

„Tatsächlich war damals die Erde mit Wesen bevölkert, die einen reptilienartigen Charakter hatten; auch die Menschenleiber hatten damals einen reptilienartigen Charakter. Indem sich nun das damals reptilienartige menschliche Wesen aufrichtete, wurde eine nach vorn ganz offene Kopfbildung sichtbar, aus der eine feurige Wolke hervorquoll. Das hat Veranlassung gegeben zu der Erzählung vom Lindwurm, von dem Drachen. Das ist die groteske Bildung, die damals der Mensch selbst war, ein reptilienartiges Gebilde. Der Hüter der Schwelle, die niedere Natur des Menschen, erscheint gewöhnlich auch in einer derartigen Gestalt." (GA 93a/1976/ 16.10.1905/S.141)

In dem Roman „Zanoni" von Bulwer-Lytton erscheint auch die niedere Natur des Menschen in Form einer drachenähnlichen Hüterin der Schwelle. Der Hierophant Glyndon bricht die Gebote seines Meisters, indem er ein verbotenes Zimmer frühzeitig betritt und durch allerlei Machinationen seine ungeläuterten Eigenschaften in Rauch manifestiert, so daß sie ihm in der Gestalt der Hüterin der Schwelle erscheinen:

„Nach und nach nahm dieses Etwas für sein Auge Gestalt an. Es war wie ein mit einem dunkeln Schleier bedeckter Menschenkopf, aus welchem mit gelbem, dämonischem Feuer Augen glotzten, die das Mark in seinen Gebeinen gefrieren machten. Nichts sonst war von dem Gesichte zu unterscheiden, nichts als diese unerträglichen Augen. Aber sein Grauen, das im Anfang die Kräfte der menschlichen Natur zu erschöpfen schien, wurde noch tausendfach vermehrt, als das Phantom nach einer Weile langsam ins Zimmer hereinglitt. Die Wolke zog sich vor ihm zurück, während es vorwärts kam. Die hellen Lampen wurden matt und flackerten unruhig, wie infolge der Gegenwart seines Hauches. Seine Gestalt war wie das Gesicht verschleiert, aber der Umriß war der eines weiblichen Wesens. Doch es bewegte sich nicht, wie sich selbst Geister bewegen, welche sich lebend stellen. Es schien eher wie ein ungeheures, mißgestaltetes Gewürm zu kriechen. Als es endlich stillestand, kauerte es sich neben dem Tische nieder, auf welchem das mystische Buch lag, und heftete wieder seine Augen durch den dunstigen Schleier auf den vorschnellen Beschwörer. Alle Phantasien, selbst die groteskesten von Mönch und Maler des Nordens der alten Zeit, wären nicht imstande gewesen, dem Gesichte eines Teufels oder Kobolds diesen Ausdruck tödlicher Bosheit zu geben, welcher aus diesen Augen allein zu der schaudernden Natur sprach. Alles andere so dunkel, verhüllt, verschleiert und larvenähnlich. Aber dieser brennende, durchdringende, gelbe und doch lebendige Blick hatte etwas an sich, das in seinem leidenschaftlichen Haß und Hohn beinahe *menschlich* zu nennen war, etwas, das zeigte, daß der schattenhafte Schrecken nicht ganz nur Geist war, sondern wenigstens genug Materie an sich hatte, um für materielle Wesen ein noch tödlicherer und furchtbarerer Feind zu sein. Als er, mit krampfhafter Anstrengung der Todesangst an der Mauer sich haltend, mit gesträubten Haaren, mit herausgetriebenen Augäpfeln immer noch nach dem erschrecklichen Auge zurückblickte, sprach das Phantom zu ihm. Seine Seele mehr als sein Ohr verstand die Worte, die es sprach.

'Du bist in das unermeßliche Reich eingedrungen. Ich bin die Hüterin der Schwelle. Was willst du von mir? Du schweigst? Fürchtest du mich? Bin ich nicht deine Geliebte? Hast du nicht um meinetwillen den Freuden deines Geschlechts entsagt? Möchtest du weise werden? Mein ist die Weisheit zahlloser Jahrhunderte. Küsse mich, mein sterblicher Geliebter!' Der Greuel kroch näher und näher zu ihm, kroch an seine Seite, sein Atem berührte seine Wange! Mit einem gellenden Schrei fiel er bewußtlos zu Boden." (Bulwer-Lytton, S.249 f.)

Rudolf Steiner schreibt dazu:

„Es ist eine Verrichtung niederer Magie, den 'Hüter der Schwelle' auch sinnlich sichtbar zu machen. Dabei handelte es sich um die Herstellung einer Wolke feinen Stoffes, eines Räucherwerkes, das aus einer Reihe von Stoffen in bestimmter Mischung hergestellt wird. Die entwickelte Kraft des Magiers ist dann imstande, gestaltend auf das Räucherwerk zu wirken und dessen Substanz mit dem noch unausgeglichenen Karma des Menschen zu beleben. – Wer genügend vorbereitet für das höhere Schauen ist, braucht dergleichen sinnliche Anschauung nicht mehr; und wem sein noch unausgeglichenes Karma ohne genügende Vorbereitung als sinnlich lebendiges Wesen vor Augen träte, der liefe Gefahr, in schlimme Abwege zu geraten. Er sollte nicht danach streben. In Bulwers 'Zanoni' wird romanhaft eine Darstellung dieses 'Hüters der Schwelle' gegeben." (GA 10/1961/Tb. S.140)

Wenn man behaupten würde, die niedere Natur des Menschen wäre der Hüter der Schwelle, so wäre diese Definition ungenügend, nicht ausreichend. Andererseits ist sie auch nicht falsch. Auf jeden Fall können wir vorerst festhalten, daß jeder Mensch grausamste Kräfte in seinen unterbewußten Bereichen verborgen trägt und daß er, wenn er – durch Lockerungen an eine Schwellensituation geführt – ohne genügende Vorbereitungen dieser niederen, eigenen Natur angesichtig wird, zumindest ohnmächtig werden würde.

Der Hüter als Wohltäter

Vergegenwärtigen Sie sich bitte noch einmal die im vorletzten Kapitel geschilderten Greuel und komplettieren Sie das Bild dadurch, daß alle menschlichen Greueltaten im Astralleib von entsprechenden grauenerregenden Gestaltungen und Vorgängen begleitet werden. Normalerweise bleibt uns dieser brodelnde Absud der eigenen Menschennatur verborgen. Höhere geistige Wesen – zum Beispiel unsere Engel – sehen allerdings fortwährend diese Vorgänge im menschlichen Unterbewußtsein. Auch der Mensch könnte diese astralen Vorgänge, seine ganze niedere Natur schauen. Dazu muß er über die Schwelle des gegenwärtigen Bewußtseins schreiten.

Jede Nacht, wenn der Mensch einschläft, überschreitet er diese Schwelle, aber wir wissen nichts davon, wir können uns auch nicht erinnern, unsere niedere Drachennatur nachts zu schauen. Seien Sie getrost, wir erblicken auch nachts davon nichts. Warum nicht?

„Anthroposophische Geisteswissenschaft will von dem in erster Linie sprechen, womit das Ewige der Menschenseele zusammenhängt. Die Welten, in welche diese anthroposophische Weltanschauung eindringen will, von ihnen sagt man, daß sie nur erreicht werden können, indem der Mensch die Schwelle des Bewußtseins überschreitet. Man meint damit, daß diese Schwelle des Bewußtseins eben bewußt überschritten werden müsse, damit man Erkenntnisse dieser übersinnlichen Welten gewinnen könne. Denn unbewußt überschreitet eigentlich der Mensch diese Bewußtseinsschwelle mit jedem Eintritt in den Schlafzustand, und wir sprechen im Zusammenhang mit dem Wechsel zwischen Wachen und Schlafen, im Zusammenhang mit der Schwelle, die der Mensch, indem er einschläft, überschreitet, jeden Tat überschreitet, wir sprechen da auch von dem Hüter der Schwelle als von einer geistigen Macht, die der Geistesforscher als eine wirklich reale geistige Macht kennt, wie man andere Menschen als reale Menschen kennenlernt. Wir sprechen von dem Hüter der Schwelle aus dem Grunde, weil eben in der gegenwärtigen Entwickelungsphase der Menschheit der Mensch wirklich zunächst seinem Bewußtsein nach behütet werden muß vor einem unvorbereiteten Eintritt in die geistigen Welten." (GA 210/1967/19.01.1922/S.51 f.)

Oder etwas konkreter:

„Wer die Erfahrungen an der Schwelle macht, der empfindet, daß es für das persönliche menschliche Seelenleben eine Wohltat ist, nicht bis zu dieser Schwelle hingeführt zu werden. Die Empfindungen, welche in ihm auftreten, sind so, daß man gar nicht anders kann, als diese Wohltat von einer wesenhaften Macht herrührend zu denken, welche den Menschen schützt vor der Gefahr, die Schrecken der Selbstvernichtung an der Schwelle zu erleben. – Es liegt hinter der Außenwelt, welche dem gewöhnlichen Leben gegeben ist, eine andre. Vor deren Schwelle steht ein strenger Hüter, welcher bewirkt, daß der Mensch nichts erfährt von dem, was

Gesetze der übersinnlichen Welt sind. Denn alle Zweifel, alle Ungewißheit über diese Welt sind doch noch leichter zu ertragen, als das Schauen dessen, was man zurücklassen muß, wenn man sie betreten will." (GA 16/ 1972/4. Meditation/Tb. S.37)

Wir sehen also, daß der Hüter der Schwelle keineswegs nur die niedere Natur des Menschen, sondern ein reales Wesen ist, das als Wohltäter bezeichnet wird, weil es für unser Bewußtsein den Schleier vor unsere niedere Drachennatur zieht. Denn wir könnten es nicht aushalten, uns selber anzuschauen:

> „Aber in die geistige Welt so einzutreten, daß man sie in ihrer Wahrheit schaut, das macht notwendig, wenn es einem vielleicht auch erst spät aufbewahrt ist, die Begegnung mit dem Hüter der Schwelle zu haben, daß man sich doch gut vorbereitet haben muß, um sie, wenn man sie haben kann, in der richtigen Weise zu erleben. – Die meisten Menschen oder wenigstens sehr viele kommen sozusagen bis zum Hüter der Schwelle. Es handelt sich aber immer um das wissende Kommen zum Hüter der Schwelle. Unbewußt stehen wir jede Nacht vor ihm. Und dieser Hüter der Schwelle ist eigentlich ein recht großer Wohltäter, daß er sich nicht sehen läßt, denn die Menschen würden ihn nicht ertragen. Was wir unbewußt in jeder Nacht der Tatsache nach erleben, zum Wissen zu bringen, heißt eigentlich, die Begegnung mit dem Hüter der Schwelle haben. Für gewöhnlich gehen die Menschen so weit, daß sie gerade bis zu der Grenze kommen, wo sozusagen der Hüter der Schwelle steht. In solchem Augenblick aber tritt mit den Seelen etwas sehr Eigentümliches ein. Die Seele erlebt nämlich diesen Augenblick im Dämmerzustand zwischen Bewußtheit und Unbewußtheit, sie läßt ihn nicht ganz zum Bewußtsein kommen. Die Seele neigt dazu, an der Grenze sich selber zu sehen, wie sie ist, wie sie hängt an der physischen Welt mit ihren Schwächen und Mängeln. Aber die Seele kann das nicht ertragen, und noch früher, als der ganze Vorgang zum Bewußtsein kommen kann, betäubt sich sozusagen diese Seele das Bewußtsein durch den Abscheu, den sie hat." (GA 147/1969/31.08.1913/ S.138 f.)

Aber der Hüter zieht den Schleier nicht nur vor die niedere Natur des Menschen, sondern auch vor sich selber und vor die geistigen Welten, in die der dafür unreife und unvorbereitete Mensch nicht schauen sollte:

> „Daher muß diese Wesenheit, wenn ihr der Mensch ohne genügende Vorbereitung gegenübertritt, ihm das alles verhüllen und sich selber ver-

hüllen; sie muß einen Schleier ziehen vor die übersinnliche Welt. Sie muß es tun zum Schutze des Menschen, der, im Sinnensein stehend, den Anblick nicht ertragen könnte. Da sehen wir so recht einen Begriff, den wir im Sinnensein nur moralisch beurteilen können, als unmittelbarste Naturordnung. Der Schutz des Menschen vor dem Sehen der übersinnlichen Welt ist die Funktion des Hüters der Schwelle, die Erhaltung des Menschen in dem Zustande, in dem er ist, bevor er sich nicht in genügender Weise auf die übersinnlichen Welten vorbereitet hat." (GA 138/1959/27.08.1912/S.60 f.)

Wenn man selber zum Irrtum wird

Sofern Sie nicht zu den Menschen gehören, die sich fehlerfrei dünken, werden Sie sich sicherlich an Ihre inneren Erlebnisse und Gefühle erinnern können, als es Ihnen schlagartig klar wurde, einen Fehler gemacht zu haben, der seine Wirkungen unverrückbar bis in die physische Welt gezeigt hat. Ob sie nun eine Herdplatte angelassen haben, so daß der Herd durchschmorte, ob sie einen Menschen tief verletzt haben oder vieles mehr, ist nicht so wichtig: Spontan werden wahrscheinlich Gefühle des Schreckens, des Ärgers über sich selbst, eine bodenlose Ohnmacht, weil der Fehler nicht mehr korrigierbar ist, und eine tiefe Scham entstehen. Aber das ist nur ein Zipfel dessen, was man ertragen müßte, wenn man seine niedere Natur in ihrer Gänze schauen müßte.

In der vierten Meditation von „Ein Weg zur Selbsterkenntnis des Menschen" (GA 16) beschreibt Rudolf Steiner, wie sich der Meditierende eine Vorstellung von dem Hüter der Schwelle zu bilden hat, und welche realen Erlebnisse er bei diesem Prozeß durchmacht.

Die Sinneswelt wird von uns während des Tagesbewußtseins als Außenwelt empfunden und wahrgenommen, unsere Gedanken, Willensimpulse sowie unsere gesamte Gefühlspalette als Innenwelt. Kommt man auf dem meditativen Wege zu ersten Schauungen der elementarischen und geistigen Welt, so ist die übersinnliche Umgebung nicht mehr die Außenwelt, denn sie fließt mit unserem Innenleben zusammen:

> „Dadurch nimmt alles, was sie dieser übersinnlichen Außenwelt gegenüber als die eigene Innenwelt bezeichnen kann, eine gewisse Eigentümlichkeit an, welche zunächst schwer mit den Vorstellungen von Innerlichkeit zu vereinigen ist. Man kann nicht mehr sagen: ich denke, ich fühle, oder ich habe meine Gedanken und gestalte sie. Man muß sagen: etwas

denkt in mir, etwas läßt in mir Gefühle aufleuchten, etwas gestaltet die Gedanken, so daß sie in einer ganz bestimmten Art auftreten und im Bewußtsein sich als anwesend zeigen." (GA 16/1972/4. Meditation/Tb. S.32)

Man erfährt die übersinnliche Außenwelt als eine Objektivität, die sich einbringen will, die sich denken und fühlen will, aber durch die eigene Beschränktheit daran gehindert wird.

Zugleich empfindet die Seele, daß diese übersinnliche Außenwelt die Objektivität schlechthin ist, und zwar von weit größerem Wert als es die menschliche Seele jemals sein kann.

Dieser Vollkommenheit gegenüber fühlt sich die Seele beschränkt, minderwertig und unvollkommen. Sie fühlt sich zunehmend von dieser übersinnlichen Außenwelt abgetrennt, obwohl sie weiß, daß es an ihr liegt, sich auf sie zuzubewegen, von sich aus einen Schritt zu machen. Der Abtrennungsprozeß wird so stark, daß man sich selber schmerzvoll als Irrtum erlebt, weil man sich in seiner Unvollkommenheit gegenüber der strahlenden vollkommen wahren Wirklichkeit erlebt:

„Dieses Gefühl bedeutet eine Erfahrung, welche immer mehr über den ganzen Wert der eigenen Seele entscheidend wird. Man fühlt sich mit seinem vollen Leben in einem Irrtum drinnen stehend. Doch unterscheidet sich dieser Irrtum von anderen Irrtümern. Diese werden gedacht, er aber wird erlebt. Ein Irrtum, der gedacht ist, wird weggeschafft, wenn man an die Stelle des unrichtigen Gedankens den richtigen setzt. Der erlebte Irrtum ist ein Teil des Seelenlebens selbst geworden; man *ist* der Irrtum; man kann ihn nicht einfach verbessern, denn man mag denken, wie man will, er ist da, er ist ein Teil der Wirklichkeit, und zwar der eigenen Wirklichkeit. Ein solches Erlebnis hat etwas Vernichtendes für das eigene Selbst. Man empfindet seine Innerlichkeit schmerzvoll zurückgestoßen von allem, was man ersehnt. Dieser Schmerz, der auf einer Stufe der Seelenwanderschaft empfunden wird, überragt weit alles, was man an Schmerzen in der Sinnenwelt empfinden kann. Und deshalb kann er auch alles das überragen, dem man durch das bisherige Seelenleben gewachsen ist. Er kann etwas Betäubendes haben. Die Seele steht vor der bangen Frage, woher soll ich die Kräfte nehmen, um zu ertragen, was mir da auferlegt ist? Und sie muß innerhalb ihres eigenen Lebens diese Kräfte finden. Sie bestehen in etwas, das man als inneren Mut, als innere Furchtlosigkeit bezeichnen kann." (ebd./S.33)

Will die Seele weiterkommen, muß sie diese Kräfte des Mutes und der Furchtlosigkeit entwickeln, um der eigenen Ohnmacht zu trotzen. Diese Fähigkeiten erwirbt man sich nur durch schonungslose Selbsterkenntnis. Selbsterkenntnis erwirbt man sich aber, wenn man übersinnlich schauen lernt, seiner eigenen Unvollkommenheit gewahr wird und den Schmerz darüber ertragen lernt. Natürlich hat der Mensch überhaupt keine Neigung, sich in diesen grundlegenden Prozeß der Selbsterkenntnis zu begeben, denn er liebt sich selbst am meisten:

„Nun liegt es in der Natur der Menschenseele, solche Aufklärung über sich selbst als peinvoll zu empfinden. Man erfährt erst, wenn man diese Pein empfindet, wie stark die ganz selbstverständliche Sehnsucht ist, sich als Menschen, so wie man ist, als wertvoll, als bedeutungsvoll zu halten. Es mag häßlich aussehen, daß dies so ist; man muß sich dieser Häßlichkeit des eigenen Selbstes frei gegenüberstellen. Man empfand diese Häßlichkeit vorher eben aus dem Grunde nicht, weil man nie mit seinem Bewußtsein in die eigene Wesenheit wirklich eingedrungen ist. Man bemerkt erst in einem solchen Augenblicke, wie man an sich liebt, was man nun als häßlich empfinden soll. Die Gewalt der Eigenliebe zeigt sich in ihrer vollen Größe. Und zugleich zeigt sich, wie wenig Neigung man hat, diese Eigenliebe abzulegen. Wenn es sich um die Eigenschaften der Seele handelt, die für das gewöhnliche Leben, für das Verhältnis zu andern Menschen in Betracht kommen, so stellt sich die Schwierigkeit schon als groß genug heraus. Man erfährt durch wahre Selbsterkenntnis zum Beispiel, daß man bisher geglaubt hat, man stünde einem Menschen wohlwollend gegenüber, und daß man doch in den Seelengründen verborgenen Neid oder Haß oder ähnliches hegt. Man erkennt, daß diese bisher nicht zutage getretenen Gefühle sich ganz gewiß einmal werden äußern wollen. Und man wird gewahr, daß es ganz oberflächlich wäre, sich zu sagen: nun hast du doch erkannt, daß es so mit dir stehe, vertilge also in dir den Neid, den Haß. Man entdeckt aber, daß man mit einem solchen Gedanken gewiß einmal sich recht schwach erweisen werde, wenn der Drang, den Haß zu befriedigen, den Neid auszuleben, wie mit Naturgewalt aus der Seele hervorbrechen werden. Solche besonderen Selbsterkenntnisse treten bei diesem oder jenem Menschen je nach der Beschaffenheit seines Seelenwesens auf. Sie stellen sich ein, wenn Erleben außerhalb des Sinnenleibes eintritt, weil dann die Selbsterkenntnis eben eine wahre wird, und nicht mehr getrübt sein kann von dem Wunsche, sich in der einen oder anderen Art zu finden, wie man es doch nur liebt, zu sein." (ebd./S.34 f.)

Die Selbsterkenntnis muß aber noch einen Schritt tiefer gehen. Man muß alle seine Vorstellungen, die man in der sinnlichen Welt gewonnen hat, ablegen können, man muß quasi sein gesamtes Alltags-Ich an der Schwelle zurücklassen können, man muß sich selber zurücklassen, zumindest das, was man bisher als sein Eigensein empfunden und gedacht hat:

„Sie muß ich sagen: durch dieses mein Ich muß ich mir Vorstellungen über die Welt machen; dieses mein Ich darf ich nicht verlieren, wenn ich mich nicht als Wesenheit selbst verloren geben will. Der stärkste Trieb ist in ihr, das Ich sich überall zu wahren, um nicht allen Boden unter den Füßen zu verlieren. Was so die Seele im gewöhnlichen Leben berechtigt empfinden muß, das darf sie nicht mehr empfinden, sobald sie in die übersinnliche Außenwelt eintritt. Sie muß da eine Schwelle überschreiten, an der sie nicht den einen oder anderen wertvollen Besitz nur, sondern an welcher sie das zurücklassen muß, was sie sich bisher selbst war. Sie muß sich sagen können, was dir bisher als deine stärkste Wahrheit zu gelten hatte, das muß nun jenseits der Schwelle zur übersinnlichen Welt dir als der stärkste Irrtum erscheinen können.

Gegenüber einer solchen Forderung kann die Seele zurückschaudern. Sie kann, was sie zu tun hätte, so stark als ein Hingeben, eine Nichtigkeitserklärung der eigenen Wesenheit empfinden, daß sie an der bezeichneten Schwelle sich mehr oder weniger die eigne Ohnmacht eingesteht, der Forderung zu genügen." (ebd./S.36)

Von der Natur ist der Mensch so geartet, diese Forderung nicht ohne weiteres zu erfüllen. Natürlich wissen die meisten Menschen nichts davon, aber unbewußt spüren sie es, deshalb entsteht die unbewußte Furcht und Abneigung gegen Selbsterkenntnisprozesse und geisteswissenschaftliche Tatsachen. Beobachten Sie einmal, wie schwer es allgemein fällt, einen liebgewordenen, weil zur Gewohnheit gewordenen Gedanken auch nur hypothetisch durch einen anderen zu ersetzen. Beobachten Sie einmal, wie schwer es fällt, eigene Fehler erkennen zu wollen und zuzugeben. Dadurch bekommen Sie einen Vorgeschmack, daß sich wohl die meisten Menschen – zumindest unbewußt – mit allen Mitteln gegen die Wege sträuben, die sie zur übersinnlichen Schau ihrer selbst, mit allen Konsequenzen, führen.

Natürlich kann es nicht darum gehen, daß sich der Mensch ganz auslöscht, es gilt nur als Übung seines meditativen Schulungsweges, um sich überhaupt damit vertraut zu machen, daß es eine höhere Objektivität gibt, als es der Mensch aus seiner subjektiven Verstrickung bisher für möglich gehalten hat:

„Was eintreten soll, besteht darin, daß der Mensch sich fähig mache, das, was er im gewöhnlichen Leben als stärkste Wahrheit empfindet, beim Betreten der übersinnlichen Welt abzulegen und sich auf eine andere Art einzurichten, die Dinge zu empfinden und zu beurteilen. Er muß nur sich auch klar darüber sein, daß er, wenn er wieder der Sinnenwelt gegenübersteht, auch wieder die für diese gültige Empfindungs- und Beurteilungsart gebrauchen muß. Er muß nicht nur lernen, in zwei Welten zu leben, sondern auch in beiden auf ganz verschiedene Art zu leben. Er darf sich für das gewöhnliche Stehen in der Sinnes- und Verstandeswelt das gesunde Urteil nicht beeinträchtigen, weil er für eine andre Welt zur Anwendung einer andren Urteilsart gezwungen ist." (ebd./S.37)

Und an dieser beschriebenen Schwelle zur übersinnlichen Welt begegnet man dann dem Hüter der Schwelle, von dem in den nächsten Kapiteln die Rede sein wird.

Die übersinnliche Schau seiner selbst

Im wesentlichen gebe es zwei Hüter der Schwelle, so leitet Rudolf Steiner sein Kapitel über die Hüter in „Wie erlangt man Erkenntnisse der höheren Welten?" (GA 10) ein. Daraus könnte man schließen, daß es vielleicht mehr als zwei geben könnte, aber dafür habe ich nirgendwo einen Hinweis gefunden.

Ich werde also in den nächsten Kapiteln den kleinen und den großen Hüter behandeln. Im Gesamtwerk Rudolf Steiners ergibt sich die Schwierigkeit, daß er – besonders in seinen Vorträgen – allgemein von dem Hüter spricht, in manchen Vorträgen und einigen Grundschriften aber ganz differenziert vom kleinen und vom großen Hüter der Schwelle. Fürs erste gehe ich davon aus, daß mit der allgemeinen Bezeichnung „Hüter der Schwelle" der kleine Hüter gemeint ist.

„Die Begegnung mit dem Hüter der Schwelle ist eine Tragik, ein Lebenskampf in bezug auf alle Erkenntnisbegriffe, in bezug auf alle Erkenntnisgesetze und in bezug auf alle Zusammenhänge des Menschen mit der geistigen Welt, mit Ahriman und Luzifer. Diese Lebenskatastrophe muß sich ergeben, wenn man dem Hüter der Schwelle begegnen will." (GA 181/1967/06.08.1918/S.426)

Das scheinen harte Worte zu sein, aber sie beschreiben die Realität. Denn es geht hier um die Selbsterkenntnis des menschlichen Wesens, zu der er im vollen Umfange nicht fähig ist, solange er mit seinen höheren Wesensgliedern fest im physischen Leib verankert ist. Erst bei einer Lockerung, bedingt durch konsequente meditative Schulung, kann der Mensch mit seinem Bewußtsein zur elementarischen und geistigen Welt aufsteigen und zu einer übersinnlichen Schau seiner verschiedenen Wesensglieder kommen. Und das ist die Lebenskatastrophe, denn er sieht sich real so, wie er ist, und zwar schonungslos nackt in all seiner eigenen Grauenhaftigkeit, so daß er ohne entsprechende Vorbereitung betäubt würde. Bereitet man sich aber richtig auf dieses Erlebnis vor, dann wird man es aushalten können.

Immer, wenn Rudolf Steiner über dieses Erlebnis spricht, gebraucht er ziemlich radikale Worte über die tatsächliche Schlechtigkeit des Menschen, vor allem über die versteckten Egoismen. Er geht sogar so weit, daß es Egoismus sei, alle erkannten Fehler und Schwächen der letzten Erdenleben in diesem einen Leben ausgleichen zu wollen, und fährt fort:

> „Wenn der Mensch nun nicht jene triviale Selbsterkenntnis, sondern wirkliche Selbsterkenntnis übt, wenn er wirklich etwas wissen lernt von seiner innersten Wesenheit, dann findet er in der Regel etwas, was er durchaus nicht haben möchte, was ihm nicht nur unbequem im höchsten Grade, sondern, wenn es wirklich auftritt, zerschmetternd für ihn ist. Vergleichen Sie mit dieser Grundempfindung der menschlichen Seele, die etwas Zerschmetterndes hat, was in so vielen Seelen herrscht, auch wenn sie schon gewisse Bekanntschaft haben mit der Geisteswissenschaft. Wie oftmals kann das Wort gehört werden: Ach, ich tue das aus reiner Selbstlosigkeit heraus, ich will nichts für mich, und so weiter. – Vielleicht gerade dann, wenn man am allermeisten für sich selber will, dann maskiert, kaschiert man sich das dadurch, daß man sagt: Ich will das nicht für mich haben. – Das ist eine alltägliche Erfahrung. Besser aber ist es, daß man sich gesteht, wie es wirklich ist, daß man im Grunde genommen auch die scheinbar selbstlosesten Handlungen für sich haben will. Denn dadurch legt man eine Grundlage, um nach und nach das Bild ertragen zu lernen, das einem der Hüter der Schwelle, der Wächter gegenüber der geistigen Welt, wirklich entgegenstellt." (GA 129/1977/25.08.1911/S.164 f.)

Versetzt man sich in die Lage, seine eigene Wesenheit tatsachengemäß, ohne Illusion zu schauen, kann dieses Erlebnis durchaus dazu führen, daß man wieder davor zurückschreckt:

> „Es kann dieses Erleben oftmals die Folge haben, daß man alle weiteren Versuche des Eindringens in die übersinnlichen Welten fallen läßt. Denn

es kommt hinzu, daß man Klarheit darüber gewinnt, wie man anders fühlen, empfinden lernen muß, wenn der Aufenthalt in der geistigen Welt erfolgreich sein soll. Man muß zu dem Entschluß kommen, eine ganz andere innere Seelenverfassung auszubilden, als man vorher gehabt hat, oder – anders gesagt: – man muß zu der vorher errungenen eine andere hinzugewinnen." (GA 17/1972/8. Kap./Tb. S.104)

Je klarer man sich in seiner Unvollkommenheit schaut, desto eher wird man die Neigung verspüren, diese reale Selbsterkenntnis wieder fallenzulassen:

„Wie aus den Schlupfwinkeln der Seelentiefen lockt das erhöhte Wissen diese Neigungen herauf. *Man muß sie erkennen;* denn nur dadurch werden sie überwunden. Aber im Erkennen bezeugen sie noch ganz besonders ihre Kraft. Sie wollen die Seele überwältigen; diese fühlt sich von ihnen wie in unbestimmte Tiefen hinuntergezogen. Der Augenblick der Selbsterkenntnis ist ein ernster." (ebd./S.105)

Bisher habe ich oftmals betont, daß der Mensch – besonders in seinem Astralleib – eine Art Ungeheuer, zumindest aber äußerst unvollkommen ist. Warum ist das so? Wenn man den physischen Leib mit dem Astralleib vergleicht, erkennt man, wenn man die von Steiner erforschte Evolutionsgeschichte der Erde zu Rate zieht, daß der Keim zum physischen Leib von den Göttern in einer sehr viel früheren Zeit gelegt worden ist als der des Astralleibes, also einen enormen Vorsprung in der Entwicklung hat. Besonders für den Astralleib kommt erschwerend hinzu, daß er ganz stark durch die luziferischen Widersachermächte – beim Ätherleib sind es die ahrimanischen – infiziert, durchdrungen, schlechtergemacht worden ist. Das hängt mit dem Fall in die Materie zusammen. Der Mensch ist nun gehalten, die Vollkommenheit, die der physische Leib hat, oder die vollkommene Schönheit, die andere geistige Wesen haben, nach und nach durch Arbeit an sich selber zu erwerben. Aber das schafft man nicht sofort, das erreicht man nicht während eines Lebens, dazu benötigt man mindestens die gesamte Erdenentwicklung. Insofern braucht man auch gar nicht zu erschrecken, wenn man von dem Drachen in sich erfährt. Man muß diese menschliche Unvollkommenheit ganz tatsachengemäß zur Kenntnis nehmen. Das Wissen darum ist der erste Schritt, die eigene initiative Vervollkommnung in fortwährender Selbsterkenntnis sind alle weiteren Schritte. – Der Unterschied dessen, was man bisher aus sich gemacht hat, zu der Vollkommenheit des physischen Leibes, wird dem Menschen deutlich, wenn er mit seinem Bewußtsein in die übersinnlichen Welten aufsteigt:

„Wenn der Mensch in einem solch unvorbereiteten Zustand heraustritt aus seinem physischen Leibe, dann ist er nicht etwa ein Wesen von einer höheren, edleren, reineren Form als diejenige war, die er gehabt hat im physischen Leib, sondern ein Wesen mit all den Unvollkommenheiten, die er sich auf sein Karma geladen hat. Das alles bleibt unsichtbar, solange der Leibestempel unseren Ätherleib und astralischen Leib und unser Ich aufnimmt. Es wird sichtbar in dem Augenblick, wo wir mit den höheren Gliedern unserer Wesenheit heraustreten aus dem physischen Leibe. Da stehen, wenn wir nun zu gleicher Zeit hellsichtig werden, vor unserem Auge all die Neigungen und Leidenschaften, die wir noch haben aus dem, was wir in früheren Erdenleben gewesen sind. [...] Alles, was der Mensch fähig ist, an diesen oder jenen Dingen in der Welt zu vollbringen, alles das, dessen er sich schuldig gemacht hat gegen diesen oder jenen Menschen – was er gegen diesen oder jenen Menschen in der Zukunft abzutragen hat –, alles das ist in diesem Astralleib und Ätherleib verkörpert, wenn er heraustritt aus dem physischen Leib. Wir treten uns selber gleichsam seelisch-geistig nackt entgegen, wenn wir beim Heraustreten zugleich hellsichtig sind; das heißt wir stehen uns so vor dem geistigen Auge, daß wir jetzt wissen, um wieviel wir schlechter sind, als das sein würde, wenn wir jene Vollkommenheit erreicht hätten, welche die Götter hatten, damit sie schaffen konnten den Wunderbau unseres physischen Leibes. Wir sehen in diesem Augenblick, wie tief wir unter jener Vollkommenheit stehen, die uns vorschweben muß als unser künftiges Entwickelungsideal." (GA 113/ 1977/24.08.1909/Tb. S.40 f.)

Die Begegnung mit dem Hüter

Wer ist nun dieser Hüter? Wer ist dieses geheimnisvolle Wesen? Ist man es selbst oder ist es ein eigenständiges Wesen?
Wenn man das übersinnliche Erlebnis seiner Hüllen hat, seine Abgründe erlebt, so ist das zugleich die Begegnung mit uns selber:

„Das ist das Erlebnis, das man die Begegnung mit dem Hüter der Schwelle nennt. Dasjenige, was wirklich ist, das wird dadurch nicht mehr und nicht weniger wirklich, daß wir es sehen oder nicht sehen. *Die* Gestalt, die wir da sehen in diesem Augenblick, der eben geschildert worden ist, ist sonst auch da, ist sonst durchaus auch in uns steckend; aber weil wir noch nicht aus uns herausgetreten sind, weil wir uns nicht gegenüberstehen, sondern weil wir drinnen stecken, sehen wir sie nicht. Im gewöhnlichen Leben ist dasjenige, was wir in dem Augenblicke, wo wir hellseherisch aus uns heraustreten, sehen, der Hüter der Schwelle. Er behütet uns vor jenem Erlebnis, das wir erst ertragen lernen müssen. Wir müssen erst jene starke Kraft in uns haben, die uns befähigt, uns zu sagen: Es liegt eine Welt der Zukunft vor uns, und wir sehen ohne Schrecken und Grauen auf dasjenige, was wir geworden sind, denn wir wissen ganz gewiß, daß wir alles das wiederum ausgleichen können." (ebd./S.41 f.)

Lesen wir dazu ein Stück aus einer Grundschrift Steiners:

„Man kann sagen, in dem Menschen stecke ein Wesen, das sorgsame Wache hält an der Grenzscheide, die beim Eintritte in die übersinnliche Welt überschritten werden muß. Diese im Menschen steckende geistige Wesenheit, die man selbst ist, die man aber so wenig durch das gewöhnliche Bewußtsein erkennen kann, wie das Auge sich selbst sehen kann, ist der 'Hüter an der Schwelle' in die geistige Welt. Man lernt ihn erkennen in dem Augenblicke, in welchem man er selber nicht nur tatsächlich ist, sondern sich ihm, wie außer ihm stehend, wie ein anderer *gegenüber* stellt.

Wie andere Erlebnisse der übersinnlichen Welten machen auch den 'Hüter der Schwelle' die verstärkten, in sich erkrafteten Seelenfähigkeiten schaubar. Denn abgesehen davon, daß die Begegnung mit dem 'Hüter' für den hellsichtigen Geistesblick zum Wissen erhoben wird, ist diese Begegnung durchaus nicht ein Ereignis, das etwa nur für den geist-schauend gewordenen Menschen einträte. Genau derselbe Tatbestand, in dem diese Begegnung besteht, tritt für jeden Menschen jedesmal beim Einschlafen ein, und es dauert das Sich-selbst-Gegenüberstehen, das ganz gleich dem Stehen vor dem 'Hüter der Schwelle' ist, so lange als der Schlaf dauert. Im Schlafe erhebt sich die Seele zu ihrer übersinnlichen Wesenheit. Ihre Innenkräfte sind dann aber nicht stark genug, um ein Bewußtsein ihrer selbst hervorzurufen." (GA 17/1972/8. Kap./Tb. S.105 f.)

Es wird hier also ganz klar ausgesagt, daß man selber der Hüter der Schwelle sei, daß er als geistige Wesenheit in einem stecke und daß diese Wesenheit einem bei übersinnlicher Beobachtung als ein schreckenerregendes Wesen gegenübertrete. Insoweit wir bisher davon gesprochen haben, daß sich der Mensch in der geistigen Welt selber gegenübertritt, insoweit haben wir vom Hüter der Schwelle gesprochen. Aber das ist immer noch keine vollständige und umfassende Wesensbeschreibung des Hüters der Schwelle.

In der „Geheimwissenschaft im Umriß" (GA 13) nennt Steiner den „Hüter" auch den Doppelgänger des Menschen. (Auf die dortige Schilderung gehe ich hier nicht näher ein, siehe dazu den Artikel von Frank Linde in diesem Heft.) Hinweisen möchte ich nur noch einmal darauf, daß es im Gesamtwerk Steiners verschiedenste Doppelgänger-Darstellungen gibt und daß es sich bei dem Hüter-Doppelgänger nicht um das ahrimanische Wesen handelt, das bei der Geburt des Menschen in seinen Ätherleib schlüpft.

Rudolf Steiner bezeichnet den Hüter aber auch noch als das wahre Ich, das andere Selbst des Menschen.

„Ich möchte darauf aufmerksam machen, daß der Mensch, wenn er zunächst seinen physischen Leib verläßt, in welchem er die physische Welt zur Umwelt hat, die elementarische Welt betritt; und dann, wenn er diese elementarische Welt zur Umwelt hat, lebt er, wie er in der physischen Welt im physischen Leibe lebt, im ätherischen Leibe. Wenn er dann hellsichtig aus dem ätherischen Leibe herausgeht, dann lebt er im astralischen Leibe und hat zur Umwelt die geistige Welt. Und wir haben darauf aufmerksam gemacht, daß der Mensch auch aus seinem astralischen Leibe herausgehen und in seinem wahren Ich sein kann. Dann hat er zur Umwelt die übergeistige Welt. Indem der Mensch in diese Welten eintritt, gelangt er also zuletzt zu dem, was er in seinen Seelentiefen immer hat, zu seinem wahren Ich, während er schon in der geistigen Welt zu der Art gelangt, wie in ihr das wahre Ich, das andere Selbst sich offenbart, nämlich umhüllt von Gedankenlebewesenheit. Alle, die wir auf dem physischen Plan herumgehen, haben in uns dieses andere Selbst, nur daß das gewöhnliche Bewußtsein davon nichts wissen kann, daß man die Wesenheit dieses anderen Selbstes, dieses wahren Ich, erst erlebt, wenn man hinaufsteigt in die geistige und übergeistige Welt. Aber im Grunde genommen tragen wir also wie unseren ständigen Begleiter dieses wahre Ich immer in uns. Aber dieses wahre Ich, dem man begegnet an der Schwelle in die geistige Welt, ist in einer eigentümlichen Weise vorhanden, man möchte sagen in einer eigentümlichen Ausstaffierung. An der Schwelle zur geistigen Welt kann sich dieses wahre Ich kleiden in alles das, was unsere Schwächen, unsere Mängel sind, in alles das, was uns sozusagen geneigt macht, hängen zu bleiben mit unserem ganzen Wesen an der physisch-sinnlichen Welt oder wenigstens an der elementarischen Welt.

Wir begegnen also unserem eigenen wahren Ich an der Schwelle in die geistigen Welten. Abstrakte Theosophie kann sehr leicht sagen: Das sind wir selber, dieses andere Selbst, dieses wahre Ich. – Gegenüber der Wirklichkeit hat diese Redewendung, daß wir es selber sind, nicht viel Bedeutung. Wir wandeln allerdings alle als unser anderes Selbst in den geistigen

Welten herum, aber wir sind gar sehr ein anderer. Wenn wir mit unserem Bewußtsein in der physischen Welt verweilen, dann ist unser anderes Selbst wirklich recht sehr ein anderes, ein uns Fremdes, eine Wesenheit, der wir wahrhaftig viel fremder entgegentreten als einem anderen Menschen der Erdenwelt. Und dieses andere Selbst, dieses wahre Ich kleidet sich in unsere Schwächen, in all das, was wir eigentlich verlassen müssen und nicht verlassen wollen, weil wir gewohnheitsmäßig als physisch-sinnliche Menschen daran hängen, wenn wir die Schwelle überschreiten wollen. Wir begegnen also eigentlich an der Schwelle zur geistigen Welt einem Geistwesen, das sich unterscheidet von allen anderen Geistwesen, denen wir in den übersinnlichen Welten begegnen können. Alle anderen Geistwesen erscheinen gleichsam mehr oder weniger mit Hüllen, die doch ihrem Eigensein mehr angemessen sind, als es mit den Hüllen des Hüters der Schwelle der Fall ist. Er kleidet sich in dasjenige, was uns nicht nur Sorgen und Kummer, sondern oft Abscheu und Widerlichkeit erweckt. Er kleidet sich in unsere Schwächen, in das, von dem wir sagen können, wir erbeben in Furcht, uns nicht von ihm zu trennen, oder auch, wir erröten nicht nur, wir vergehen fast in Scham, wenn wir hinschauen müssen auf das, was wir sind und in was sich der Hüter der Schwelle kleidet. Es ist also eine Selbstbegegnung, aber in Wahrheit doch die Begegnung mit einer anderen Wesenheit." (GA 147/1969/31.08.1913/S.136 ff.)

Im weiteren spricht Rudolf Steiner von dem Hüter, aber auch von einer realen Macht, was darauf schließen könnte, daß es eine eigenständige Wesenheit ist:

„Wir sprechen da auch von dem Hüter der Schwelle als von einer geistigen Macht, die der Geistesforscher als eine wirkliche reale geistige Macht kennt, wie man andere Menschen als reale Menschen kennenlernt." (GA 210/1967/19.01.1922/S.51)

Eine der wesentlichsten Passagen über den Hüter steht am Ende von „Wie erlangt man Erkenntnisse der höheren Welten?" (GA 10), quasi als Höhepunkt der Darstellung des okkulten Schulungsweges und des Auseinanderdriftens der Seelenkräfte. Es heißt dort einerseits, daß der kleine Hüter der Schwelle ein selbständiges Wesen, andererseits, daß es eine astrale Gestalt sei, die der Mensch selbst hervorbringe, zu selbständigem Leben erwecke.

Wahrscheinlich klingt es mittlerweile verwirrend, wer und was der Hüter nun wirklich ist. Lassen wir diesen Punkt noch einen Moment offen, und wenden wir uns der Begegnung selbst zu.

Zu Beginn des Kapitels „Der Hüter der Schwelle" in GA 10 weist Steiner darauf hin, daß man dem kleineren Hüter begegne, wenn sich die Verbindungsfäden der drei Seelenkräfte – Denken, Fühlen, Wollen – innerhalb von Astralleib und Ätherleib so lösen, daß sie nicht mehr in harmonischer Weise verbunden sind, daß sie nicht mehr als die geschlossene Einheit wirken, wie es noch der Fall ist, wenn man im physischen Leib verkörpert ist. Die Wesensbegegnung mit dem kleinen Hüter möchte ich wörtlich so bringen, wie Rudolf Steiner sie gegeben hat:

„Ein allerdings schreckliches, gespenstisches Wesen steht vor dem Schüler. Dieser hat alle Geistesgegenwart und alles Vertrauen in die Sicherheit seines Erkenntnisweges notwendig, die er sich während seiner bisherigen Geheimschülerschaft aber hinlänglich aneignen konnte.

Der 'Hüter' gibt seine Bedeutung etwa in folgenden Worten kund: 'Über dir walteten bisher Mächte, welche dir unsichtbar waren. Sie bewirkten, daß während deiner bisherigen Lebensläufe jede deiner guten Taten ihren Lohn und jede deiner üblen Handlungen ihre schlimmen Folgen hatten. Durch ihren Einfluß baute sich dein Charakter aus deinen Lebenserfahrungen und aus deinen Gedanken auf. Sie verursachten dein Schicksal. Sie bestimmten das Maß von Lust und Schmerz, das dir in einer deiner Verkörperungen zugemessen war, nach deinem Verhalten in früheren Verkörperungen. Sie herrschten über dir in Form des allumfassenden Karmagesetzes. Diese Mächte werden nun einen Teil ihrer Zügel von dir loslösen. Und etwas von der Arbeit, die sie an dir getan haben, mußt du nun selbst tun. – Dich traf bisher mancher schwere Schicksalsschlag. Du wußtest nicht warum? Es war die Folge einer schädlichen Tat in einem deiner vorhergehenden Lebensläufe. Du fandest Glück und Freude und nahmest sie hin. Auch sie waren die Wirkung früherer Taten. Du hast in deinem Charakter manche schöne Seiten, manche häßliche Flecken. Du hast beides selbst verursacht durch vorhergehende Erlebnisse und Gedanken. Du hast bisher die letzteren nicht gekannt; nur die Wirkungen waren dir offenbar. Sie aber, die karmischen Mächte, sahen alle deine vormaligen Lebenstaten, deine verborgensten Gedanken und Gefühle. Und sie haben danach bestimmt, wie du jetzt bist und wie du jetzt lebst.

Nun aber sollen dir selbst offenbar werden alle die guten und alle die schlimmen Seiten deiner vergangenen Lebensläufe. Sie waren bis jetzt in deine eigene Wesenheit hineinverwoben, sie waren in dir, und du konntest sie nicht sehen, wie du physisch dein eigenes Gehirn nicht sehen kannst. Jetzt aber lösen sie sich von dir los, sie treten aus deiner Persönlichkeit heraus. Sie nehmen eine selbständige Gestalt an, die du sehen kannst, wie du die Steine und Pflanzen der Außenwelt siehst. Und – ich bin es selbst, die Wesenheit, die sich einen Leib gebildet hat aus deinen edlen und deinen üblen Verrichtungen. Meine gespenstige Gestalt ist aus dem Kontobuche deines eigenen Lebens gewoben. Unsichtbar hast du mich bisher in dir selbst getragen. Aber es war wohltätig für dich, daß es so war. Denn die Weisheit deines dir verborgenen Geschickes hat deshalb auch bisher an der Auslöschung der häßlichen Flecken in meiner Gestalt in dir gearbeitet. Jetzt, da ich aus dir herausgetreten bin, ist auch diese verborgene Weisheit von dir gewichen. Sie wird sich fernerhin nicht mehr um dich kümmern. Sie wird die Arbeit dann nur in deine eigenen Hände legen. Ich muß zu einer in sich vollkommenen, herrlichen Wesenheit werden, wenn ich nicht dem Verderben anheimfallen soll. Und geschähe das letztere, so würde ich auch dich selbst mit mir hinabziehen in eine dunkle, verderbte Welt. – Deine eigene Weisheit muß nun, wenn das letztere verhindert werden soll, so groß sein, daß sie die Aufgabe jener von dir gewichenen verborgenen Weisheit übernehmen kann. – Ich werde, wenn du meine Schwelle überschritten hast, keinen Augenblick mehr als dir sichtbare Gestalt von deiner Seite weichen. Und wenn du fortan Unrichtiges tust oder denkst, so wirst du sogleich deine Schuld als eine häßliche, dämonische Verzerrung an dieser meiner Gestalt wahrnehmen. Erst wenn du all dein vergangenes Unrichtiges gutgemacht und dich so geläutert hast, daß dir weiter Übles ganz unmöglich ist, dann wird sich mein Wesen in leuchtende Schönheit verwandelt haben. Und dann werde ich mich zum Heile deiner ferneren Wirksamkeit wieder mit dir zu einem Wesen vereinigen können.

Meine Schwelle aber ist gezimmert aus einem jeglichen Furchtgefühl, das noch in dir ist, und aus einer jeglichen Scheu vor der Kraft, die volle Verantwortung für all dein Tun und Denken selbst zu übernehmen. Solange du noch irgendeine Furcht vor der selbsteigenen Lenkung deines Geschickes hast, solange ist in diese Schwelle nicht alles hineingebaut, was sie erhalten muß. Und solange ihr ein einziger Baustein noch fehlt, so lange müßtest du wie gebannt an dieser Schwelle stehenbleiben oder stolpern. Versuche nicht früher diese Schwelle zu überschreiten, bis du ganz frei von Furcht und bereit zu höchster Verantwortlichkeit dich fühlst.

Bisher trat ich nur aus deiner eigenen Persönlichkeit heraus, wenn der Tod dich von einem irdischen Lebenslauf abberief. Aber auch da war meine Gestalt dir verschleiert. Nur die Schicksalsmächte, welche über dir walteten, sahen mich und konnten, nach meinem Aussehen, in den Zwischenpausen zwischen dem Tode und einer neuen Geburt, dir Kraft und Fähigkeit ausbilden, damit du in einem neuen Erdenleben an der Verschönerung meiner Gestalt zum Heile deines Fortkommens arbeiten konntest. Ich selbst war es auch, dessen Unvollkommenheit die Schicksalsmächte immer wieder dazu zwang, dich in eine neue Verkörperung auf die Erde zurückzuführen. Starbest du, so war ich da; und meinetwegen bestimmten die Lenker des Karma deine Wiedergeburt. Erst wenn du durch immer wieder erneuerte Leben in dieser Art mich unbewußt ganz zur Vollkommenheit umgeschaffen gehabt hättest, wärest du nicht den Todesmächten verfallen, sondern du hättest dich ganz mit mir vereint und wärest in Einheit mit mir in die Unsterblichkeit hinübergegangen.

So stehe ich heute sichtbar vor dir, wie ich stets unsichtbar neben dir in der Sterbestunde gestanden habe. Wenn du meine Schwelle überschritten haben wirst, so betrittst du die Reiche, die du sonst nach dem physischen Tode betreten hast. Du betrittst sie mit vollem Wissen und wirst fortan, indem du äußerlich sichtbar auf Erden wandelst, zugleich im Reiche des Todes, das ist aber im Reiche des ewigen Lebens, wandeln. Ich bin wirklich auch der Todesengel; aber ich, ich bin zugleich der Bringer eines nie versiegenden höheren Lebens. Beim lebendigen Leibe wirst du durch mich sterben, um die Wiedergeburt zum unzerstörbaren Dasein zu erleben.

Das Reich, das du nunmehr betrittst, wird dich bekannt machen mit Wesen übersinnlicher Art. Die Seligkeit wird dein Anteil in diesem Reiche sein. Aber die erste Bekanntschaft mit dieser Welt muß ich selbst sein, ich, der ich dein eigenes Geschöpf bin. Früher lebte ich von deinem eigenen Leben; aber jetzt bin ich durch dich zu einem eigenen Dasein erwacht und stehe vor dir als sichtbares Richtmaß deiner künftigen Taten, vielleicht auch als dein immerwährender Vorwurf. Du konntest mich schaffen; aber du hast damit auch zugleich die Pflicht übernommen, mich umzuschaffen.'

Was hier, in eine Erzählung gekleidet, angedeutet ist, hat man sich nicht etwa als etwas Sinnbildliches vorzustellen, sondern als ein im höchsten Grade wirkliches Erlebnis des Geheimschülers.

Der Hüter soll ihn warnen, ja nicht weiter zu gehen, wenn er nicht die Kraft in sich fühlt, den Forderungen zu entsprechen, die in der obigen Anrede enthalten sind. So schrecklich die Gestalt dieses Hüters auch ist, sie ist doch nur die Wirkung des eigenen vergangenen Lebens des Schülers, ist nur sein eigener Charakter, zu selbständigem Leben außer ihm erweckt. Und diese Erweckung geschieht durch die Auseinanderlösung von Wille, Denken und Gefühl. – Schon das ist ein Erlebnis von tief bedeutungsvoller Art, daß man zum ersten Male fühlt, man habe einem geistigen Wesen selbst den Ursprung gegeben. – Es muß nun die Vorbereitung des Geheimschülers dahin zielen, daß er ohne eine jegliche Scheu den schrecklichen Anblick aushält und daß er im Augenblicke der Begegnung seine Kraft wirklich so gewachsen fühlt, daß er es auf sich nehmen kann, die Verschönerung des 'Hüters' mit vollem Wissen auf sich zu laden." (GA 10/1961/Tb. S.137 ff.)

Dieser Text ist so schön, vollendet und aussagekräftig, daß ich ihn nicht weiter kommentieren möchte. Er ist als Meditationsstoff geeignet.

Die drei Tiere

Wir müssen unser Bild vom Hüter aber noch vervollständigen. Bisher wurde immer nur darüber gesprochen, daß der Mensch – sofern er Einblick in die übersinnlichen Welten bekommt – das ganze Ausmaß seiner Unvollkommenheit in der Gestalt des Hüters sieht. Das muß man sich aber noch differenzierter vorstellen.

Was wir während unseres Tagesbewußtsein abgeschwächt als einen Gedanken, ein Gefühl oder als Ergebnis eines Willensimpulses wahrnehmen, ist in der elementarischen und geistigen Welt wesenhaft. Wenn jemand vor Wut mit der Faust auf den Tisch haut, erlebt er in sich nur dieses Wutgefühl. Ein Hellseher würde aber eine astrale Gestalt dieser Wut wahrnehmen können. Ähnlich ist es mit allen Äußerungen und Eigenschaften des Menschen. Betrachtet ein Hellseher die Defekte des Ätherleibes und Astralleibes, so sieht er nicht in das Innere des Menschen, sondern auf seine Umgebung in den übersinnlichen Welten, denn dort spiegelt eine reichhaltige Fülle von Wesenheiten ihre jeweilige Vollkommenheit der jeweiligen Unvollkommenheit des Menschen entgegen.

Die Unvollkommenheit „leitet den Menschen, führt ihn, bringt ihn hin an einen gewissen Ort der übersinnlichen Welt. An welchen Ort? An den Ort, wo ein Wesen ist, welches in vollkommenem Zustande das hat, was man, wenn man dort ankommt, in unvollkommenem Zustande hat. Dieser moralische Defekt, dieses Bewußtsein von einer mangelnden Fähigkeit bewirkt also etwas Wirkliches, geleitet einen auf einen Weg, stellt einen zu einem Wesen, welches das in vollkommener Weise hat, was man selbst unvollkommen hat, worauf es gerade ankommt. Und nun ist man verurteilt, indem dieses Wesen einem gegenübergestellt ist, es fortwährend anzuschauen. Man kommt in den übersinnlichen Welten durch reale Vorgänge – nicht durch das, was man im Sinnensein Begierden nennt – in die Nähe von Wesenheiten, die alles das haben, was man nicht hat, die einem fortwährend zeigen, was einem fehlt. Schaut also der Hellseher dort hin, was da für Wesen sind in der Umgebung eines Menschen, so weiß er aus der objektiven Beobachtung, was dem Menschen fehlt, was ihm mangelt. Was man verurteilt ist, fortwährend anzuschauen, in wessen Nähe man kommt, das steht – kann man sagen – als ein fortwährender Vorwurf da. [...] Diese übersinnliche Welt ist wirklich so reich, daß sie uns für alle unsere Fehler die vollkommenen Wesen gegenüberstellen kann, ist viel reicher, als man es sich nach dem Sinnensein denkt." (GA 138/1959/27.08.1912/S.51)

Vielleicht können wir uns den Hüter als eine überdimensional große Gestalt vorstellen, die alle diese Defekte des Menschen, die auch einzeln betrachtet werden können, in seiner Gestalt zusammenfaßt.

Ähnlich müssen wir uns die drei Tiere denken. Sie erscheinen neben bzw. in dem Hüter als die Wesenhaftigkeiten unserer unvollkommenen Seelenkräfte Denken, Fühlen und Wollen. So wie in vielen Märchen, tauchen sie auch zu Beginn von Dantes „Göttlicher Komödie" auf:

„Da sieh: wo grad der Steig der Steile naht,
Ein Panther! Höchst behend und leicht von Lenden
Prunkt' er in bunt gefleckten Felles Staat.
Nicht aus den Augen wich er, allerenden
Den Weg mir sperrend, daß hinab zum Grunde
Ich mehr als einmal mußt' am Ende wenden.
Es war die Zeit der ersten Morgenstunde,
Die Sonne stieg herauf, mit ihr der Stern,
Der sie geleitet, da zur ersten Runde
So hehre Zier entsandt die Huld des Herrn;
Und guter Hoffnung, wie im bunten Felle
Das wilde Tier auch prahlte, traut' ich gern
Dem holden jungen Jahr, der Morgenhelle –
Doch so nicht, daß die Furcht mich losgegeben,
Da jetzt ich einen Löwen sah zur Stelle.
Ich sah ihn kommen, hoch das Haupt erheben,
Grad auf mich los, in seines Hungers Wut
So grimmig, daß die Luft mir schien zu beben.
Auch eine Wölfin, trächtig von der Glut
Jedweder Gier, so schiens, die hagren Weichen –
Manch einen plagt' ihr Lechzen bis aufs Blut –,

Sie machte starrend mich vor Furcht erbleichen,
Daß ich, von ihres Blickes Dräun entsetzt,
Schon gar verzagt, den Gipfel zu erreichen."
(Dante: Die Hölle, S.15 f.)

Auch Rudolf Steiner spricht hin und wieder über diese drei Tiere, die in verschiedenen Gestalten als Zerrbilder unseres Wollens, Fühlens und Denkens auftreten können, wenn man mit dem hellsichtigen Blick auf sich selber schaut:

„Ganz ähnlich wie wir sonst die Außenwelt sehen, sehen wir jetzt unser eigenes Innere. Es ist gleichsam abgemalt auf einem Hintergrund, den ich eben charakterisiert habe. Alles dasjenige, was uns an die Erde fesselt, was uns mit dem Vergänglichen verbindet, so daß wir es selber als Vergängliches zurücklassen müssen, das zeigt sich uns da in einem ganz bestimmten Bilde, in dem Bilde eines verzerrten Stieres. Wir können dieses Bild, das da das astralische Anschauen hat, mit nichts anderem vergleichen als mit dem Bilde eines verzerrten, uns hinunterziehenden Stieres. Alles dasjenige, was sonst Einklang schafft zwischen unserem Willen und unserem Fühlen in unserer Seele, zeigt sich uns in bezug auf seine Unterlassungssünden in dem Bilde eines verzerrten Löwen. Und alles dasjenige, was über uns hinwegschreitet, wenn wir Unterlassungssünden in unserem Denken haben, alles das, was über uns hinwegschreitet, weil wir ihm nichts gegeben haben, was uns selber mitnehmen kann, das zeigt sich uns in dem Bilde eines verzerrten Adlers. Diese drei Bilder sind durchsetzt mit unserem eigenen verzerrten Ebenbild. Das zeigt im äußeren Bilde, was wir aus uns gemacht haben und was wir auszubessern haben in der Zukunft, damit wir hinzufügen dem Weltenwerden alles dasjenige, was diesem Weltenwerden von uns aus notwendig ist. Drei Zerrbilder und ein Zerrbild von uns selber! Aus der Art, wie diese drei Bilder miteinander im Verhältnis stehen, ergibt sich das Maß dessen, was wir noch an uns zu arbeiten haben.

So ungefähr ist unser Denken, Fühlen und Wollen zerspalten, wenn wir an dem kleinen Hüter der Schwelle vorbeigehen. Wahre Erkenntnis dessen, was wir geworden sind, bis zur Bildlichkeit, wahre Selbsterkenntnis steht dann vor uns, Selbsterkenntnis, die anspornend ist für unser ganzes zukünftiges Leben. [...] Alle die verzerrten Menschenbilder sind der wahre Hüter der Schwelle. – Wir selbst in unserem Gegenbild, wir erscheinen uns als der kleine Hüter der Schwelle. Wir selbst sind es, welche verhindern, daß wir vorher selbst in uns hineinsteigen können. Einzig und allein diese Erkenntnis macht es möglich, daß in der Zukunft, wo uns eben nicht mehr die nötige Kraft von oben zufließen wird, die Menschheit nicht erlahmt in ihren Kräften, immer schwächer und schwächer wird, das heißt, ihre Mission auf der Erde nicht erfüllt." (GA 119/1962/24.03. 1910/S.116 f.)

Auch in den „Esoterischen Unterweisungen für die erste Klasse der Freien Hochschule für Geisteswissenschaft am Goetheanum" spricht Rudolf Steiner ausführlich über die Hüterbegegnung und die Konfrontation des Meditierenden mit den drei Tieren.

Zwischen der Sinneswelt und der Geisteswelt – so heißt es dort – liege ein Abgrund; und die geistigen Bereiche liegen für den Uneingeweihten in tiefer Finsternis. Bei entsprechender Vorbereitung kann aus dieser Finsternis die Hütergestalt herausleuchten, mit einem Antlitz, ähnlich dem des Menschen, aber riesengroß. Gleichzeitig treten neben dem Hüter aus dem Abgrund zwischen Sinnes- und Geistessein die drei Tiere hervor: das blaue Tier mit krummen Rücken als im Willen des Menschen sitzende Furcht vor dem Geist, das spottende gelbe Tier als im Fühlen verborgener Haß auf die Geisteswelt und das schmutzig-rote Tier mit schlaffer Haltung und gespaltenem Maul als Zweifel des Denkens.

Es dürfte mittlerweile klar sein, wie kompliziert die geistige Welt ist und daß man es dort nicht mit klar abgegrenzten Wesen wie in der physischsinnlichen Welt, sondern mit einer Fülle von Wesen zu tun hat, die sich alle mehr oder weniger durchdringen.

Wer ist der kleine Hüter?

Damit kommen wir auch zu der von mir aufgestellten Frage, wer nun der kleine Hüter ist. Eindeutig beantworten läßt sich das nicht, denn es handelt sich hier um ein Sowohl-als-Auch.

Selbstverständlich ist der Hüter ein Teil von uns, der auch in uns steckt und uns in der geistigen Welt begegnen kann. Denn wir geben ihm Gestalt dadurch, daß wir unvollkommene Menschen sind und ihn als Wesen mitschaffen, indem wir durch okkulte Schulung bewußtseinsmäßig in die geistigen Welten steigen. Aber das würde als Charakterisierung nicht ausreichen, denn der kleine Hüter ist auch ein Wesen durch sich selber, daß auch schon vor dem Menschen existent war, und zwar ein Götterbote, der im Auftrag der besten Geister der geistigen Welt dem Menschen die mahnenden Worte zuruft (so heißt es in den „Esoterischen Unterweisungen" der Klassenstunden), er ist ein Erzengel:

„Er ist da als ein konkretes, reales Wesen. Und lernt man ihn kennen, so lernt man ihn auch kennen als ein Wesen, das in die Kategorie von Wesen gehört, die in einer gewissen Weise mitgemacht haben das Leben vom Erdenurbeginn, dann aber nicht dasjenige mitgemacht haben, was man als Seelenwesen erlebt. [...] Da kommen wir mit einem Wesen zusammen, demgegenüber man sich sagt: Ich habe ein Wesen vor mir, das erfährt und erlebt vieles in der Welt; aber es beschäftigt sich nicht mit dem, was man an Liebe, an Schmerzen und Pein, aber auch an Fehlern und Unmoralischem auf der Erde erleben kann; es weiß nichts und will nichts wissen von dem, was sich abgespielt hat in der menschlichen Grundwesenheit bis jetzt. Die christliche Überlieferung drückt diesen Tatbestand dadurch aus, daß sie sagt: Vor dem Geheimnis der Menschwerdung verhüllten diese Wesenheiten ihr Antlitz. Eine ganze Welt ist in dem Unterschiede zwischen diesen Wesenheiten und den menschlichen Wesenheiten ausgedrückt.

Und nun kommt eine Empfindung, die man unmittelbar hat, die sich so einstellt, wie wenn man einem Menschen gegenüber, der blonde Haare hat, die unmittelbare Empfindung hat: der hat blonde Haare. So tritt die Empfindung auf: Dadurch, daß du durch die Erdenkulturen durchgegangen bist, hast du dir notwendigerweise Unvollkommenheiten angeeignet, aber du mußt wieder zurückkommen zu dem ursprünglichen Zustand, mußt auf der Erde den Weg wieder zurückfinden, und dieses Wesen kann dir das zeigen, weil es deine Fehler nicht angenommen hat. Jetzt steht man einem Wesen gegenüber wie einem wirklichen Vorwurf, groß und grandios, wie ein Ansporn zu dem, was man nicht ist. Das zeigt einem dieses Wesen in lebendigster Weise, und da kann man sich ganz ausgefüllt fühlen vor dem Wesen von dem Wissen dessen, was man ist oder nicht ist. Da steht man dem lebendigen Vorwurf gegenüber. In die Klasse der Erzengel, der Archangeloi, wie wir sagen, gehört dieses Wesen. Es ist eine ganz reale Begegnung, und sie veranlaßt, daß einem plötzlich vor Augen tritt, was man als Erdenmensch im Sinnensein geworden ist. Selbsterkenntnis ist es zugleich im wahrhaftigen, umfassendsten Sinne. Sich selbst schaut man, wie man ist, und sich selbst schaut man, wie man nun werden soll!" (GA 138/1959/27.08.1912/S.58 ff.)

So wie die geistige Welt in gewisser Weise ein Spiegel ist – der Hellseher erkennt die menschlichen Defizite dadurch, daß er in die Umgebung des Menschen schaut, wo sich die jeweiligen Vollkommenheiten zu den menschlichen Unvollkommenheiten zeigen –, hat der Hüter der Schwelle die ganz herausragende Aufgabe und Fähigkeit, dem Menschen gerade das entgegenzuspiegeln, was der Hüter selber nicht ist und nie kennengelernt hat: die menschlichen Schwächen, die dadurch entstanden sind, daß sich der Mensch als einziges geistiges Wesen über Inkarnationen hin auf der materiellen Erde abmühen muß, um dort eine Qualität zu entwickeln, die es in dieser Weise nicht in der geistigen Welt gibt – die Freiheit!

Der große Hüter der Schwelle

Hält man sich an die Hüter-Darstellung in „Wie erlangt man Erkenntnisse der höheren Welten?" (GA 10), so bedarf es einer weitergehenderen Lockerung der Seelenkräfte Denken, Fühlen und Wollen, und zwar nicht nur bis in die astralischen und ätherischen Bereiche hinein, sondern sogar bis in den physischen Leib, damit sich die Schau des großen Hüters einstellen kann.

Der kleine Hüter zeigt dem Menschen genau, was er selbst bisher aus sich gemacht hat und was er für die Zukunft aus sich machen muß, um sich wieder mit der Hütergestalt vereinen zu können. – Nach einer gewissen Zeit gesellt sich der große Hüter hinzu, ein Wesen ganz anderer Art, denn es ist eine Lichtgestalt von erhabener Schönheit:

„Deren Schönheit zu beschreiben ist schwierig in den Worten unserer Sprache. – Diese Begegnung findet statt, wenn sich die Organe des Denkens, Fühlens und Wollens auch für den physischen Leib so weit voneinander gelöst haben, das die Regelung ihrer gegenseitigen Beziehungen nicht mehr durch sie selbst, sondern durch das höhere Bewußtsein geschieht, das sich nun ganz getrennt hat von den physischen Bedingungen. Die Organe des Denkens, Fühlens und Wollens sind dann die Werkzeuge in der Gewalt der menschlichen Seele geworden, die ihre Herrschaft über sie aus übersinnlichen Regionen ausübt. – Dieser so aus allen sinnlichen Banden befreiten Seele tritt nun der zweite 'Hüter der Schwelle' entgegen und spricht etwa folgendes:

'Du hast dich losgelöst aus der Sinnenwelt. Dein Heimatrecht in der übersinnlichen Welt ist erworben. Von hier aus kannst du nunmehr wirken. Du brauchst um deinetwillen deine physische Leiblichkeit in gegenwärtiger Gestalt nicht mehr. Wolltest du dir bloß die Fähigkeit erwerben, in dieser übersinnlichen Welt zu wohnen, du brauchtest nicht mehr in die sinnliche zurückzukehren. Aber nun blicke auf mich. Sieh, wie unermeßlich erhaben ich über all dem stehe, was du heute bereits aus dir gemacht hast. Du bist zu der gegenwärtigen Stufe deiner Vollendung gekommen durch die Fähigkeiten, welche du in der Sinnenwelt entwickeln konntest, solange du noch auf sie angewiesen warst. Nun aber muß für dich eine Zeit beginnen, in welcher deine befreiten Kräfte weiter an dieser Sinnenwelt arbeiten. Bisher hast du nur dich selbst erlöst, nun kannst du als ein Befreiter alle deine Genossen in der Sinnenwelt mitbefreien. Als einzelner hast du bis heute gestrebt; nun gliedere dich ein in das Ganze, damit du nicht nur dich mitbringst in die übersinnliche Welt, sondern alles andere, was in der sinnlichen vorhanden ist. Mit meiner Gestalt wirst du dich einst vereinigen können, aber ich kann kein Seliger sein, solange es noch Unselige gibt! Als einzelner Befreiter möchtest du immerhin schon heute in das Reich des Übersinnlichen eingehen. Dann aber würdest du hinabschauen müssen auf die noch unerlösten Wesen der Sinnenwelt. Und du hättest dein Schicksal von dem ihrigen getrennt. Aber ihr seid alle miteinander verbunden. Ihr mußtet alle hinabsteigen in die Sinnenwelt, um aus ihr heraufzuholen die Kräfte für eine höhere. Würdest du dich von ihnen trennen, so mißbrauchtest du die Kräfte, die du doch nur in Gemeinschaft mit ihnen hast entwickeln können. Wären sie nicht hinabgestiegen, so hättest es auch du nicht können; ohne sie fehlten dir die Kräfte zu deinem übersinnlichen Dasein. Du mußt diese Kräfte, die du *mit* ihnen errungen hast, auch mit ihnen teilen. Ich wehre dir daher den Einlaß in die höchsten Gebiete der übersinnlichen Welt, solange du nicht *alle* deine erworbenen Kräfte zur Erlösung deiner Mitwelt verwendet hast. Du magst mit dem schon Erlangten dich in den unteren Gebieten der übersinnlichen Welt aufhalten; vor der Pforte zu den höheren stehe ich aber 'als der Cherub mit dem feurigen Schwerte vor dem Paradiese' und wehre dir den Eintritt so lange, als du noch Kräfte hast, die unangewendet geblieben sind in der sinnlichen Welt. Und willst du die deinigen nicht anwenden, so werden andere kommen, die sie anwenden; dann wird eine hohe übersinnliche Welt alle Früchte der sinnlichen aufnehmen; dir aber wird der Boden entzogen sein, mit dem du verwachsen warst. Die geläuterte Welt wird sich über dich hinausentwickeln. Du wirst von ihr ausgeschlossen sein. So ist dein Pfad der *schwarze,* jene aber, von welchen du dich gesondert hast, gehen den *weißen* Pfad.'

So kündigt sich der 'große Hüter' der Schwelle bald an, nachdem die Begegnung mit dem ersten Wächter erfolgt ist. Der Eingeweihte weiß aber ganz genau, was ihm bevorsteht, wenn er den Lockungen eines vorzeitigen Aufenthaltes in der übersinnlichen Welt folgt. Ein unbeschreiblicher Glanz geht von dem zweiten Hüter der Schwelle aus; die Vereinigung mit ihm steht als ein fernes Ziel vor der schauenden Seele. Doch ebenso steht da die Gewißheit, daß diese Vereinigung erst möglich wird, wenn der Eingeweihte alle Kräfte, die ihm aus dieser Welt zugeflossen sind, auch aufgewendet hat im Dienste der Befreiung und Erlösung dieser Welt. Entschließt er sich, den Forderungen der höheren Lichtgestalt zu folgen, dann wird er beitragen können zur Befreiung des Menschengeschlechts. Er bringt seine Gaben dar auf dem Opferaltar der Menschheit. Zieht er seine eigene vorzeitige Erhöhung in die übersinnliche Welt vor, dann schreitet die Menschheitsströmung über ihn hinweg. Für sich selbst kann er nach seiner Befreiung aus der Sinnenwelt keine neuen Kräfte mehr gewinnen. Stellt er ihr seine Arbeit doch zur Verfügung, so geschieht es mit dem Verzicht, aus der Stätte seines ferneren Wirkens selbst für sich noch etwas zu holen. Man kann nur nicht sagen, es sei selbstverständlich, daß der Mensch den weißen Pfad wählen werde, wenn er so vor die Entscheidung gestellt wird. Das hängt nämlich ganz davon ab, ob er bei dieser Entscheidung schon so geläutert ist, daß keinerlei Selbstsucht ihm die Lockungen der Seligkeit begehrenswert erscheinen läßt. Denn diese Lockungen sind die denkbar größten. Und auf der anderen Seite sind eigentlich gar keine besonderen Lockungen vorhanden. Hier spricht gar nichts zum Egoismus. Was der Mensch in den höheren Regionen des Übersinnlichen erhalten wird, ist nichts, was zu ihm kommt, sondern lediglich etwas, das von ihm ausgeht: die Liebe zu seiner Mitwelt. Alles, was der Egoismus verlangt, wird nämlich durchaus nicht entbehrt auf dem schwarzen Pfade. Im Gegenteil: die Früchte dieses Pfades sind gerade die vollkommenste Befriedigung des Egoismus. Und will jemand nur für sich die Seligkeit, so wird er ganz gewiß diesen schwarzen Pfad wandeln, denn er ist der für ihn angemessene." (GA 10/1961/Tb. S.149 ff.)

Hiermit ist der schwarzmagische und der weißmagische Weg angesprochen (siehe dazu FLENSBURGER HEFTE Sonderheft Nr.12, „Schwarze und weiße Magie"). Der weißmagische Weg ist aber der des Christus. Wenn der Geistesschüler zur Stufe der Intuition vordringt, kann er erkennen, wer der große Hüter der Schwelle in Wahrheit ist:

„Es verwandelt sich nämlich nunmehr dieser Hüter in der Wahrnehmung des Geistesschülers in die Christus-Gestalt, deren Wesenheit und Eingreifen in die Erdenentwickelung aus den vorhergehenden Kapiteln dieses Buches ersichtlich ist. Der Geistesschüler wird dadurch in das erhabene Geheimnis selbst eingeweiht, das mit dem Christus-Namen verknüpft ist. Der Christus zeigt sich ihm als das 'große menschliche Erdenvorbild'." (GA 13/1962/Tb. S.292)

Die Begegnung mit dem kleinen Hüter auf dem mikrokosmischen, die Begegnung mit dem großen Hüter auf dem makrokosmischen Weg

Leider stellt sich das Bild der Hüterbegegnungen – zuerst der kleine, später der große – doch noch etwas komplizierter dar, wenn man noch einmal in zwei Vortragszyklen Rudolf Steiners (GA 119, GA 124) schaut.

Erinnern Sie sich an Franz Kafkas kurze Erzählung „Vor dem Gesetz". Dort steht ein Türhüter vor dem Gesetz und verweigert dem Mann vom Lande Einlaß. Er wartet sein ganzes Leben vor diesem Tor, schaut höchstens kurz hindurch, aber der Einlaß wird ihm verwehrt, bis er an seinem Lebensende erfährt, daß dieses Tor nur ihm allein bestimmt gewesen ist.

Oder erinnern Sie sich an das Märchen „Frau Holle". Die Mädchen springen durch einen Brunnen und befinden sich in einer blühenden Welt, wo das merkwürdige Wesen der Frau Holle lebt.

Der Mensch geht jeden Tag durch zwei ähnliche Tore, nämlich beim Aufwachen und beim Einschlafen. Beide Tore könnte man auch als die Schwelle bezeichnen.

Gibt man knappe anthroposophische Erklärungen von dem Rhythmus der Wesensglieder während des Schlaf- und Wachzustandes, dann heißt es meist: Morgens ziehen Astralleib und Ich in den im Bette liegenden physischen Leib sowie den Ätherleib hinein. Aber bewußtseinsmäßig ziehen wir wohl kaum in sie hinein, denn wir haben keinerlei Wahrnehmungen der Innenwelt des Ätherleibes oder gar des physischen Leibes. Vielmehr hören wir den Wecker, bemerken das durch eine Fliege hervorgerufene Jucken auf der Nasenspitze und sehen den Raum, in dem wir geschlafen haben. Unsere Aufmerksamkeit wird also sofort auf die Sinneswelt abgelenkt, und wir sehen unseren physischen Leib genauso von außen wie die äußere Umgebung, in der wir uns gerade befinden. Menschenkundlich betrachtet bedeutet das, daß sich zwischen physischen Leib und Ätherleib einerseits und die Empfindungsseele und die höheren Seelenglieder andererseits etwas einschiebt, nämlich der Empfindungsleib (vgl. GA 119/1962/23.03.1910/S.79). Dieser Empfindungsleib – zusammen mit der Empfindungsseele nennt man ihn auch Astralleib – ist das Vermittlungsorgan zwischen unserem Bewußtsein und der sinnlichen Außenwelt. Beim Aufwachen verdeckt uns der Empfindungsleib den Blick in unsere innere Natur (physischer Leib und Ätherleib), weil er von der Sinneswelt in Anspruch genommen wird und unser Bewußtsein auf diese ablenkt.

Das geschieht aus gutem Grund. Denn was würde geschehen, wenn man mit hellsichtigem Blick die innere geistige Natur von Ätherleib und physischem Leib schauen würde?

„Es gibt im Menschen dasjenige, was man Schamgefühl nennt. Dieses Schamgefühl besteht ja darin, daß der Mensch, wenn er sich in seiner Seele schämt irgendeiner Sache, die Aufmerksamkeit der anderen ablenken will von dem betreffenden Dinge oder der betreffenden Eigenschaft, der gegenüber er sich schämt. Dieses Schamgefühl für etwas, was im Menschen ist und was er nicht zur Offenbarung bringen will, ist eine schwache Andeutung von jenem Gefühl, das zu ungeheuerster Stärke wachsen würde, wenn der Mensch beim Aufwachen bewußt in sein eigenes Innere hineinsteigen würde. Es würde dieses Gefühl sich mit einer solchen Gewalt der menschlichen Seele bemächtigen müssen, daß der Mensch es über alles, was da ihm entgegentreten könnte, ausgegossen empfinden würde. Und vor allen Dingen, wenn er sich selber vergleichen würde mit demjenigen, was ihm da in der Welt wahrnehmbar wird, würde er mit diesem Schamgefühl ein Erlebnis haben, das sich vergleichen läßt mit nichts anderem als: er würde fühlen, wie wenn er im Feuer zugrunde gehen würde. Wie eine Art Verbrennen würde dieses Schamgefühl auf ihn wirken. Warum würde es so auf den Menschen wirken? Dieses Schamgefühl würde so auf den Menschen wirken, weil der Mensch empfinden würde in diesem Augenblick, wie eigentlich sein physischer Leib und sein Äther- oder Lebensleib im Verhältnis zu demjenigen, was er als Seelenwesen ist, vollkommen sind." (ebd./S.80 f.)

Auf dasjenige Wesen, das uns die Wohltat erweist, dieses verzehrende Schamgefühl nicht erleben zu müssen, haben wir schon hingewiesen. Es ist der kleine Hüter der Schwelle:

„In dem Augenblick, wo der Mensch des Morgens aufwacht, tritt er eigentlich ein in das Tor der eigenen Wesenheit. Aber an diesem Tore steht ein Wächter; dieser Wächter ist der kleine Hüter der Schwelle. Er läßt den Menschen nicht eintreten in die eigene Wesenheit, sondern lenkt ihn sogleich auf die äußere Welt ab. Jeden Morgen trifft der Mensch diesen kleinen Hüter der Schwelle. Wer bewußt beim Aufwachen eintritt in seine Hüllennatur, lernt diesen kleinen Hüter der Schwelle kennen. Und im Grunde genommen handelt es sich für das mystische Leben nur darum, ob dieser kleine Hüter der Schwelle uns als Menschen die Wohltat erweist, uns für unsere eigene innere Wesenheit zu betäuben, so daß wir nicht da hinuntersteigen können, und unser Ich auf unsere Umgebung hinzulenken, oder ob er uns durchläßt durch das Tor und uns in unsere eigene Wesenheit eintreten läßt." (GA 124/1963/19.12.1910/S.95)

Will man die Schwelle zum Mikrokosmos – denn so nennt man die menschliche Natur – überschreiten, muß man den sogenannten mystischen Weg gehen. Auf diesem Weg bereitet man sich vor, sich selbst in seiner eigenen Unvollkommenheit gegenüber seinen vollkommeneren Hüllen zu schauen. Deshalb besteht dieser Weg der Mystiker, der heute im Grunde nicht mehr zeitgemäß ist, vor allem im Erüben der Demut, dem Erüben einer Stimmung, wie sie aus dem Gedicht „Die Fußwaschung" von Christian Morgenstern spricht. Macht man allerdings entsprechende Übungen, so kann man letztendlich auch zur Schau der drei Tiere und des verzerrten menschlichen Bildes kommen, auf die ich im Kapitel über „Die drei Tiere" hingewiesen habe. Das ist ein Bild, das wie ein Spiegelbild vom Ätherleib zurückgeworfen und vom Astralleib erlebt wird:

„Wir sind gekommen bis zu der Grenze, wo unser Empfindungsleib an den Ätherleib stößt. Da hat sich uns etwas wie ein Spiegelbild gezeigt. Es ist nur ein Bild, aber mit diesem Bild können wir zufrieden sein, denn mehr brauchen wir nicht, als daß uns in einem Bild gezeigt wird, wie wir wirklich sind. [...] Der Irrtum würde da beginnen, wo der Hellseher glauben würde, daß das eine andere Wirklichkeit wäre. Wenn der Hellseher nicht wüßte: Dies ist ein Bild, das dir dein eigenes Inneres zeigt – sondern wenn er glauben würde, da kommt wirklich ein vierköpfiges Wesen auf ihn zu und das erfüllt geradeso den Raum wie ein physisches Wesen, dann würde der Hellseher ungefähr gleichen demjenigen Menschen, der bisher nicht gewußt hat, daß er eine bestimmte Nase hat, die ihm nicht gefällt, und sie sieht im Spiegel und nun losschlägt auf das Spiegelbild –, der da glaubt, er trifft etwas Wirkliches." (GA 119/1962/24.03.1910/S.118)

Nun zu dem anderen Tor. Wenn wir einschlafen, verlieren wir gewöhnlich das Bewußtsein und sind nicht in der Lage, die elementarischen sowie die geistigen Welten bewußt zu durchdringen. Jede Nacht betritt die menschliche Seele den Makrokosmos, und auch hier – würde man die nötigen Bewußtseinskräfte erworben haben – sähe man sich selber, aber davor bewahrt einen der große Hüter der Schwelle, dieses „merkwürdige geheimnisvolle geistige Wesen". (ebd./23.03.1910/S.97)

Der rosenkreuzerische bzw. anthroposophische Schulungsweg ist im Grunde der Weg in den Makrokosmos, sich ein gesteigertes Bewußtsein für die übersinnlichen Welten zu erwerben, ein Bewußtsein der höheren Wesensglieder zu erlangen. Gelangt der Mensch hier an die Schwelle, schaut er sich unter anderen geistigen Wesen vor allem selber als objektive Gestalt. Und dabei verliert er sein Selbstvertrauen, denn er sieht, was er durch alle Inkarnationen hindurch aus sich gemacht hat. Das ist kein Anlaß zur Freude, sondern ganz im Gegenteil tief erschreckend:

„Der Mensch muß lernen, sich selber als etwas Unvollkommenes zu sehen auf seinem heutigen Standpunkt. Er muß lernen ertragen, sich zu sagen: Wenn ich zurückblicke in mein jetziges Leben und in die Leben der früheren Inkarnationen, so haben diese eben das aus mir gemacht, was ich bis heute geworden bin; so bin ich. – Aber er muß auch die Möglichkeit haben, neben dieser seiner eigenen Gestalt zu empfinden, zu fühlen eine andere Gestalt, eine solche Gestalt, die ihm sagt: Wenn du nun an dir arbeitest, wenn du alles tust, um das, was an Anlagen in deiner tiefsten Wesenheit ist, zu entwickeln, dann wirst du einstmals ein Wesen werden wie dieses; du mußt nicht nur auf dich blicken können, sondern du mußt auf die andere Wesenheit, die wie dein reales Ideal neben dir steht, ohne Scheu und Entmutigung hinblicken können." (ebd./28.03.1910/S.172)

Man schaut also zwei Gestalten: sich selber in seiner ganzen Fehlerhaftigkeit, seinen Doppelgänger, und die Gestalt des großen Hüters, die einem zeigt, wie man werden kann. Dieser Hüter ist es wiederum, der uns Menschen jede Nacht davor bewahrt, uns in unserer ganzen Unvollkommenheit schauen zu müssen:

„Hat man sich entschlossen dazu, durch Selbsterziehung alle Hindernisse seines unvollkommenen Menschen zu überwinden, dann wirkt dieser Impuls der Seele so, daß dieser unvollkommene Mensch vor einem steht, ohne daß er einen aufregt, ohne daß er einen niederschmettert. Ohne den genügenden Reifegrad würde man immer ein niederschmetterndes Gefühl haben, wenn man so seinen Doppelgänger erblickt. Davor schützt einen in der Tat das normale Leben; denn man würde jede Nacht beim Einschlafen seinen unvollkommenen Menschen vor sich haben und niedergeschmettert sein von ihm, wenn man bewußt einschlafen würde. Ebenso würde aber jene große Gestalt vor einem stehen, die einen aufmerksam machen kann darauf, was man werden kann. Daher wird beim Einschlafen das Bewußtsein ausgelöscht. [...] Und man weiß in diesem Augenblick, daß diese andere Gestalt, die sich in Pracht und Herrlichkeit und Glorie zeigt, gerade deshalb so niederschmetternd wirkt, weil man so nicht ist und doch so sein sollte; man weiß, daß man die richtige Seelenverfassung nur gewinnen kann, wenn man ertragen kann diesen Anblick. Dieses Erlebnis haben heißt: vorüberschreiten vor dem großen Hüter der Schwelle. Dieser große Hüter der Schwelle löscht im gewöhnlichen Einschlafen das menschliche Bewußtsein aus, so daß sich Vergessenheit breitet über dieses Bewußtsein. Dieser große Hüter der Schwelle zeigt uns, was uns fehlt, wenn wir in die große Welt eintreten wollen, und was wir erst aus uns machen müssen, damit wir nach und nach in diese große Welt hineinwachsen." (ebd./ S.173 f.)

Ich komme noch einmal zu einer der Ausgangsfragen zurück: An welcher Schwelle begegnet man welchem Hüter? Wie bei allem, was mit dem Hüter zusammenhängt, muß man sich auf die Aussagen Rudolf Steiners stützen und kann sich kaum auf eigene Wahrnehmungen berufen. – Aus dem letzten Kapitel ergibt sich, daß man dem kleinen Hüter – dem Erzengel – auf dem mikrokosmischen, dem großen Hüter – Christus – auf dem makrokosmischen Weg begegnet. Aber begegnet man ihnen *nur* auf diesem Weg?

Schließlich beschreibt Rudolf Steiner in „Wie erlangt man Erkenntnisse der höheren Welten?" (GA 10) weitgehend den makrokosmischen Weg, aber er spricht von der Begegnung des kleinen Hüters, zu der sich nach einiger Zeit die des großen Hüters hinzugeselle. Das scheint ein Widerspruch zu sein. Andererseits muß man dem entgegenhalten, daß es sich hier nicht um zwei verschiedene Schwellen handelt, sondern um ein und dieselbe, gleich ob man durch die eigenen Hüllen zur geistigen Welt durchstößt oder durch die Außenwelt, durch die elementarische Welt zur geistigen Welt vordringt. Die Übungen und die Wege sind lediglich andere. Trotzdem – wie dieses Rätsel der beiden Hüterbegegnungen nun exakt zu lösen ist, vermag ich nicht zu sagen und lasse es deswegen offen, weil man sonst in den Bereich der Spekulation geriete.

Das Gelöbnis beim Hüter

Ist man in seiner Entwicklung so weit vorgeschritten, daß es zur Hüterbegegnung kommt, so muß sie einen nicht notwendigerweise niederschmettern. Worauf es ankommt, ist, daß man sich selbst durch Vorbereitung in seiner Unvollkommenheit ertragen lernt und daß man beim Hüter das Gelöbnis ablegt, für alle Zeit weiter an sich zu arbeiten. Für den mystischen Weg gilt:

„Wenn wir erst das Dank- und Pflichtgefühl charakterisieren konnten, so können wir jetzt charakterisieren, was wir das mystische Gelöbnis nennen und was im Grunde genommen ein jeder dem Anblicke gegenüber, den er hier hat, selbstverständlich ablegt, das Gelöbnis, soviel als nur möglich ist in der Zukunft an seiner Seele zu tun, um auszubessern, was durch seine Unterlassungen geschehen ist. Dann erhält das Leben durch dieses Erlebnis einen neuen besonderen Inhalt, einen Inhalt, der sozusagen erst der wahren Selbsterkenntnis, der tätigen Selbsterkenntnis entspricht, die nicht nur in sich hineinbrütet, sondern die arbeitet an dem eigenen Selbst." (ebd./24.03.1910/S.115)

Für den makrokosmischen Weg und die Begegnung mit dem Doppelgänger gilt ähnliches: Entschließt man sich, die eigenen Hindernisse zu überwinden, sich selbst zu erziehen, dann schmettert einen diese Gestalt nicht mehr nieder, und man lernt sie zu ertragen.

Das entspricht auch der Schilderung in „Wie erlangt man Erkenntnisse der höheren Welten?" (GA 10), daß es darauf ankommt, das häßlich erscheinende Wesen des kleinen Hüters durch Selbsterziehung zu leuchtender Schönheit zu verwandeln, und vor dem großen Hüter das Gelöbnis abzulegen, in Zukunft zum Heile der Menschheit zu wirken, nicht aber für die eigene Selbstvervollkommnung.

Radikale Ehrlichkeit über sich selber

Es ist schon mehrfach darauf hingewiesen worden, daß die Seelenkräfte im normalen Alltags- bzw. Wachbewußtsein eine Einheit bilden, daß der höhere Mensch durch den physischen Leib die Fähigkeit – sofern nicht anfängliche Lockerungen vorliegen – in seinem Seelenleben hat, Denken, Fühlen und Wollen aufeinander zu beziehen. Tritt man aber über die Schwelle, steigt man bewußtseinsmäßig in die geistige Welt, dann verselbständigen sich die Seelenkräfte sofort. Die Gedanken zum Beispiel verstreuen sich, und man hat Mühe, sie zusammenzuhalten.

Gleichzeitig treten mit den ersten Schauungen die Illusionen auf. Sämtliche ungeläuterte Eigenschaften erscheinen in der geistigen Welt als reale Kräfte illusionären Charakters. Nehmen wir an, man habe noch ein Potential Haß, Geiz, Eifersucht oder irgendeine der anderen Süchte in sich, so sind das Kräfte bzw. Eigenschaften des Astralleibes, die in der geistigen Welt als objektive Verkrüppelungen erscheinen. Was wir in der sinnlichen Welt als reale Begierde in unserem Inneren empfinden, erscheint in der geistigen Welt für einen Hellseher so, daß er diesen menschlichen Mangel dadurch erkennen kann, daß er die Umgebung des Menschen beobachtet, in der sich die jeweilige Vollkommenheit in Form und Wesen zu den seelischen Verkrüppelungen des Menschen befindet.

Immer wieder weist Rudolf Steiner darauf hin, wie leicht man in bezug auf sich selbst einer Selbsttäuschung erliegt, daß man zum Beispiel von sich glaubt, ein ganz selbstloser Mensch zu sein, in Wirklichkeit aber schlummert in einem der krasseste Egoismus. Deswegen ist es von ungeheurer Wichtigkeit, daß man lernt, radikal ehrlich zu sich zu sein. Es ist wichtig, das Zusammenleben mit anderen Menschen neu zu überdenken und eine Art Rückschau als Übung durchzuführen:

„Es wäre eine gute Übung für so manchen, der auf geistigem Gebiete strebt, wenn er ab und zu im Leben, immer wieder und wiederum, zum Beispiel das Folgende machte, wenn er sich sagte: Ich will die letzten drei, vier Wochen oder Monate zurückdenken, will mir wichtige Tatsachen vor Augen führen, wo ich mancherlei getan habe. Ich will ganz systematisch absehen von alledem, was mir Unrechtes passiert sein könnte. Ich will alles das ausschalten, was ich sonst so oft sage zur Entschuldigung dessen, was mir passiert ist, daß der andere schuld sei. Ich will niemals darauf reflektieren, daß ein anderer schuld sein könnte als ich selber. – Wenn man bedenkt, wie leicht die Neigung der Menschen ist, stündlich für das, was ihnen nicht paßt, den anderen verantwortlich zu machen und nicht sich selber, so wird man ermessen, wie gut eine solche Rückschau auf das Leben ist, wo man selbst dann, wenn einem Unrecht geschehen ist, wissentlich den Gedanken an dieses Unrecht ausschaltet und nichts aufkommen läßt an Kritik, daß der andere Unrecht gehabt haben könnte. Man probiere eine solche Übung und man wird sehen, daß man innerlich ein ganz anderes Verhältnis zur geistigen Welt gewinnen wird. Solche Dinge ändern vieles an der wirklichen Verfassung, an der wirklichen Stimmung der menschlichen Seele." (GA 147/1969/31.08.1913/S.141 f.)

Wer an dem Hüter vorbei in die elementarische und geistige Welt will, braucht zusätzlich zu einer schonungslosen Selbsterkenntnis ein erstarktes Selbstgefühl, das nicht in der physischen Welt angewandt werden darf, aber in den übersinnlichen Welten angewandt werden muß. Es ist nötig, um sich behaupten zu können, um nicht auseinanderzufliegen.

Etwas weiteres braucht man, um von luziferischen und ahrimanischen Einflüssen geschützt zu sein, und zwar die völlig selbstlose Liebe. So wie jeder Charaktermangel, jede Schwäche, jede Begierde beim Hüter nicht nur grauenvoll anzusehen ist, sondern auch zu Illusionen, zu Halluzinationen bei der übersinnlichen Schau führen kann, so wird die selbstlose Liebe, wenn man sie wirklich entwickelt, zu einem objektiven Erkenntnisorgan innerhalb der übersinnlichen Welt. – Das folgende Zitat Rudolf Steiners, mit dem ich dieses vorletzte Kapitel abschließen möchte, zeigt, wie radikal ehrlich er mit den Menschen ins Gericht geht und wie stark das eigene Selbstbelügen von uns allen wahrscheinlich ist:

„Die Liebe, die um der Eigenschaften und Merkmale des Geliebten willen da ist, das ist die Liebe, die beschützt ist vor luziferischen und ahrimanischen Einflüssen, das ist die Liebe, die innerhalb der physisch-sinnlichen Welt wirklich unter dem Einflusse der guten, fortschreitenden Gewalten des Daseins stehen kann. – Wie es sich mit dieser Liebe verhält, zeigt sich insbesondere in den Erfahrungen des hellsichtigen Bewußtseins. Was man an Egoismus ausbildet in der physischen Welt und worüber man sich so wenig gern Selbsterkenntnis verschafft, das zeigt sich, wenn man es hinaufträgt in die geistigen Welten. Nichts ist so störend, nichts ist auch so wirklich verbitternd und schlimm zu erleben wie das, was man hinaufträgt als die Folgen von Lieblosigkeiten und von Gefühlsmängeln, die man in der physischen Welt entwickelt. Man fühlt sich gar sehr gestört, wenn man durch die hellsichtige Seele in die geistige Welt hinaufkommt, durch alles, was man an Lieblosigkeiten, an Selbstsinn innerhalb der physisch-sinnlichen Welt entwickelt hat. Denn übertritt man die Schwelle der geistigen Welt, so zeigt sich alles das, was man so hineinträgt an nicht nur offenem, sondern an verstecktem, in der Tiefe der Seele wütendem Egoismus, den die Menschen haben. Und während sie sich dem Traum hingeben, selbstlos zu sein, ist vielleicht derjenige, der einen äußeren Egoismus zutage trägt und ruhig gesteht, daß er dieses oder jenes haben will, viel weniger egoistisch als diejenigen, welche aus anthroposophischen Abstraktionen heraus eine gewisse egoistische Selbstlosigkeit in ihrem Oberbewußtsein zutage treten lassen, insbesondere wenn sie von dieser Selbstlosigkeit deklamieren in allerlei oft und oft wiederholten Worten von Liebe und Toleranz. Was man so hinaufträgt in die höheren Welten an Lieblosigkeit, an Mangel an Mitgefühl, verwandelt sich in häßliche, oftmals grauenvolle Gestalten, die man erlebt, wenn man in die geistigen Welten eintritt. Diese Gestalten sind wirklich sehr störend, sehr widerwärtig für die Seele.

Und dann tritt einer von jenen Augenblicken ein, die sehr bedeutsam sind, die man beachten muß, wenn von den Erkenntnissen und Erlebnissen der höheren Welten gesprochen wird. Es wäre noch das beste, wenn der Mensch, sobald er hinaufkommt in die höheren Welten und nun in einer Sphäre von Widerlichkeiten ist, diese mutvoll und kühn anschauen und sich gestehen würde: Nun, du trägst eben so viel von Egoismus in die höheren Welten herauf. – Es wäre wirklich noch das beste, kühn und frank und frei sich diesem Egoismus gegenüberzustellen. Aber die menschliche Seele hat gewöhnlich die Tendenz, bevor noch diese Widerlichkeiten so recht zum Bewußtsein kommen, sie abzustreifen, sozusagen auszuhauen links und rechts, wie Rosse tun, und wegzustreifen diese Unannehmlichkeiten. In dem Augenblick, wo man das wegstreift, was Folgen des Egoismus sind, haben Luzifer und Ahriman ein leichtes Spiel mit der Menschenseele. Da können sie in ihrem Bündnis sehr leicht die Menschenseele in ihr besonderes Reich führen, wo sie ihr alle möglichen geistigen Welten vorführen können, die der Mensch dann für die wahren, echten, in der Weltenordnung begründeten geistigen Welten hält. Man darf sagen: Die Entwickelung wahrer, echter Liebe, ernsten und ehrlichen Mitgefühls sind zugleich gute Vorbereitungen für die Seele, die sich hellsichtig in die geistigen Welten hinaufleben will. – Daß dieses Wort nicht so ganz unwichtig ist, wird derjenige einsehen, der ein bißchen nachsinnt über die Schwierigkeit, mit der echtes Mitgefühl und echte Liebefähigkeit in der Welt zu erzielen sind." (ebd./S.143 f.)

Das Verdorren der Seelenkräfte

Jede Nacht, wenn sich die menschliche Seele in die geistigen Welten begibt, trifft sie mit geistigen Kräften des Kosmos zusammen, die Rudolf Steiner Weltendenken, Weltenfühlen und Weltenwillen nennt, und gegenüber denen die Seelenkräfte des Menschen nur ein schwacher Abglanz sind. Mit diesen Weltenkräften saugt sich die Seele in der Nacht voll und trägt sie morgens in die Hüllen – physischer Leib, Ätherleib – hinein. Indem diese Weltenkräfte in den Menschen einströmen, wird er überhaupt erst in die Möglichkeit versetzt, sich bewegen zu können, denn der Weltenwille wird in uns zur Bewegungskraft, und während des Tages wird er wieder verbraucht.

Auch das, was wir das menschliche Fühlen nennen, ist nachts aus dem Weltenfühlen herausgesogen worden und am Morgen in uns eingezogen. Ein Hellseher nimmt es als Licht wahr, so als würden wir innerlich durchleuchtet werden. – Die Kraft des Denkens, die man nachts aufnimmt, wirkt in uns als Regulator zwischen Fühlen und Willen, damit diese beiden Seelenkräfte nicht aus dem Gleichgewicht geraten, nicht auseinanderdriften. Das menschliche Denken, Fühlen und Wollen ist auf dem Wege, einst auch so stark wie das Weltendenken, Weltenfühlen und Weltenwollen zu werden, aber es hat noch starke Defizite. Zum Beispiel die Intelligenz, die der Mensch entwickelt, summiert sich nachts mit dem Weltenfühlen. Je mehr der Mensch seine Denkkräfte aktiviert, desto mehr Lichtkräfte strömen in ihn ein. Ist er allerdings im Denken zu bequem, so entzieht er sich durch diese Unterlassungssünde innerliche Lichtkräfte, die er aber zum Leben dringend benötigt, und setzt dem Licht Finsternis zu. (Vgl. GA 119/1962/24.03.1910/S.103 ff.)

Rudolf Steiner fährt in diesem Vortrag fort, daß man ohne weiteres einwenden könnte, daß man bisher schließlich auch gut gelebt habe, die Götter schon weiterhin für einen sorgen würden und man sich deswegen auch nicht um die Aktivierung seiner Denkkräfte zu kümmern brauche. Aber das ist zu kurz gedacht, denn die Wirklichkeit ist anders:

„Und diese Wirklichkeit sieht so aus, daß sich auch die geistigen Grundbedingungen unseres Weltenlebens von Epoche zu Epoche ändern. Jene Weltenmächte, denen wir jede Nacht hingegeben sind, haben vom Anfange an, da es ein Menschenwesen gab, das sich entwickelte, auf dieses Menschenwesen gerechnet; sie haben gerechnet damit, daß auch von dem Menschenleben herauf Licht zufließt dem Licht, das von oben herunterströmt. Daher haben sie nicht ein unversiegliches Lichtreservoir, sondern ein solches, welches allmählich abnimmt, welches allmählich immer geringere und geringere Kräfte ausströmen würde dem Menschenleben, wenn nicht aus dem Menschenleben selber durch die Arbeit am menschlichen Denken, Fühlen und Wollen und an dem Hinaufarbeiten in die höheren Welten neue Kraft, neues Licht zufließen würde dem allgemeinen Weltenlicht und Weltenfühlen. Und in derjenigen Zeit, in der es notwendig ist, daß wirklich die Menschen sich bewußt werden, daß sie sich nun nicht bloß überlassen dürfen demjenigen, was ihnen zuströmt, sondern daß sie ihrerseits mitarbeiten müssen, in der Zeit leben wir jetzt gerade. Es ist keineswegs irgendein gewöhnliches Ideal, das sich die Geisteswissenschaft jetzt setzt. Sie arbeitet wahrhaftig nicht so wie andere Weltenströmungen und Weltanschauungen, die begeistert sind für dieses oder jenes Ideal und die gar nicht anders können, als den anderen Menschen davon zu predigen. Ein solcher Impuls liegt bei denjenigen, welche Geisteswissenschaft heute aus der wirklichen Weltenmission heraus verkünden, nicht vor. Sondern zunächst liegt die Erkenntnis bei ihnen vor, daß gewisse Kräfte, welche im Makrokosmos sind, anfangen erschöpft zu werden, und daß wir einer Zukunft entgegengehen, in der, wenn der Mensch nicht arbeiten würde an der Entwickelung seiner eigenen Seele, zu wenig herunterfließen würde aus diesen höheren Welten, weil das Maß der herunterfließenden Kräfte anfängt, nach und nach erschöpft zu werden. In dieser Zeit leben wir. Deshalb muß Geisteswissenschaft in die Welt treten. Nicht aus einem willkürlichen Impuls heraus, sondern aus der Notwendigkeit unserer Zeit heraus muß Geisteswissenschaft ins Dasein treten, damit sie die Menschen dazu bringen kann, das wieder zu ersetzen, was erschöpft ist an herunterströmenden Kräften. Aus dieser Erkenntnis heraus zieht die Geisteswissenschaft ihre Impulse aus der Gegenwart, und sie würde heute noch nicht wirken, wenn nicht diese Tatsache vorläge, sondern sie würde ruhig wie bisher die Menschheitsentwickelung sich selber überlassen. Aber sie sieht voraus, daß, wenn sich nicht in den nächsten Jahrhunderten eine genügend große Anzahl von Menschen findet, die sich hinaufarbeiten in die geistigen Welten, dann das Menschengeschlecht immer weniger und weniger Kräfte herunterführen würde aus diesen geistigen Welten, und die Folge würde davon sein ein Verarmen der Menschen an geistiger Kraft, eine allgemeine Verödung des menschlichen Lebens. Die Menschen würden schwach werden in bezug auf dasjenige, was sie in der Welt zu tun haben. Es würde ein Verdorren stattfinden mit dem Menschengeschlecht wie eben mit einem Baum, der keine Lebenssäfte mehr enthält und der verholzen muß. Bis jetzt ist dem Menschengeschlecht von außen die Kraft zugeführt worden, und diejenigen, die nur das äußere Leben betrachten, welche gedankenlos hinleben und glauben, daß nur die äußere sinnliche Welt existiert, die wissen eben nichts von den Veränderungen, die hinter dieser sinnlichen Welt sich abspielen. Und zu diesen wichtigen Veränderungen gehört das Versiegen der geistigen Kräfte und die Notwendigkeit, daß durch die Menschenkräfte selber solche Kräfte erzeugt werden. Wenn die Weiterentwickelung der Menschheit denjenigen überlassen bliebe, die sich nur an die äußere physische Welt halten, dann träte ein Verdorren, ein Veröden des ganzen Menschengeschlechtes auf der Erde ein." (ebd./ S.111 ff.)

Zeichnet sich dieses Verdorren der Seelenkräfte heute schon ab? Ich denke, daß alle die Symptome und menschlichen Mangelerscheinungen, die wir in diesem Heft erwähnt und besprochen haben – das Auseinanderdriften der Seelenkräfte, das Stehen am Abgrund, psychische Erkrankungen, die Gewaltfrage und vieles mehr –, ein deutliches Zeichen dafür sind. Wahrscheinlich aber sind es erst Vorboten von Zuständen, die wir, selbst wenn wir einen wachen Blick haben, in ihrem furchtbaren Ausmaß kaum für möglich halten werden. Deswegen kann uns die Kenntnis von dem Hüter der Schwelle eine Mahnung und Aufforderung zugleich sein, uns auf den Weg zu machen, damit diese inneren und äußeren Katastrophen nicht Realität werden.

Literatur:
Bulwer-Lytton, Edward: Zanoni. Schwarzenberg 1980.
Dante: Die Göttliche Komödie. Frankfurt 1974.

Ernst-Martin Krauss
Holzwege, Steinwege ...
Erlebnisse mit Elementarwesen

92 Seiten, Großformat, 13 farb., 1 sw. Abb., geb., DM 56,–   ISBN 3-926841-35-4

Gibt es eine geistige Welt, die nicht bloß abstrakt-nebulos ist, sondern sich zusammensetzt aus klar zu unterscheidenden geistigen Wesen? Dr. Ernst-Martin Krauss schildert in diesem Buch auf verschiedenen Ebenen seine persönlichen Bemühungen um dieses Thema. Er versucht, anschaulich zu machen, worum es ihm bei diesen Erkenntnisbemühungen ging und geht, welchen Wesen er dabei zuerst begegnet ist und insbesondere, welche existentielle, für die Zukunft der Menschheit entscheidende Bedeutung das Erringen eines bildhaften, aktiven Denkens hat. Im Zentrum des Buches steht eine Serie von dreizehn Bildern und Texten, die als Ausdruck einiger seiner Imaginationen entstanden sind.

Inhalt: Vorwort / Begegnungen mit Elementarwesen / Bildteil: Bilder mit Texten (13 Farbabbildungen) / Über den Weg zu Imaginationen / Nachwort / Bild: Steingnom / Ausführliche Anmerkungen / Verzeichnis der benutzten Ausgaben der Schriften und Vorträge Rudolf Steiners.

Dr. Ernst-Martin Krauss: *1935, Strafsenatsvorsitzender am Schleswig-Holsteinischen Oberlandesgericht in Schleswig und Fortbildungsreferent für Richter in Schleswig-Holstein.

Bezug über den Buchhandel oder direkt beim Verlag (zzgl. Porto und Verpackung):
Flensburger Hefte Verlag • Holm 64 • D-24937 Flensburg • Fax: 0461 / 2 69 12

Der Hüter der Schwelle in der „Geheimwissenschaft im Umriß"

Frank Linde

Wir haben in meinem ersten Aufsatz in diesem Heft einige Hauptmotive aus dem Film „Krieg der Sterne" betrachtet. Dies erfolgte unter dem Blickwinkel, der die Spuren heute auftretender hellseherischer Erfahrungen auffinden möchte. Daß solche nicht rein erscheinen, sondern in möglicherweise karikaturhafter Verzerrung, erschwert zwar die Beurteilung, doch sollte uns das nicht davon abhalten, auch einmal ungewöhnliche Fragestellungen aufzuwerfen. Die Bedeutung, die dem Medium Film durch seine faktische weltweite Wirkung als Zeitphänomen zukommt, gibt allen Anlaß, sich dafür zu interessieren, was dieses Medium vermittelt und warum es immer wieder herausragende Beispiele gibt, die Millionen von Menschen in besonderer Weise ansprechen. Der „Krieg der Sterne" gehört zweifellos dazu. Inwieweit seine Motive, die von einem Schulungsweg, einer Einweihung handeln, auf das aus dem Unbewußten aufsteigende Hüter-Erlebnis hinweisen, wird am Schluß noch einmal zur Diskussion gestellt.

Jetzt soll versucht werden, den Begriff des Hüters der Schwelle anhand Rudolf Steiners „Geheimwissenschaft im Umriß" (GA 13), die die ausführlichsten, aber auch schwierigsten Charakterisierungen enthält, herauszuarbeiten. Ganz am Schluß wird ein Gedicht von Ilse Aichinger aus dem Jahre 1961 vorgestellt, um zu zeigen, daß sich besonders auch in der Literatur die Spuren finden lassen, die auf Übersinnliches weisen.

Wir können drei Ebenen der Begegnung mit der Anthroposophie unterscheiden. Auf einer ersten Ebene erleben wir das vielfältige Leben in den verschiedenen äußeren Einrichtungen und Institutionen, die aus der Anthroposophie hervorgegangen sind: Auf dem Gebiet der Pädagogik, der Medizin, der religiösen Erneuerung usw. Auf einer zweiten Ebene begegnen wir der Anthroposophie als Inhalt, der uns aus dem umfangreichen Schrifttum der Werke und Vorträge Rudolf Steiners zugänglich wird. Wir erfahren von Tatsachen und Vorgängen der geistigen Welt, vom Wesen des Menschen, Wiederverkörperung und Schicksal, von der Evolution des Kosmos und der Erde, dem Wirken verschiedener geistiger Wesenheiten und vieles andere mehr. Zum größten Teil geht es dabei um Dinge, die dem eigenen Erleben nicht durch unmittelbare Wahrnehmung zugänglich sind. Will man ein begründetes Urteil darüber gewinnen, was in dieser Form als Ergebnisse der „Geisteswissenschaft" oder „modernen Initiationswissenschaft", wie Rudolf Steiner die Anthroposophie auch nannte, vorliegt, wird man schließlich fragen, auf welchem Wege die einzelnen Aussagen gewonnen wurden. Das führt uns zu der dritten Ebene der Begegnung mit der Anthroposophie:

„Anthroposophie ist ein Erkenntnisweg, der das Geistige im Menschenwesen zum Geistigen im Weltenall führen möchte." (GA 26/1976/S.14)

Rudolf Steiner kam es wesentlich darauf an, zu zeigen, daß prinzipiell *jeder* Mensch die Möglichkeit zur höheren Erkenntnis in sich trägt:

„Es schlummern in *jedem* Menschen Fähigkeiten, durch die er sich Erkenntnisse über höhere Welten erwerben kann." (GA 10/1975/S.13)

Die Quelle der Anthroposophie müssen wir also im Menschen selber aufsuchen, der die eigene Erkenntnisbemühung im Sinne des zitierten Leitsatzes lebendig betätigt. In den obengenannten Schriften sind die Mittel und Methoden angegeben, die man anzuwenden hat, um diese Fähigkeiten durch eine konsequente bewußte Schulung auszubilden. Der „Geheimwissenschaft im Umriß" folgend – auf die ich mich im weiteren ausschließlich stützen werde –, geht die Schulung von dem gewöhnlichen, wachen Tagesbewußtsein des Menschen aus, entwickelt aber zu den beiden üblichen Bewußtseinszuständen des Wachens und des Schlafens noch einen dritten, höheren hinzu, durch den schließlich übersinnliche Erlebnisse ermöglicht werden. Die Erweckung der Seele zu einem solchen höheren Bewußtseinszustand nennt der Geistesforscher Einweihung oder Initiation. Die ersten Mittel der Einweihung dienen dazu, zunächst die geistigen Beobachtungsorgane auszubilden, die vor der Geistesschulung keimhaft in der Seele vorhanden sind. Dies geschieht durch die Meditation. Sie besteht in einer Hingabe und Konzentration an bestimmte sinnbildliche oder symbolische Vorstellungen, die durch den freien Willen des Schülers selbst aufgebaut werden. (Über das Wesen der Mediation siehe: „Die Geheimwissenschaft im Umriß", GA 13/1977/S.307–316).

Die erste höhere Erkenntnisstufe, die durch die Versenkung in Sinnbilder oder Imaginationen erreicht wird, nennt Rudolf Steiner die „imaginative Erkenntnis". (ebd./S.317) In diesem Bewußtseinszustand werden bereits geistige Tatsachen und Wesenheiten wahrgenommen, jedoch noch nicht deren inneres Wesen, sondern deren seelische Äußerungen. Sie werden wie „Wärme- oder Kälteempfindungen, Ton- oder Wortwahrnehmungen, Licht- oder Farbenwirkungen" erlebt, wobei eine innere Beweglichkeit und eine Verwandlung des einen in das andere zu den charakteristischen Merkmalen der imaginativen Welt gehört. (ebd./S.350 f.)

Auf der nächsthöheren Stufe, der „Erkenntnis durch Inspiration", lernt der Geistesschüler die inneren Eigenschaften jener Wesen kennen, indem er in deren geistiges Inneres dringt (dies wird auch „Lesen der verborgenen Schrift" genannt): „Man erkennt vor allem eine Vielheit von geistigen Wesenheiten und von Beziehungen des einen auf das andere." (ebd./S.352)

Eine dritte Erkenntnisstufe wird die „intuitive Erkenntnis" genannt. Durch Intuition wird es schließlich möglich, die verschiedenen geistigen Wesenheiten in ihrem Inneren zu erkennen: „Ein Geisteswesen durch Intuition erkennen, heißt völlig eins mit ihm geworden sein, sich mit seinem Innern vereinigt haben." (ebd./S.357)

Das erste rein geistige Erlebnis

Nach diesen mehr grundsätzlichen Hinweisen möchte ich im weiteren auf diejenigen Passagen eingehen, die uns den Hüter der Schwelle nahebringen. Die wesentlichen Aussagen finden sich etwa im letzten Drittel des entsprechenden Kapitels in der „Geheimwissenschaft", doch geht Rudolf Steiner auch schon im ersten Drittel auf Erlebnisse ein, die – ohne den Ausdruck Hüter der Schwelle zu verwenden – im Grunde unmittelbar dazugehören. Es ist der besondere Charakter dieser Schrift, daß Rudolf Steiner anfangs unter bestimmten Gesichtspunkten Inhalte entwickelt, die er womöglich erst viel später unter anderen Gesichtspunkten wieder aufgreift und weiterführt. Da in beiden Teilen Wesentliches über den Hüter der Schwelle deutlich wird, ist es angebracht, die entsprechenden Wortlaute durch ausführliches Zitieren wiederzugeben.

Bevor Rudolf Steiner das erste rein geistige Erlebnis schildert, wird noch einmal hervorgehoben, daß sich die in der Meditation aufgebauten Sinnbilder noch nicht auf etwas Wirkliches in der geistigen Welt beziehen. Sie dienen vielmehr dazu, die Seele von der Sinneswahrnehmung und dem Gehirninstrument loszureißen und sie dadurch in die Lage zu versetzen, sich ohne Anlehnung an die Sinneswahrnehmung und deren verstandesmäßige Verarbeitung durch das Gehirninstrument rein durch innere Kräfte etwas vorzustellen. Der Geistesschüler erlebt das als ein Freiwerden von den Organen seines physischen Leibes. Die erste Wahrnehmung besteht dann in einer Art Selbstwahrnehmung. Er nimmt sich selbst in den Bilderwelten (Imaginationen) wahr:

„Das erste, was der Mensch auf diesem Wege erlebt, ist ein solches Freiwerden von den physischen Organen. Er kann sich dann sagen: mein Bewußtsein erlöscht nicht, wenn ich die Sinneswahrnehmungen und das gewöhnliche Verstandesdenken unberücksichtigt lasse; ich kann mich aus diesem herausheben und empfinde mich dann als ein Wesen *neben* dem, was ich vorher war. Das ist das erste rein geistige Erlebnis: die Beobachtung einer seelisch-geistigen Ich-Wesenheit. Diese hat sich als ein neues Selbst aus demjenigen Selbst herausgehoben, das nur an die physischen Sinne und den physischen Verstand gebunden ist. [...] Die Kraft, welche in der Versenkung aufgewendet worden ist, hat erst die seelisch-geistigen Organe aus der vorher unorganisierten seelisch-geistigen Wesenheit herausgeschaffen. Das, was man sich so anerschaffen hat, nimmt man auch zuerst wahr. Das erste Erlebnis ist daher in gewissem Sinne Selbstwahrnehmung. Es gehört zum Wesen der Geistesschulung, daß die Seele durch die an sich geübte Selbsterziehung an diesem Punkte ihrer Entwicklung ein volles Bewußtsein davon hat, daß sie zunächst *sich selbst* wahrnimmt in den Bilderwelten (Imaginationen), die infolge der geschilderten Übungen auftreten. Diese Bilder treten zwar als lebend in einer neuen Welt auf; die Seele muß aber erkennen, daß sie doch nichts anderes zunächst sind als die Widerspiegelung ihres eigenen durch die Übungen verstärkten Wesens. Und sie muß dieses nicht nur im richtigen Urteile erkennen, sondern auch zu einer solchen Ausbildung des Willens gekommen sein, daß sie jederzeit die Bilder wieder aus dem Bewußtsein entfernen, auslöschen kann. Die Seele muß innerhalb dieser Bilder völlig frei und vollbesonnen walten können. Das gehört zur richtigen Geistesschulung in diesem Punkte. Würde sie dieses nicht können, so wäre sie im Gebiete der geistigen Erlebnisse in demselben Falle, in dem eine Seele wäre in der physischen Welt, welche, wenn sie das Auge nach einem Gegenstande richtete, durch diesen gefesselt wäre, so daß sie von demselben nicht mehr wegschauen könnte." (ebd./S.319 f.)

Nur jene Bilderlebnisse sollen nicht ausgelöscht werden, so heißt es weiter, die dem eigenen „Seelen-Wesenskerne" entsprechen. Alles andere müsse aus dem Bewußtsein entfernt werden – anderenfalls trete die erwähnte Fesselung ein –, und erst dann könne an die wirkliche geistige Außenwelt herangetreten werden. – Für den weiteren Fortgang der Geistesschulung sind zwei Seelenerlebnisse wichtig:

„Das eine ist dasjenige, durch welches sich der Mensch sagen kann: wenn ich nunmehr auch alles außer acht lasse, was mir die physische

Außenwelt an Eindrücken geben kann, so blicke ich in mein Inneres doch nicht wie auf ein Wesen, dem alle Tätigkeit erlöscht, sondern ich schaue auf ein Wesen, das sich seiner selbst bewußt ist in einer Welt, von der ich nichts weiß, so lange ich mich nur von jenen sinnlichen und gewöhnlichen Verstandeseindrücken anregen lasse. Die Seele hat in diesem Augenblicke die Empfindung, daß sie in sich selbst ein neues Wesen als ihren Seelen-Wesenskern in der oben beschriebenen Weise geboren habe. Und dieses Wesen ist ein solches von ganz anderen Eigenschaften, als diejenigen sind, welche vorher in der Seele waren. – Das andere Erlebnis besteht darin, daß man sein bisheriges Wesen nunmehr wie ein zweites neben sich haben kann. Dasjenige, worin man bisher sich eingeschlossen wußte, wird zu etwas, dem man sich in gewisser Beziehung gegenübergestellt findet. Man fühlt sich zeitweilig außerhalb dessen, was man sonst als die eigene Wesenheit, als *sein* 'Ich' angesprochen hat. Es ist so, wie wenn man nun in voller Besonnenheit in zwei 'Ichen' lebte. Das eine ist dasjenige, welches man bisher gekannt hat. Das andere steht wie eine neugeborene Wesenheit über diesem. Und man fühlt, wie das erstere eine gewisse Selbständigkeit erlangt gegenüber dem zweiten; etwa so wie der Leib des Menschen eine gewisse Selbständigkeit hat gegenüber dem ersten Ich. – Dieses Erlebnis ist von großer Bedeutung. Denn durch dasselbe weiß der Mensch, was es heißt, in jener Welt leben, welche er durch die Schulung zu erreichen strebt." (ebd./S.324)

Dieses zweite neugeborene Ich könne in der weiteren Entwicklung zum Wahrnehmen in der geistigen Welt geführt werden. Ein drittes bedeutsames Erlebnis schließt sich an die ersten an:

„Und dies ist ein *drittes* bedeutsames Erlebnis. Um völlig auf dieser Stufe der Geistesschulung zurechtzukommen, muß der Mensch damit rechnen, daß mit der Verstärkung der Seelenkräfte die Selbstliebe, der Selbstsinn in einem solchen Grade auftreten, den das gewöhnliche Seelenleben gar nicht kennt. Es wäre ein Mißverständnis, wenn jemand glauben könnte, daß man auf diesem Punkte nur von der gewöhnlichen Selbstliebe zu sprechen hat. Diese verstärkt sich auf dieser Stufe der Entwickelung so, daß sie das Aussehen einer Naturkraft innerhalb der eigenen Seele annimmt, und es gehört eine starke Willensschulung dazu, um diesen starken Selbstsinn zu besiegen. Dieser Selbstsinn wird durch die Geistesschulung nicht etwa erzeugt; er ist immer vorhanden; er gelangt durch das Geist-Erleben nur zum Bewußtsein. Die Willensschulung muß der andern Geistesschulung durchaus zur Seite gehen. Es ist ein starker Trieb da, sich in der Welt beseligt zu fühlen, welche man sich erst selbst herangeschaffen hat. Und man muß gewissermaßen das in der oben erwähnten Art auslöschen können, um das man sich erst mit aller Anstrengung bemüht hat. In der erreichten imaginativen Welt muß man *sich* auslöschen. Dagegen aber kämpfen die stärksten Triebe des Selbstsinnes an." (ebd./S.325)

Mit diesen drei Erlebnissen sind die hauptsächlichen Elemente geschildert, die im letzten Drittel des Kapitels über „Die Erkenntnis der höheren Welten" mit anderen Nuancen wieder aufgegriffen werden. Halten wir fest: Das erste rein geistige Erlebnis ist eine Selbstwahrnehmung. Man sieht sich selbst „in den Bilderwelten". Offenbar sieht man nicht nur *ein* Bild, sondern mehrere, ganze Gruppen: Bilder*welten*, weil sie eben *alles* zeigen, was zu einem gehört. Es ist ein, wie es an anderer Stelle heißt, „seelisch-geistiger Organismus", und dieser ist man selbst. Dann wird das Erleben in dreifacher Art konkretisiert: zum einen als das Doppelerlebnis, als lebe man in zwei Ichen – einem neugeborenen Wesen als Seelen-Wesenskern (in die Zukunft weisend) – und einem zweiten, das als das bisherige Wesen sich nun den Menschen wie gegenüberstellt (aus der Vergangenheit stammend). Zum anderen wird ein inneres Kampferleben deutlich: Man muß *sich* selbst auslöschen in der imaginativen Welt, aber die stärksten Triebe des Selbstsinnes kämpfen dagegen an. Nicht auszulöschen sind dagegen jene Bilder, die dem eigenen Seelen-Wesenskern entsprechen, denn durch diesen wird es schließlich möglich, an die wirkliche geistige Außenwelt heranzutreten.

In diesem Zusammenhang betont Rudolf Steiner ausdrücklich, daß ein Fortschritt in der Geistesschulung nicht denkbar wäre, wenn sich nicht zugleich ein moralischer Fortschritt notwendig ergeben würde: Wahrheitssinn, Festigkeit des ethischen Urteils, Sicherheit des Charakters und Gründlichkeit des Gewissens werden hier genannt. Auf die entsprechenden Übungen zur Stärkung der Seelenkräfte sei hier nicht weiter eingegangen. (Siehe dazu: ebd./S.326 ff.)

Wenden wir uns jetzt dem letzten Drittel des Kapitels zu, um unseren Weg zum Hüter der Schwelle fortzusetzen.

Die Trennung von Denken, Fühlen und Wollen

Die Erlebnisse des Geistesschülers bei der Begegnung mit dem Hüter der Schwelle stehen in einem inneren Zusammenhang mit bestimmten Veränderungen in der Persönlichkeit des Geistesschülers, den dieser auf seinem Weg in die höheren Welten erfährt. Auf einer gewissen Stufe seines Erkenntnisweges bemerkt er, daß sich der natürliche Zusammenhalt seiner Seelenkräfte – des Denkens, Fühlens und Wollens, der drei Grundkräfte der Seele – zu lösen beginnt und eine andere Form annimmt. Jede einzelne nimmt eine gewisse Selbständigkeit an und wird wie zu einer selbständigen Wesenheit.

„Denken, Fühlen und Wollen bleiben eben während der übersinnlichen Betrachtung nicht drei *Kräfte,* welche aus dem gemeinsamen Ich-Mittelpunkte der Persönlichkeit ausstrahlen, sondern sie werden wie zu selbständigen Wesenheiten, gleichsam zu drei Persönlichkeiten; und man muß jetzt das eigene Ich um so stärker machen, denn es soll nicht bloß in drei Kräfte Ordnung bringen, sondern drei Wesenheiten lenken und führen. Aber diese Teilung darf eben nur *während* der übersinnlichen Betrachtung bestehen." (ebd./S.373)

Wieder sind bestimmte Übungen nötig, um der Urteilsfähigkeit, dem Gefühls- und Willensleben Sicherheit und Festigkeit zu verleihen. Erfolgt die Entwicklung in rechter Weise, bleibt das Ich über die selbständigen Wesenheiten des Denkens, Fühlens und Wollens der sie führende Herrscher. Den weiteren Verlauf der Entwicklung beschreibt Rudolf Steiner wie folgt:

„Das Denken, das selbständig geworden ist, regt das Auftreten zu einer besonderen vierten seelisch-geistigen Wesenheit an, welche man bezeichnen kann wie ein unmittelbares Einfließen von Strömungen in den Menschen, die den Gedanken ähnlich sind. Die ganze Welt erscheint da als Gedankengebäude, das vor einem steht, wie die Pflanzen- oder Tierwelt im physisch-sinnlichen Gebiete. Ebenso regen das selbständig gewordene Fühlen und Wollen zwei Kräfte in der Seele an, welche in derselben wie selbständige Wesen wirken. Und noch eine siebente Kraft und Wesenheit kommt dazu, welche ähnlich dem eigenen Ich selber ist." (ebd./S.374)

Über die genannten neu hinzutretenden Seelenkräfte wird weiter nichts gesagt, lediglich auf die „siebente Kraft" wird später noch Bezug genommen, wobei sich durch die folgenden Gesichtspunkte das allgemeine Bild mit dem Hüter der Schwelle – das durch die drei oben geschilderten Erlebnisse in ersten Zügen entworfen wurde – immer differenzierter ausgestaltet.

Die Färbung der geistigen Welt durch den Menschen

Mit der Trennung von Denken, Fühlen und Wollen ist ein weiteres verbunden. Dies hängt mit einer Eigentümlichkeit bei der Wahrnehmung der übersinnlichen Welt auf dieser Stufe der Entwicklung zusammen. Dabei bekommt die geistig-seelische Welt eine eigenartige Färbung durch das ganze Wesen des Menschen selbst:

„Man stelle sich vor, ein gewisses Bild trete in der imaginativen Welt vor dem Menschen auf. Verhält er sich zunächst in seinem Gemüte gleichgültig dagegen, so zeigt es sich in einer gewissen Gestalt. In dem Augenblicke aber, wo er Lust oder Unlust gegenüber dem Bilde empfindet, ändert es seine Gestalt. Die Bilder drücken somit zunächst nicht nur etwas aus, was selbständig außerhalb des Menschen ist, sondern sie spiegeln auch dasjenige, was der Mensch selbst ist. Sie sind ganz und gar durchsetzt von des Menschen eigener Wesenheit. Diese legt sich wie ein Schleier über die Wesenheiten hin. Der Mensch sieht dann, wenn auch eine wirkliche Wesenheit ihm gegenübersteht, nicht diese, sondern sein eigenes Erzeugnis. So kann er zwar durchaus Wahres vor sich haben und doch Falsches sehen. Ja, das ist nicht nur der Fall mit Bezug auf das, was der Mensch als seine Wesenheit selbst an sich bemerkt; sondern alles, was an ihm ist, wirkt auf diese Welt ein. Es kann zum Beispiel der Mensch verborgene Neigungen haben, die im Leben durch Erziehung und Charakter nicht zum Vorschein kommen; auf die geistig-seelische Welt wirken sie; und diese bekommt die eigenartige Färbung durch das ganze Wesen des Menschen, gleichgültig, wieviel er von diesem Wesen selbst weiß oder nicht weiß. – Um weiter fortschreiten zu können von dieser Stufe der Entwickelung aus, ist es notwendig, daß der Mensch unterscheiden lerne zwischen sich und der geistigen Außenwelt. Es wird nötig, daß er alle Wirkungen des eigenen Selbstes auf die um ihn befindliche seelisch-geistige Welt ausschalten lerne. Man kann das nicht anders, als wenn man sich eine Erkenntnis erwirbt von dem, was man selbst in die neue Welt hineinträgt. Es handelt sich also darum, daß man zuerst wahre, durchgreifende Selbsterkenntnis habe, um dann die umliegende geistige-seelische Welt rein wahrnehmen zu können." (ebd./S.375 f.)

Der Doppelgänger des Menschen, der Hüter der Schwelle

Die auf dieser Stufe notwendige Selbsterkenntnis muß beim Eintritt in die höhere Welt wie naturgemäß stattfinden. Dabei tritt ein selbständiges Wesen vor den Menschen hin: sein eigener Doppelgänger, der Hüter der Schwelle. Dieser Doppelgänger umschließt alles, was zum Ich des Menschen, zu seinem Selbstbewußtsein gehört, das der Mensch in der physisch-sinnlichen Welt entwickelt hat:

„Dieses Ich wirkt nun wie ein Anziehungs-Mittelpunkt auf alles, was zum Menschen gehört. Alle seine Neigungen, Sympathien, Antipathien, Leidenschaften, Meinungen usw. gruppieren sich gleichsam um dieses Ich herum. Und es ist dieses Ich auch der Anziehungspunkt für das, was man das Karma des Menschen nennt. Würde man dieses Ich unverhüllt sehen, so würde man an ihm auch bemerken, daß bestimmt geartete Schicksale es noch in dieser und den folgenden Verkörperungen treffen müssen, je nachdem es in den vorigen Verkörperungen so oder so gelebt, sich dieses oder jenes angeeignet hat. Mit alle dem, was so am Ich haftet, *muß* es nun als erstes Bild vor die Menschenseele treten, wenn diese in die seelisch-geistige Welt aufsteigt. Dieser Doppelgänger des Menschen muß, nach einem Gesetz der geistigen Welt, vor allem andern als dessen erster Eindruck in jener Welt auftreten." (ebd./S.376 f.)

Wie dieses Gesetz wirksam wird, möge in der „Geheimwissenschaft im Umriß" nachgelesen werden. Es wirkt – nur so viel sei gesagt – für das gewöhnliche Bewußtsein wie der „Verhüller des Menschen vor sich selbst", indem es verhindert, „daß des Menschen innerste Wesenheit in einem wahrnehmbaren Bilde vor den Menschen hintritt". (ebd./S.378) Rudolf Steiner betont auch, daß der Mensch ohne entsprechende Vorbereitung den Anblick seiner Wesenheit in ihrer wahren Gestalt nicht ohne weiteres ertragen würde. „Man würde durch diese Wahrnehmung alles Selbstgefühl, Selbstvertrauen und Selbstbewußtsein verlieren." (ebd./S.379) Über den Doppelgänger heißt es schließlich:

„Der Doppelgänger wirkt für das Leben des Menschen in der physisch-sinnlichen Welt so, daß er sich ... sofort unsichtbar macht, wenn sich der Mensch der seelisch-geistigen Welt naht. Damit verbirgt er aber auch diese ganze Welt selbst. Wie ein 'Hüter' steht er da vor dieser Welt, um den Eintritt jenen zu verwehren, welche zu diesem Eintritte noch nicht geeignet sind. Er kann daher der 'Hüter der Schwelle, welche vor der geistig-seelischen Welt ist', genannt werden. [...]

Wenn der Mensch, ohne die Begegnung mit dem 'Hüter der Schwelle' zu haben, die geistig-seelische Welt betreten würde, so könnte er Täuschung nach Täuschung verfallen. Denn er könnte nie unterscheiden, was er selbst in diese Welt hinein trägt und was ihr wirklich angehört. Eine regelrechte Schulung darf aber den Geistesschüler nur in das Gebiet der Wahrheit, nicht in dasjenige der Illusion führen. Eine solche Schulung wird durch sich selbst so sein, daß die Begegnung notwendig einmal erfolgen muß. Denn sie ist die eine der für die Beobachtung übersinnlicher Welten unentbehrlichen Vorsichtsmaßregeln gegen die Möglichkeit von Täuschung und Phantastik." (ebd./S.381 f.)

Der Kampf in der Seele des Menschen

Nachdem wir so einen ersten Begriff vom Hüter der Schwelle gewonnen haben, müssen wir noch ein wenig weiterschreiten. Wir erfahren, daß es nicht nur einen, sondern im wesentlichen zwei Hüter der Schwelle gibt. Der erste, von dem wir bisher gehört haben, wird der kleine Hüter der Schwelle genannt. Es gibt aber noch einen großen Hüter der Schwelle. (vgl. GA 10/ Tb. 1975/S.137 ff.) Um den folgenden Zusammenhang zu verstehen, müssen wir uns daran erinnern, daß infolge der Trennung von Denken, Fühlen und Wollen oben von einer entstehenden siebenten Kraft und Wesenheit die Rede war, von der es hieß, daß sie dem eigenen Ich ähnlich sei. Um diese Wesenheit geht es im folgenden. Was jetzt geschildert wird, kennzeichnet nicht mehr die Begegnung mit dem kleinen Hüter der Schwelle – diese hat der Geistesschüler hinter sich gelassen –, sondern neue Erlebnisse, die sich auf dem Schulungsweg einstellen:

> „Wenn der Geistesschüler die Begegnung mit dem gekennzeichneten 'Hüter der Schwelle' hinter sich hat, dann stehen ihm beim Aufstieg in übersinnliche Welten weitere Erlebnisse bevor. Zunächst wird er bemerken, daß eine innere Verwandtschaft besteht zwischen diesem 'Hüter der Schwelle' und jener Seelenkraft, die sich in der oben gegebenen Schilderung als die siebente ergeben und wie zu einer selbständigen Wesenheit gestaltet hat. Ja, diese siebente Wesenheit ist in gewisser Beziehung nichts anderes als der Doppelgänger, der 'Hüter der Schwelle' selbst. Und sie stellt dem Geistesschüler eine besondere Aufgabe. Er hat das, was er in seinem gewöhnlichen Selbst ist und was ihm im Bilde erscheint, durch das neugeborene Selbst zu leiten und zu führen. Es wird sich eine Art von Kampf ergeben gegen den Doppelgänger. Derselbe wird fortwährend die Überhand anstreben. Sich in das rechte Verhältnis zu ihm setzen, ihn nichts tun lassen, was nicht unter dem Einflusse des neugeborenen 'Ich' geschieht, das stärkt und festigt aber auch des Menschen Kräfte." (GA 13/ 1977/S.387 f.)

Versuchen wir, uns zu verdeutlichen, mit wie vielen Wesen wir es jetzt zu tun haben. Zunächst wird gesagt, es bestehe eine innere Verwandtschaft zwischen dem Hüter der Schwelle und der genannten siebenten Kraft, die sich selber zu einer selbständigen Wesenheit gestaltet habe. Noch sind es offenbar zwei. Dann aber verschmelzen diese beiden in der Schilderung wie zu einem neuen Wesen: Diese siebente Wesenheit sei nichts anderes als der Doppelgänger, der Hüter der Schwelle selbst. Offenbar sind sie aber doch nicht ganz identisch, sondern nur „in gewisser Beziehung". Ist es *eine* Wesenheit, die zwei Seiten in sich trägt? Und wer steht sich in diesem Kampf gegenüber?

Die dem Ich ähnliche siebente Wesenheit stellt dem Geistesschüler eine Aufgabe: Er habe das, was er „in seinem gewöhnlichen Selbst ist und was ihm im Bilde erscheint" – damit kann eigentlich nur der Doppelgänger gemeint sein – „durch das neugeborene Selbst zu leiten und zu führen". Das wiederum kann sich nur auf die siebente Wesenheit beziehen, und diese kann es auch nur sein – so verstehe ich diesen schwierigen Text –, die schließlich als das neugeborene „Ich" bezeichnet wird.

Das würde bedeuten: Der Geistesschüler (1. Wesenheit) erlebt einen Kampf gegen den Doppelgänger (2. Wesenheit), der fortwährend die Überhand anstrebt. Diesen Kampf führt er offenbar aus der Kraft des neugeborenen „Ich" (3. Wesenheit): Es stärkt und festigt seine eigenen Kräfte, so hieß es, wenn der Geistesschüler den Doppelgänger nichts tun läßt, „was nicht unter dem Einflusse des neugeborenen 'Ich' geschieht". Es erscheint wie ein Kampf, ein Ringen um die eigene, noch nicht erreichte, aber als Ideal sich ankündigende Zukunft gegen die eigene alte mitgebrachte Vergangenheit. Ein Kampf, der sich auf dem Schauplatz der Seele des Geistesschülers abspielt – und beide Seiten sind er im Grunde doch nur selbst. Er kämpft gegen sich selbst, um für sich selbst zu siegen.

„Man sieht sein neugeborenes Selbst wie ein anderes Wesen vor sich. Aber man kann es nicht ganz wahrnehmen. Denn welche Stufe man auch erstiegen haben mag auf dem Wege in die übersinnlichen Welten hinauf: es gibt immer noch höhere Stufen. Auf solchen wird man immer noch mehr wahrnehmen von seinem 'höheren Selbst'." (ebd./S.388)

Der Weg zum großen Hüter der Schwelle

Um nicht der Versuchung zu erliegen, sich mit dem bisher Erreichten zufrieden zu geben, muß man nun, so Rudolf Steiner weiter, den Abstand „zwischen dem, was man ist, und dem, was man werden soll" bemerken. Dazu müsse man den Doppelgänger, den Hüter der Schwelle, betrachten, und was als solcher auftritt, vor das höhere Selbst stellen. Damit aber tritt ein neues Erleben ein, der Hüter der Schwelle ändert seine Gestalt:

„Bei dieser Betrachtung beginnt der 'Hüter der Schwelle' aber eine ganz andere Gestalt anzunehmen. Er stellt sich dar als ein Bild aller der *Hindernisse,* welche sich der Entwicklung des 'höheren Selbst' entgegenstellen. Man wird wahrnehmen, welche Last man an dem gewöhnlichen Selbst schleppt. Und ist man dann durch seine Vorbereitungen nicht stark genug, sich zu sagen: Ich werde hier nicht stehenbleiben, sondern unablässig mich zu dem 'höheren Selbst' hinaufentwickeln, so wird man erlahmen und zurückschrecken vor dem, was bevorsteht. Man ist dann in die seelisch-geistige Welt hineingetaucht, gibt es aber auf, sich weiterzuarbeiten. Man wird ein Gefangener der Gestalt, die jetzt durch den 'Hüter der Schwelle' vor der Seele steht." (ebd./S.388 f.)

An dieser Stelle enthüllt Rudolf Steiner noch eine tiefere Bedeutung der beiden Gestalten. Danach zeigt der Hüter der Schwelle, der Doppelgänger, diejenigen Eigenschaften, die das gewöhnliche Selbst des Menschen unter dem Einfluß Luzifers angenommen hat, während die offensichtlich später auftretende zweite Gestalt im Bilde zeigt, was aus der Menschenseele unter dem Einfluß Ahrimans geworden ist. Das Erleben dieser Gestalt – als Bild aller der „Hindernisse" gegen die Entwicklung des „höheren Selbst" – führt schließlich zur Wahrnehmung einer wiederum anderen Gestalt: zur Begegnung mit dem „großen Hüter der Schwelle".

„Wer entsprechend vorbereitet an dieses Erlebnis herantritt, der wird ihm seine wahre Deutung geben; und dann wird sich bald eine andere Gestalt zeigen, diejenige, welche man den 'großen Hüter der Schwelle' im Gegensatz zu dem gekennzeichneten 'kleinen Hüter' nennen kann. Dieser teilt dem Geistesschüler mit, daß er nicht stehenzubleiben hat auf dieser Stufe, sondern energisch weiterzuarbeiten. Er ruft in dem Beobachter das Bewußtsein hervor, daß die Welt, die erobert ist, nur eine Wahrheit wird und sich in keine Illusion verwandelt, wenn die Arbeit in entsprechender Art fortgesetzt wird. – Wer aber durch eine unrichtige Geistesschulung unvorbereitet an dieses Erlebnis herantreten würde, dem würde sich dann, wenn er an den 'großen Hüter der Schwelle' kommt, etwas in die Seele gießen, was nur mit dem 'Gefühle eines unermeßlichen Schreckens', einer 'grenzenlosen Furcht' verglichen werden kann." (ebd./S.390)

Unermeßlicher Schrecken, grenzenlose Furcht. Man stelle sich vor, man stehe vor dem Bild aller „Hindernisse". Wie unerahnbar groß und mächtig mögen diese sein ... Ist man nicht stark genug, wird man erlahmen und zurückschrecken vor dem, was einem bevorsteht. Und jetzt das andere: Der große Hüter fordert einen auf, nicht stehenzubleiben. Er ruft das Bewußtsein hervor, daß die eroberte Welt sich in eine Illusion verwandeln könnte! Man kann erahnen, wie „unermeßlicher Schrecken" und „grenzenlose Furcht" eine unvorbereitete Seele zutiefst erschüttern können.

Die Begegnung mit dem kleinen und großen Hüter der Schwelle gibt dem Geistesschüler bei regelrechter Schulung, so Rudolf Steiner, die Möglichkeit, alle Quellen von Täuschungen, die sich beim Betreten der übersinnlichen Welt ergeben können, zu verschließen. Der Geistesschüler wird fähig, „in der seelisch-geistigen Umwelt dasjenige, was er selbst ist, von dem, was außer ihm ist, zu unterscheiden". (ebd./S.391)

Abschließend sei noch gesagt, daß der Hüter der Schwelle für jeden einzelnen Menschen „bis zu einem gewissen Grade" eine individuelle Gestalt annehmen wird (ebd., S.391). Jeder Mensch wird demnach seinem eigenen Hüter der Schwelle begegnen. Was die einschränkende Formulierung „bis zu einem gewissen Grade" bedeutet, wird nicht gesagt. Weitere Aufschlüsse darüber sowie auch weitere Aspekte, die bei der Begegnung mit dem Hüter der Schwelle wichtig sind, lesen Sie bitte in dem Aufsatz von Wolfgang Weirauch in diesem Heft nach.

Ganz am Ende des langen Kapitels über „Die Erkenntnis der höheren Welten" in der „Geheimwissenschaft im Umriß" gibt Rudolf Steiner die bedeutendste Erkenntnis, die sich durch das Erlebnis der Intuition, also der dritten Erkenntnisstufe, eröffnet, in folgenden Worten wieder:

„Wenn der Geistesschüler sich ein Erlebnis von der Intuition verschafft hat, so kennt er nicht nur die Bilder der seelisch-geistigen Welt, er kann nicht nur ihre Beziehungen in der 'verborgenen Schrift' lesen: er kommt zu der Erkenntnis der Wesen selbst, durch deren Zusammenwirken die Welt zustande kommt, welcher der Mensch angehört. Und er lernt dadurch sich selbst in derjenigen Gestalt kennen, die er als geistiges Wesen in der seelisch-geistigen Welt hat. Er hat sich zu einer Wahrnehmung seines höheren Ich durchgerungen, und er hat bemerkt, wie er weiter zu arbeiten hat, um seinen Doppelgänger, den 'Hüter der Schwelle', zu beherrschen. Er hat aber auch die Begegnung gehabt mit dem 'großen Hüter der Schwelle', der vor ihm steht wie ein stetiger Aufforderer, weiterzuarbeiten. Dieser 'große Hüter der Schwelle' wird nun sein Vorbild, dem er nachstreben will. Wenn diese Empfindung in dem Geistesschüler auftritt, dann hat er die Möglichkeit erlangt zu erkennen, *wer* da eigentlich als der 'große Hüter der Schwelle' vor ihm steht. Es verwandelt sich nämlich nunmehr dieser Hüter in der Wahrnehmung des Geistesschülers in die Christus-

Gestalt. [...] Der Geistesschüler wird dadurch in das erhabene Geheimnis selbst eingeweiht, das mit dem Christus-Namen verknüpft ist. Der Christus zeigt sich ihm als das 'große menschliche Erdenvorbild'." (ebd./S.394 f.)

So haben wir auf fünf verschiedene Wesenheiten hingeschaut: 1. das gewöhnliche Selbst des Menschen, wie es vor aller Geistesschulung erscheint, 2. den kleinen Hüter der Schwelle, den Doppelgänger des Menschen, als erstes übersinnliches Erlebnis des Geistesschülers, 3. auf das neugeborene höhere Ich, 4. auf die Gestalt aller „Hindernisse" gegen die Entwicklung des höheren Selbst (verwandelter Doppelgänger) und schließlich 5. den großen Hüter der Schwelle, der den Geistesschüler zur stetigen Weiterarbeit auffordert, zum Vorbild wird, dem er nachstreben will.

Die zum Erlebnis werdenden Wesen und Kräfte treten innerhalb des Bewußtseins des Geistesschülers auf, sie werden als selbständige Wesen erlebt, die der Seele wie in einer geistigen „Außenwelt" gegenüberstehen.

Der Hüter im „Krieg der Sterne"?

In zweierlei Hinsicht ist der im ersten Aufsatz besprochene Film „Star Wars" im Hinblick auf unser Thema interessant, selbst wenn die hier zusammengefaßten Hauptmotive im Rahmen eines vielfach ausgebreiteten Science-Fiction-Abenteuers stehen. Dort habe ich den hypothetischen Fall konstruiert, jemand hätte die Absicht, aus seinem Unbewußten aufsteigende, innere Erlebnisse vom Hüter der Schwelle abgeschwächt auf einer äußeren Ebene szenisch darzustellen. Der „Krieg der Sterne" enthält Motive, die im Ansatz genau das zeigen. Wenden wir den Gedanken einmal umgekehrt an: Stellen wir uns vor, wir könnten die handelnden Personen aus dem Film „Krieg der Sterne" in uns selbst hineinnehmen, sie würden zu einzelnen Wesen und Kräften innerhalb des Schauplatzes unserer eigenen Seele. Dann würden sie in uns kämpfen: Luke Skywalker, Yoda und die Macht, Darth Vader und der Imperator, allerdings nicht auf der Erde, sondern im Weltenraum – als Bild für eine höhere Bewußtseinsebene. Es sind fünf Wesen bzw. Kräfte. Interessant wird der Film im Hinblick auf unser Thema zweitens auch deshalb, weil er in der ersten Prüfungsszene, Luke, der in den Abgrund steigt, um sich selbst in der Gestalt des Darth Vader zu besiegen, nun direkt eine Art Doppelgänger-Erlebnis vorführt.

Beispiele dieser Art ließen sich weitere anführen. So habe ich unter diesen Gesichtspunkten den brutalen Action-Thriller mit Arnold Schwarzenegger,

„Terminator", oder „Alien" untersucht und komme mit etwas anderen Nuancen zu ähnlichen Fragen. Ob es um die brutalen Kämpfe eines cyborgartigen Wesens gegen einen furchtlosen Beschützer geht, der ein unschuldiges Kind (Bild für das zukünftige Werden) vor dem Ungetüm rettet, somit die finstere Zukunftsbedrohung abwendet und dem künftigen „Retter der Menschheit" zum Dasein verhilft, oder um die grauenerregenden Kämpfe gegen monsterhafte Tierbestien, die aus immer neuen Abgründen aufsteigen – der Vorgang ist immer derselbe: Hier wird den Menschen, äußerlich sichtbar in der Illusion des Bildes vorgeführt, was in ihrem Innern ernste Wahrheit werden könnte. Filme wie diese üben eine ungeheure Faszination auf Millionen von Menschen aus, zum Teil wohl auch, weil etwas in ihnen angesprochen wird, was sie selber unbewußt in sich tragen.

Hineinprojiziert in die eigene Seele werden auch diese Bestien, Tiere, Ungetüme und Helden zu Kräften, die, wie beim Doppelgänger, miteinander im Kampfe stehen. Alle Motive dieser Art, die sich auf der profanen, äußerlichen Ebene des Films abspielen – aber nicht nur da, auch bestimmte Comics wären unter diesem Gesichtspunkt zu untersuchen –, ließen sich ohne weiteres aus Formulierungen gewinnen wie folgende: schreckliches, gespenstisches Wesen / häßliche dämonische Verzerrung an dieser meiner Gestalt / Gefahren / völlige Finsternis / Schaudern / grausige, das Leben an allen Ecken und Enden bedrohende Gewalten / lebensfeindliche Mächte / Verirrung / überwältigt / durch sklavisch beherrschende Willensmacht gepeitscht / Gewaltnatur, die von einer zügellosen Handlung zur anderen schreitet / erbarmungswürdigste Aushöhlung und Kraftlosigkeit / teilnahmslose, kalte Naturen. – Es geht um den Hüter der Schwelle. Alle Formulierungen stammen aus dem Buch „Wie erlangt man Erkenntnisse der höheren Welten?" (GA 10/1961/S.129–144).

„Unvorbereitet könnte den hier angedeuteten Anblick allerdings niemand ertragen." Und auf der anderen Seite: Ohne eine jegliche Scheu den schrecklichen Anblick aushalten / Geistesgegenwart / Vertrauen / Sicherheit / Demut / Bescheidenheit. „Bisher hast du nur dich selbst erlöst, nun kannst du als ein Befreiter alle deine Genossen in der Sinnenwelt mit befreien."

Was im Film unter dem Motto von Unter-haltung, Zer-streuung, Ablenkung, Seelenregungen wie Spannung, Schrecken und Entsetzen erzeugt, ist in Wahrheit nur ein Schein-erleben, dem der Zuschauer sich nur mehr oder weniger passiv hinzugeben braucht. Was ihm vorgeführt wird, deutet aber oftmals – so meine Überzeugung – auf tiefere Erlebnismöglichkeiten hin, die wahr werden, wenn sie bewußt erlebt und innerlich erlitten sind, aus innerer Aktivität des Seelenlebens. Daß die Bildschirmtechnik im Menschen gerade diese Aktivität zum Erlahmen und zur Ohnmacht verurteilt, ist eine der vielen Tragiken unserer Zeit. Und was den Inhalt betrifft – stammt alles nur aus der Phantasie ...? „Die Phantasie ist ja in Wahrheit nur eine irdische Widerspiegelung der überirdischen Imagination." (GA 199/1967/11.09.1920/S.258)

„Selbstgebaut"

Den Abschluß möge ein Beispiel aus der modernen Lyrik bilden:

Selbstgebaut

Ich will meine Dörfer
ohne Worte lassen
und nur den Schnee
durchschwingen
und offen gegen die Zäune.
Von der Höhe meiner Speicher
will ich die Jaguare betrachten,
die Wölfe pfeifen hören.
Die Sonne sprang hier fort,
aber den Kindern
wird bei ihrer Ernte
von Löwenzähnen geholfen,
Platz für den König!
(Ilse Aichinger, 1961. In: Dialoge, Erzählungen, Gedichte. Hg. Heinz F. Schafroth. Stuttgart 1971)

In nicht so unmittelbar leicht zu erfassenden Bildern geht es meiner Ansicht nach auch hier um ein Hütererlebnis, um das, was der Mensch als sein Gewordenes in sich trägt, das ihm – wie bei der Begegnung mit dem Doppelgänger – in Bildern vorgeführt wird, in Bildern, die einem Angst und Schrecken einflößen können, wenn man sich ihnen schutzlos ausliefert, die sich aber verwandeln lassen, wenn man deren Anblick ruhig erträgt und aus höherer Kraft das Altgewordene mutvoll überwindet, am zukünftigen Werden zum höchsten Ziele tätig. Das Gedicht beginnt mit den Zeilen „Ich will meine Dörfer ohne Worte lassen". Wer spricht? Ilse Aichinger, ich, der ich diese Zeilen lese, jeder Mensch, jedes Ich? Und was sind „meine Dörfer"? Was trägt der Mensch nicht alles in sich: ein ganzes Reich von Seelenkräften,

Leidenschaften, Gefühlen, Gedanken, Willensimpulsen. Wie viele Dörfer mögen es sein? Ein Dorf muß errichtet, gebaut werden, und was als Dorf jetzt vor mir steht, zeigt mir im Bilde ein vergangenes, formgewordenes Schaffen. Aber alle meine Dörfer bin ich doch nicht selbst, sie sind nur ein Ausdruck meines Wesens, meine Behausung – sie sind „Selbstgebaut" – ein Bild für das gewordene Schicksal? Aber das innere Leben eines Dorfes kann sich auch wandeln, zur Behausung eines zukünftigen Geschehens werden und seinen Charakter dadurch verändern ... Ich will meine Dörfer ohne Worte lassen, sie nicht benennen, deuten, erklären, sie anschauen, wie sie sind, „und nur den Schnee durchschwingen", den weißen, reinen, kristallenen Schnee – Bild des Geistigen. Damit will ich arbeiten, ihn bewegen, durchschwingen, und mich nicht in mich selbst verkriechen, nicht der Umgebung verschließen, sondern „offen gegen die Zäune".

Dann wechselt das Bild. Von einem höheren Standpunkt aus schaut das Ich auf das Gewordene, auf die gespeicherten Früchte der bisherigen Arbeit, um von dieser Höhe aus die Tiere, ja die Raubtiere, zu betrachten, deren Rufe zu hören – die Tiere in mir. „Betrachten" ist mehr als nur „ansehen", betrachten ist aufmerksames, bewußtes Sehen mit innerem Interesse, ganz ohne Angst, ganz ohne Furcht. Denn dann können mich die Raubtiere in Wahrheit nicht vernichten: „Von der Höhe meiner Speicher / will ich die Jaguare betrachten, / die Wölfe pfeifen hören. / Die Sonne sprang hier fort". Ich schaue in eine Finsternis. Bleibt alles so wie es ist, alles beim Alten, dann gibt es keine Zukunft, keine Auferstehung, denn wo die Sonne nicht ist, kann kein neues Leben erwachen. „Aber den Kindern / wird bei ihrer Ernte / von Löwenzähnen geholfen". Ja, es gibt Zukunft, eine neugeborene, es sind Kinder. Kinder tragen die Zukunft in sich, wollen erst werden. Und diese Kinder ernten sogleich! Sie ernten, was künftig selber Leben werden kann – welch wunderbares Bild –, und sie sind nicht allein, ihnen wird geholfen: aus den Kräften des Mutes (Löwen) und des Willens (-zähnen) oder: von dem Wesen, das zweimal blühen kann (der gelbblühende Löwenzahn verwandelt sich zur hellstrahlenden Pusteblume)? Und für welches Ziel?: „Platz für den König!" Der souveräne, der thronende, der über alles herrschende gütige König – mein Ziel, I.C.H.

SEMINAR FÜR KÜNSTLERISCHE THERAPIE

Ausbildung mit umfassender Krankheitslehre

Gäste- und Ferienkursprogramm bitte anfordern

D-89143 Blaubeuren
Mühlweg 18–20
Tel. 0 73 44/34 43
Fax 0 73 44/33 90

Decken-, Pendel- und Wandleuchten

Udo Großklaus
– LAMPENBAU –
(ehemals Dutschke-Leuchten)
Hauptstr. 59 • 79689 Maulburg
Tel. 0 76 22/51 89

Fordern Sie meinen Katalog an!

Echte Naturtextilien von **Aßmus**

Gerne senden wir Ihnen unseren Katalog kostenlos zu.

Aßmus Naturtextilien oHG
Rolf und Ursula Aßmus
Forststraße 35
74379 Ingersheim

Telefon: 0 71 42/69 04
Telefax: 0 71 42/5 26 44

Flensburger Hefte Verlag – Lieferbare Titel, Sommer 1994

Johannes Rogalla von Bieberstein:
Die These von der Verschwörung 1776–1945
216 S., kt. DM 33,– / ISBN 3-926841-36-2

Carola Cutomo:
Medialität – Besessenheit – Wahnsinn
188 S., kt. DM 19,80 / ISBN 3-926841-19-2

Klaus Engels:
Destruktive Kulte im Spannungsfeld von Kirche und Gesellschaft
212 S., kt. DM 28,– / ISBN 3-926841-46-X

Hans-Diedrich Fuhlendorf:
Rückkehr zum Paradies oder Erbauen des Neuen Jerusalem?
352 S., kt. DM 39,– / ISBN 3-926841-37-0

Wolfgang Gädeke:
Anthroposophie und die Fortbildung der Religion
448 S.   Leinen DM 48,– / ISBN 3-926841-23-0
         kt. DM 36,– / ISBN 3-926841-24-9

Dieter Hornemann:
Geheimnisvolles Afrika
102 S., 32 farb. Abb., kt. DM 26,– / ISBN 3-926841-60-5

Johannes Kiersch:
Fragen an die Waldorfschule
148 S., kt. DM 19,80 / ISBN 3-926841-33-8

Peter Krause:
Das Judasproblem
128 S., kt. DM 19,80 / ISBN 3-926841-38-9

Peter Krause:
Feuer in Tschernobyl
168 S., 37 farb. Abb., kt. DM 28,– / ISBN 3-926841-58-3

Peter Krause, Faustus Falkenhahn (Hg.):
Einsam – gemeinsam
192 S., kt. DM 22,80 / ISBN 3-926841-43-5

Ernst-Martin Krauss:
Holzwege, Steinwege ...
92 S., Großformat, 13 farb. Abb., geb., DM 56,–
ISBN 3-926841-35-4

Jukka Kuoppamäki:
Einsam – gemeinsam
Musikkassette, DM 22,–

Andreas Meyer (Hg.):
Seele und Geist
160 S., kt. DM 26,– / ISBN 3-926841-47-8

Heinz Schimmel (Hg.):
Tanz der Seelen
108 S., 14 farb. Abb., kt. DM 25,– / ISBN 3-926841-53-2

FH 11
Über Tod und Sterben
3. Aufl., 264 S., kt. DM 24,80 / ISBN 3-926841-11-7

FH 13
Hexen, New Age, Okkultismus
3. Aufl., 196 S., kt. DM 19,80 / ISBN 3-926841-08-7

FH 14
Erneuerung der Religion. Die Christengemeinschaft
4. Aufl., 184 S., kt. DM 16,80 / ISBN 3-926841-07-9

FH 15
Waldorfschule und Anthroposophie
3. Aufl., 132 S., kt. DM 9,80 / ISBN 3-926841-00-1

FH 16
Kulturvergiftung: Rauschgift, Sucht und Therapie
2. Aufl., 228 S., kt. DM 16,80 / ISBN 3-926841-21-4

FH 17
Kulturvergiftung: Alkohol
2. Aufl., 160 S., kt. DM 16,80 / ISBN 3-926841-34-6

FH 18
Bio.-dyn. Landwirtschaft, Ökologie, Ernährung
2. Aufl., 184 S., kt. DM 19,80 / ISBN 3-926841-03-6

FH 19
Musik
2. Aufl., 184 S., kt. DM 16,80 / ISBN 3-926841-06-0

FH 20
Sexualität, Aids, Prostitution
2. Aufl., 170 S., kt. DM 14,80 / ISBN 3-926841-09-5

FH 21
Aids
164 S., kt. DM 14,80 / ISBN 3-926841-10-9

FH 22
Erkenntnis und Religion
132 S., kt. DM 14,80 / ISBN 3-926841-13-3

FH 23
Engel
2. Aufl., 172 S., 9 farb. Abb., kt. DM 19,80
ISBN 3-926841-15-X

FH 24
Direkte Demokratie – 1789–1989
240 S., kt. DM 14,80 / ISBN 3-926841-16-8

FH 25
Rechtsleben und soziale Zukunftsimpulse
244 S., kt. DM 16,80 / ISBN 3-926841-17-6

FH 26
Michael / Januskopf Bundesrepublik
184 S., 8 farb. Abb., kt. DM 16,80 / ISBN 3-926841-22-2

FH 27
Strafprozeß, Strafvollzug, Resozialisierung
224 S., kt. DM 16,80 / ISBN 3-926841-20-6

FH 28
Naturwissenschaft und Ethik
204 S., kt. DM 16,80 / ISBN 3-926841-25-7